Contemporánea

Ernest Hemingway, nacido en 1899 en Oak Park, Illinois, forma parte ya de la mitología de este siglo, no solo gracias a su obra literaria, sino también a la leyenda que se formó en torno a su azarosa vida y a su trágica muerte. Hombre aventurero y amante del riesgo, a los diecinueve años se enroló en la Primera Guerra Mundial como miembro de la Cruz Roja. Participó en la guerra civil española y en otros conflictos bélicos en calidad de corresponsal. Estas experiencias, así como sus viajes por África, se reflejan en varias de sus obras. En la década de los años veinte se instaló en París, donde conoció los ambientes literarios de vanguardia. Más tarde vivió también en lugares retirados de Cuba o Estados Unidos, donde pudo no solo escribir, sino también dedicarse a una de sus grandes aficiones: la pesca, un tema recurrente en su producción literaria. En 1954 obtuvo el Premio Nobel. Siete años más tarde, sumido en una profunda depresión, se quitó la vida. Entre sus novelas destacan *Adiós a las armas*, *Por quién doblan las campanas* o *Fiesta*. A raíz de un encargo de la revista *Life* escribió *El viejo y el mar*, por la que recibió el Premio Pulitzer en 1953.

PREMIO NOBEL DE LITERATURA

Ernest Hemingway
Muerte en la tarde

Prólogo de
Rodrigo Fresán

Traducción de
Lola de Aguado

DEBOLS!LLO

Título original: *Death in the Afternoon*

Primera impresión en Colombia: mayo, 2025

© Hemingway Foreign Rights Trust

© 2005, de la presente edición para todo el mundo:
Penguin Random House Grupo Editorial, S. A. U.
Travessera de Gràcia, 47-49. 08021 Barcelona
© 2005, Rodrigo Fresán, por el prólogo
© 1968, Lola de Aguado, por la traducción, cedida por
Editorial Planeta, S. A.
© 2025, Penguin Random House Grupo Editorial, S. A. S.
Carrera 7ª No.75-51. Piso 7, Bogotá, D. C., Colombia
PBX: (57-601) 743-0700

Penguin Random House Grupo Editorial apoya la protección de la propiedad intelectual y el derecho de autor. El derecho de autor estimula la creatividad, defiende la diversidad en el ámbito de las ideas y el conocimiento, promueve la libre expresión y favorece una cultura viva. Gracias por comprar una edición autorizada de este libro y por respetar las leyes del derecho de autor al no reproducir, escanear ni distribuir ninguna parte de esta obra por ningún medio sin permiso previo y expreso. Al hacerlo está respaldando a los autores y permitiendo que PRHGE continúe publicando libros para todos los lectores. Por favor, tenga en cuenta que ninguna parte de este libro puede usarse ni reproducirse, de ninguna manera, con el propósito de entrenar tecnologías o sistemas de inteligencia artificial ni de minería de datos.

Impreso en Colombia-*Printed in Colombia*

ISBN: 978-628-7745-66-7

Impreso en TC impresores, S.A.S.

Prólogo
ESPAÑA ERA UNA FIESTA

No resulta arriesgado afirmar que Ernest Hemingway nació en Estados Unidos pero vivió para España.

Hemingway —escritor americano a la vieja usanza, cosmopolita y explorador y amante de los espacios abiertos— escribió sobre cantidad de lugares entre los que se cuentan la región primera de los veraneos infantiles al norte de Michigan, la primavera de Francia y el crepúsculo de Italia, las largas siestas de Cuba, las olas de Key West y las corrientes de Bimini, y las cacerías de África. Pero ningún sitio ejerció una influencia más poderosa en su persona y en su literatura que España.

La segunda línea de *El verano peligroso* —largo artículo de 1960 para la revista *Life*,[1] lo último que escribió en vida y suerte de secuela de este *Muerte en la tarde*— lo afirma categóricamente y sin lugar a duda alguna: España era el país que más le gustaba a Hemingway después de su patria. Y en privado y solo frente a íntimos, solía ubicar a España muy por encima de América en el *ranking* de su atlas personal. Esta pasión era anterior, incluso, a sus numerosos viajes a España: son varias las biografías del escritor que puntualizan con maravillada extrañeza el hecho de que

---

1. Las 10.000 palabras que le encarga la revista crecen hasta alcanzar las 120.000. Hemingway —deprimido— descubre que no puede, no es capaz, no sabe cómo cortar el manuscrito, por lo que *Life* acaba publicando extractos. *El verano peligroso* aparecerá en forma de libro en 1985 en la editorial Scribner's.

Hemingway, ya a la altura de sus primeros artículos para la revista de su colegio, firmara como *Ernest de La Mancha*. Algunos estudiosos llegan a insinuar teorías un tanto extremas para explicar este vínculo entre escritor y territorio.[2]

Está claro que para Hemingway, España siempre fue la Tierra Prometida que cumplía sus promesas, el lugar adonde llegar, el hogar espiritual donde buscarse y encontrarse, o el santuario donde sus héroes Jake Barnes y Robert Jordan alcanzan la primera redención o abrazan el último sacrificio.

Una carta a su colega y entonces amigo Francis Scott Fitzgerald[3] —fechada el 1 de julio de 1925 y escrita en Burguete, España— explica el síntoma y se regocija sin pudor, mesura o puntuación alguna:

> El paraíso para mí sería una plaza de toros en la que yo tuviera siempre reservados dos asientos de barrera y afuera un arroyo con truchas en el que yo fuese el único autorizado a pescar y dos lindas casas en el pueblo; en una de ellas tendría a mi esposa y a mis hijos y les sería fiel y les amaría de verdad y con dedicación y en la otra tendría a mis nueve hermosas amantes cada una de ellas durmiendo en un piso diferente y en una de las casas los baños estarían provistos con copias del *Dial* a modo de papel higiénico y en la otra con ejemplares del *American Republic* y del *New Republic*. Y habría una buena iglesia como en Pamplona en la que me detendría a confesarme mientras fuera de una casa a otra y me subiría al caballo y cabalgaría con mi hijo hasta mi rancho con toros

---

2. Véase, por ejemplo, «Hemingway's Spanish Sensibility», ensayo de Allen Josephs incluido en *The Cambridge Companion to Ernest Hemingway* (Cambridge University Press, 1996) donde se llega a mencionar a la «memoria genética» y al «atavismo latente» como posibles motivaciones para el amor y la obsesión de Hemingway —«nuestro escritor más primordial»— por España.

3. Incluida en *Selected Letters: 1917-1961* (1981, edición de Carlos Baker). Páginas 165-166.

al que bautizaría como *Hacienda Hadley*[4] y allí les arrojaría monedas a mis hijos ilegítimos viviendo junto al camino. Escribiría mis cosas en la Hacienda y enviaría a mi hijo a revisar los cinturones de castidad de mis amantes porque alguien llegaría al galope con la noticia de que un célebre monógamo de nombre Fitzgerald había sido avistado en dirección al pueblo y en compañía de una pandilla de viajeros borrachos.

Y hay que decirlo: esta carta —como buena parte de las expresiones de Hemingway fuera de su ficción— tiene algo de patético y bastante de lamentable; nos muestra al escritor instalado con firmeza en el lugar común y vulgar del turista bestial y absurdo empeñado en ejercitar en el extranjero aquello que no puede hacer en su propio país. Para desgracia de los españoles, son multitud los norteamericanos que arriban a sus tierras inspirados por esta faceta de Hemingway y que, apenas aterrizados, pierden los papeles para recuperarlos, cuando ya es demasiado tarde, al descubrirse —súbitamente sobrios por el terror y sin recordar cómo fue que acabaron allí— corriendo con un pañuelo rojo al cuello y con una manada de toros miura pisándoles los talones por las calles resbaladizas y peligrosas de algún San Fermín.

El verdadero y más puro amor de Hemingway a España conviene disfrutarlo, sí, en sus obras más que en su vida.[5] Allí

---

4. Nombre de la primera esposa de Hemingway: Hadley Richardson. El matrimonio duraría de 1920 a 1927.

5. En una entrevista de Manuel Vázquez Montalbán a Camilo José Cela publicada en *Solidaridad Nacional* el 12 de julio de 1961, el primero pregunta: «¿Acierta Hemingway en su visión de España?», y el segundo responde: «No se trata de acertar o no. Para mí, se quedó fuera en algunos matices y adivinó, sin embargo, lo sustantivo de España. Jamás un escritor de lengua no española nos intentó ver con más amor». Más adelante, Vázquez Montalbán pregunta: «¿Ve usted alguna relación entre el borracho, el hombre de acción, el publicitario de toreros y el novelista?». Cela, un tanto irritado, le contesta: «No creo que Hemingway fuera borracho ni mucho menos publicitario de toreros; el que le gustasen el vino y los toros no autoriza a situar la pregunta en el extremo sin salida desde el que usted la hace».

y aquí transcurren y laten novelas como *Fiesta* (1926) y *Por quién doblan las campanas* (1940), la obra de teatro *La quinta columna* (1938), el guión y la locución para los docudramas cinematográficos y pro-republicanos *España en llamas* y *La tierra española* (ambos de 1937), parte de *El jardín del Edén* (publicada de forma póstuma en 1986), así como varios de sus más celebrados relatos, muchos de ellos, además, escritos en España.[6]

El título *Muerte en la tarde* aparece por primera vez en el verano de 1931 en los apuntes para un relato que no llegó a escribir nunca,[7] pero el amor muy bien correspondido de Hemingway con España tiene su origen muchos años antes, cuando todavía no era un escritor pero ya se sentía listo para salir al ruedo a cortar orejas y clavar su pluma matadora.

El primer viaje de Hemingway por España es más una breve escala que otra cosa: en enero de 1919 se detiene apenas en el sur, de regreso a casa, dejando atrás el frente italiano y la guerra. En 1921, rumbo a París, pasa unas pocas horas en Vigo junto a su flamante esposa Hadley. En una carta

---

6. Los famosos «Los asesinos», «Diez indios» y «Hoy es viernes», por ejemplo, fueron escritos en una pensión de Madrid a lo largo de un solo día: «Un 16 de mayo en que se suspendieron las corridas de San Isidro porque nevó», recordó Hemingway en la entrevista que le concediera al joven George Plimpton de *The Paris Review* en 1954. Y, puestos a ser obsesivos, es pertinente recordar que el real Gregorio Fuentes (patrón en Cuba del yate *Pilar* de Hemingway) y el ficticio Santiago de *El viejo y el mar* habían nacido en las islas Canarias.

7. Allí se lee: «*Dos muchachos-mismo pueblo-juegan a ser toreros en las calles-uno muere-incidente en Saragossa* (sic)-*otro se convierte en matador-otro se convierte en revolucionario-/chica/-carreras-el matador se queda con la chica-corrida-final-plaza de toros*». Por esos días es cuando su editor, Maxwell Perkins, le envía a Key West noticias de que los estudios Metro Goldwyn Mayer están interesados en que Hemingway viaje a Hollywood a escribir un guión «con tema español y con toreros». Hemingway no demora en responder que no tiene el menor interés en prostituirse para el cine. Lo único que le interesa es terminar un libro sobre el mundo de las corridas en el que lleva trabajando más de tres años.

enviada desde allí a su amigo William B. Smith, Jr.[8] funda y postula su percepción de lo español: «Un lugar para machos» con «atunes y truchas y vino a 2 pesetas». En París, Gertrude Stein le habla de su entusiasmo por Joselito y por Juanito Belmonte (a quien la Stein le dedicaría un poema y al que Hemingway no deja muy bien parado en *Fiesta*) y le enseña al joven Hemingway fotos en las que ella y Alice B. Toklas aparecen en plazas de toros durante su viaje de 1915. En 1923, Hemingway visita España en dos oportunidades: durante mayo y junio (donde experimenta la epifanía y el satori y el deslumbramiento de sus primeras corridas a las que define «no como un deporte sino como una tragedia» y «la cosa más bella»),[9] y en julio para enloquecer de euforia en su primer San Fermín. Para entonces, Hemingway no se pierde ningún gran cartel, arrastra a su mujer embarazada de cinco meses por las calles alucinadas de Pamplona, y no duda a la hora de bautizar a su primer hijo como John Hadley Nicanor Hemingway en homenaje al matador Nicanor Villalta. Afortunadamente, o no, para el pequeño, pronto comienzan a llamarlo Bumby. En 1924 Hemingway regresa para San Fermín y en noviembre continúa con su entusiasmo epistolar de poseso agente de viajes despachando misivas a diestra y siniestra donde insiste en que España «es el único país que no está hecho pedazos», descalificando, de paso, a Italia y a los italianos como «fascistas histéricos» mientras que los españoles tienen «lo que hay que tener». Gran parte del atractivo, está claro, se debe a los toros y a los toreros, y en una carta a Ezra Pound,[10] enviada desde Burguete en julio de 1924, define la plaza de toros como el único sitio don-

---

8. Carta incluida en *Selected Letters: 1917-1961* (1981, edición de Carlos Baker). Página 58.
9. Carta a William D. Horne incluida en *Selected Letters: 1917-1961* (1981, edición de Carlos Baker). Páginas 87-88.
10. Carta incluida en *Selected Letters: 1917-1961* (1981, edición de Carlos Baker). Página 118.

de «el valor y el arte se combinan con éxito», y agrega: «En cualquier otra disciplina artística cuanto más mezquino y mierdoso es el tipo, Joyce por ejemplo, mayor es el éxito de su arte. No existe en absoluto comparación posible en el arte entre Joyce y el matador Maera. Maera gana por una milla».

Como bien precisa James R. Mellow en su biografía del escritor:[11] «España fue uno de esos episodios en la vida de un artista creador en el que todo —sus intuiciones, las circunstancias de su vida, el azar, las ambiciones— convergió al mismo tiempo y en un mismo lugar. Todo está conectado en la vida de un escritor, y Hemingway asoció sus constantes ganas de ir a España con su ambición como narrador y su necesidad de escapar del periodismo». Y así lo recuerda Hemingway en las primeras páginas de *Muerte en la tarde*:

> Por entonces yo intentaba escribir y me parecía que la mayor dificultad para ello, aparte de saber realmente lo que uno siente y no lo que debiera sentir o lo que a uno le han enseñado a sentir, estribaba en trasladar al papel la realidad de los hechos, los verdaderos sucesos que suscitaron la emoción experimentada. Cuando se escribe para un periódico se cuenta lo que ha ocurrido y, por medio de uno u otro truco, se llega a comunicar la emoción al lector, ya que la actualidad confiere siempre cierta emoción al relato de lo sucedido en el día; pero la realidad desnuda, la sucesión de movimientos y hechos que han producido la emoción y que serán igualmente válidos un año o diez más tarde o, con un poco de suerte y la suficiente pureza de expresión, siempre, era algo que estaba más allá de mis fuerzas y que me proponía apasionadamente conseguir. El único lugar donde se podía ver la vida y la muerte —esto es,

11. *Hemingway: A Life Without Consequences* (1992, Houghton Mifflin).

la muerte violenta— una vez terminadas las guerras era en el ruedo, y yo ansiaba ir a España para estudiarlo.

Una carta del 1 de mayo de 1924 al influyente *publisher* Edward J. O'Brien resulta particularmente interesante.[12] En ella Hemingway postula por primera vez una teoría sobre el toreo relacionándolo con la escritura: la economía de movimientos, la precisión sin adornos, el arte como cuestión de vida o muerte, la búsqueda y hallazgo de «la secuencia entre el movimiento y el hecho» y del gozo de «la gracia bajo una presión extrema» cuyo efecto «puede ser tan profundo como cualquier éxtasis religioso», dejando finalmente al espectador «tan vacío, tan cambiado y tan triste». Sangre y tinta y arena.

Para 1925,[13] ya confeso *fan* y adicto a las corridas, Hemingway publica un artículo sobre su nueva fe en el *Toronto Star Weekly* para intentar convertir a sus compatriotas, y le repite a todo aquel con quien se cruza lo que ya le escribió a Bill Smith: «Ver mi primera corrida me produjo un placer más grande que cualquiera que experimenté hasta entonces»; o James Gamble:[14] «España es el mejor país de todos. Está intacto y es increíblemente duro y hermoso». Es en abril de ese año cuando Hemingway decide escribir «un libro sobre toros». La idea es que fuera un ensayo acompañado de fotografías (en algún momento se llegó a pensar en una colaboración con Picasso, aunque Hemingway siempre lo negó), pero el proyecto resulta postergado en nombre de una no-

---

12. Carta incluida en *Selected Letters: 1917-1961* (1981, edición de Carlos Baker). Página 117.

13. Año en que aparece el libro de relatos *En nuestro tiempo* y donde se incluyen varias viñetas taurinas —entre ellas «El primer matador» y «Maera yacía inmóvil...», donde predice la muerte del matador varios años antes de que tuviera lugar— escritas a partir de descripciones orales de amigos antes de que hubiera visto su primera corrida. Cinco de los relatos más largos también tienen trasfondo español.

14. Carta incluida en *Selected Letters: 1917-1961* (1981, edición de Carlos Baker). Página 107.

vela con mucho de taurino que comienza a escribir luego de ver en acción a Cayetano Ordóñez:[15] *Fiesta,* donde las corridas son casi otro personaje y funcionan como símbolo y metáfora de casi todo lo que les ocurre a los protagonistas. El entusiasta y febril primer borrador de *Fiesta* le llevó apenas dos meses. En 1926 la reescribe (en especial los tramos dedicados a las lidias de Pedro Romero, a quien en más de una ocasión, en sus notas, llama «mesías»), y la entrega, y es consagrada por la crítica, y Hemingway sigue entrando y saliendo de España y de sus plazas de toros. Lo que no significa que Hemingway haya olvidado su proyecto original: en una carta de diciembre de 1926 le informa a Maxwell Perkins de que sigue empeñado en la escritura de algo que no se conformará con ser una simple historia o apología del toreo sino que será «el toreo mismo» y «un libro serio». En 1927 Hemingway se divorcia de Hadley, se casa con Pauline Pfeiffer y vuelve a España en tres ocasiones, y publica el libro de cuentos *Hombres sin mujeres,* donde destaca el relato «The Undefeated» —traducido como «Los matadores» o «Los indómitos»— protagonizado por un torero en el final de su carrera. En 1928 se repite el esquema —luego de una breve estadía en Estados Unidos, Hemingway viaja una y otra vez a su nueva patria— mientras trabaja sin cesar en *Muerte en la tarde.* En la temporada de 1929 se hace muy amigo del matador norteamericano Sidney Franklin —uno de los «protagonistas» de *Muerte en la tarde*— y continúa escribiendo y corrigiendo un manuscrito de cuernos afilados y carrera traicionera. Un perfil publicado en julio de ese año en la revista *Spur* describe a Hemingway ya como uno de los atractivos locales de Pamplona. Cerca del final de la redacción de la novela, Hemingway sufre un grave accidente automovilístico, uno más entre la multitud de accidentes que marcan su vida, y retrasa la entrega a su editor. Publica —a modo de

---

15. Ordóñez es el transparente modelo para el Pedro Romero de *Fiesta.*

anticipo de un libro que nadie esperaba— un artículo de quince páginas en la edición de marzo de 1930 de la revista *Fortune* con el un tanto frío título de «Toreo, deporte e industria». En 1931 continúa siguiendo de cerca a los toreros y mirando de reojo las páginas del monstruo al que llama «el maldito libro», y rezándole a san Fermín todas las noches y, en algún momento, celebra su corrida número 1.500 como espectador. Cuando le envían de Scribner's las galeradas para que las revise, el supersticioso Hemingway estalla de furia al descubrir, en la página de los créditos, una anotación de uno de los correctores donde, en tinta roja, se lee *«La muerte de Hemingway»*, abreviando así, sin malas intenciones, el título del libro y el nombre del autor. Consciente o inconscientemente, este corrector no era el único que pensaba de ese modo: varios de sus amigos y editores en Scribner's sentían que esta bizarra aproximación a la tauromaquia significaría poco menos que un suicidio artístico para el escritor más admirado de Estados Unidos, alguien del que se esperaban novelas y relatos, pero no un canto casi histérico y glorificador de un deporte sangriento donde los hombres morían y los caballos eran destripados.[16] Hemingway, preocupado, le pasa las pruebas a su amigo el escritor John Dos Passos, quien lo considera «una obra modelo» y «un clásico»[17] pero sugiere abundantes cortes en partes a las que siente demasiado autorreferenciales. Hemingway, cosa rara, le da la razón y obedece aunque sigue disgustado con su editorial y con el modo en que comienza a promocionar el libro como si se tratara de «una miscelánea» que provocará en los lectores la idea de que

---

16. Uno de los principales reproches que se le hizo a Hemingway fue el considerar el momento en que un toro le saca las tripas al caballo del picador como una suerte de «entreacto cómico» en la tragedia entre hombre y astado.

17. En *The Fourteenth Chronicle: Letters and Diaries of John Dos Passos* (edición de Townshend Ludington, Gambit, 1973).

«tendrá que incluir también recetas de cocina y una guía telefónica».[18] Y agrega: «Tal vez puedan vender algunos ejemplares si lo publicitan como un maldito clásico sobre el toreo... Max, me siento muy mal con todo este asunto y hasta podría romperle el cuello al cretino que escribió eso en las galeradas».

Muerte en la tarde —escrito bajo la influencia de Goya[19] en la tela y Maera en la arena— por fin aparece el 23 de septiembre de 1932 y concluye el primer y muy creativo período español de Hemingway.[20] Años en que el escritor ha aprendido a modelar, a partir de la figura extrema de los toreros, el perfil de sus héroes pragmáticos y solitarios siempre jugándose todo en la arena de la vida y a los que —según el especialista Carlos Baker— puede entenderse como seres que son «aficionados a lo real, creen en lo que conocen empíricamente, abordan los hechos de la vida, uno de los cuales es el hecho de la muerte, con plena conciencia de las interrelaciones y la interdependencia de los dos. Esta calidad robusta de creencia corre como una gruesa línea roja a través de toda la

---

18. Carta de Hemingway a Maxwell Perkins del 28 de junio de 1932. Incluida en *Selected Letters: 1917-1961* (1981, edición de Carlos Baker). Página 361.

19. Hemingway estaba particularmente fascinado por el modo en que Goya «narraba» en las series de grabados *Los desastres de la guerra* y *La tauromaquia*.

20. Dato curioso y comentado en extenso en *Hemingway Vs. Fitzgerald: The Rise and Fall of a Literary Friendship*, de Scott Donaldson (The Overlook Press, 1999): Hemingway siempre le dijo a Fitzgerald que, como compartían editorial, jamás deberían aparecer dos libros de ellos al mismo tiempo; pero *Muerte en la tarde* apareció casi simultáneamente con *Save Me the Waltz*, la novela autobiográfica de Zelda Fitzgerald, cosa que no le hizo ninguna gracia a Hemingway —quien siempre tuvo una relación conflictiva con la esposa de su colega y rival— y no demoró en escribirle a Maxwell Perkins: «Si alguna vez publicas una novela firmada por alguna de mis esposas, te juro que te llenaré el cuerpo de balas». Hemingway, por supuesto, definió la novela de Zelda como «completa y absolutamente ilegible» y le exigió a Perkins su «completa dedicación» para con *Muerte en la tarde*.

galería de los héroes de Hemingway y, evidentemente, a través de la conciencia del artista que los ha creado».[21]

Los años entre 1933 y 1935 corresponderían al descubrimiento de África y del safari como automitificante nuevo rito de pasaje;[22] pero el 18 de julio de 1936 España vuelve a titilar en la pantalla del radar de Hemingway: ha estallado la guerra civil. Y para el escritor no puede haber algo más apasionante que un país donde, de pronto, las balas comulgan con capotes y muletas y los toros corren junto a los tanques y a los aviones.

Pero esa es otra historia, y esa es otra novela.

Más de setenta años después de su aparición, *Muerte en la tarde* —primer libro en inglés sobre el tema y todavía hoy considerado el mejor y el más famoso— continúa siendo un libro saludablemente extraño e inasible. Parte *memoir* epifánica, parte *baedeker* ibérico, parte *gotha* taurino, parte manual de instrucciones «emocional y práctico» donde se recomienda cuáles son los mejores asientos para presenciar una buena corrida o cómo diferenciar un estilo de torear de otro, parte autobiografía catártica encubriendo apenas la enunciación de un credo artístico y existencial, parte reportaje desde la primera línea que ya anticipa muchos de los modales que caracterizarían al *new journalism* de la década de 1960, o que remite tanto a venerables *tractats* geográfico/social/históricos estilo la *Arabia deserta* de Charles M. Doughty como a *companions* no-ficción tipo *Vida en el Mississippi* de Mark Twain; lo cierto es que —a diferencia de lo ocurrido con mucho de lo firmado por Hemingway— *Muerte en la tarde* ha envejecido muy bien y enseguida queda claro para el lector que su interés trasciende a la pasión evangélica y técnica por su tema.

El escritor Anthony Burgess lo definió así: «Se trata de un

21. En *Hemingway: The Writer as an Artist*, de Carlos Baker (Princeton University Press, 1972).
22. Véase *Las verdes colinas de África*, de Ernest Hemingway (Scribner's, 1936).

producto curioso, a veces aburrido, a veces de un interés absorbente... Para cualquiera que, como yo mismo, haya vivido en la península Ibérica, *Muerte en la tarde* queda libre de muchos de sus defectos con el paso del tiempo, asentándose en la categoría de los clásicos. Nunca me han gustado los toros y nunca he querido aprender a amarlos, pero me siento incapaz de ignorar las metáforas de su ritual... Hay percepción y verdad en este libro y, tal vez, la hojarasca de las necedades, la metafísica de mesa de taberna, los tediosos y prolijos párrafos son necesarios para hacerlas resaltar. No es tan fácil dejar a un lado este libro con un simple encogimiento de hombros... *Muerte en la tarde*, a diferencia del tan popular *Adiós a las armas*, no fue celebrado en una canción popular. Sin embargo, más tarde dio su nombre a un cóctel con el que me tropecé por primera vez en el bar del aeropuerto de Auckland, Nueva Zelanda: una mezcla de absenta y champán que hacía honor a su nombre».[23]

Y lo cierto es que aquí hay momentos del mejor Hemingway investigando bares y calibrando botellas, describiendo con ojo periodístico el adiestramiento de toros y toreros sin por eso sacrificar interesantes innovaciones formales, como las numerosas secuencias en las que aparece «la vieja señora» —esa discusión sobre el significado de la decadencia— como contrapunto de un autor que, casi dolido, admite que «no soy torero pero los suicidas me interesan mucho».

Y en contra de lo que muchos esperaban, las críticas trataron con respeto a un libro sobre una afición virtualmente desconocida para los norteamericanos.[24] «Biografía espiritual» y «obra maestra trágica» fueron algunos de los comentarios.

---

23. De *Ernest Hemingway and his World*, de Anthony Burgess (Thames and Hudson, 1978).
24. Cabe preguntarse qué ocurrió con *Muerte en la tarde* en España. En el artículo «La censura franquista y el turismo» —incluido en el libro *Hemingway desde España*, edición de Carlos G. Reigosa, Visor Libros,

Malcom Cowley lo consideró «un volumen admirable». Incluso H. L. Mencken —quien siempre se había ensañado con Hemingway— lo considera «una pieza excepcional de escritura documental... con la vivacidad de aquello que se ha vivido y sentido de cerca», pero también se queja de que «a menudo desciende a una cursilería y vulgaridad irritantes con un lenguaje desnudo y sin gracia». Otros —como Robert Coates en *The New Yorker*— detectaron por primera vez una peligrosa tendencia de Hemingway a rebajar y burlarse de sus colegas (Eliot, Huxley, Cocteau y, en especial, Faulkner) pero rescataron numerosos pasajes «de deslumbrante honestidad». Edmund Wilson —que no se ocupó de él en público— le confesó en una carta a Fitzgerald que le pareció «un tanto lloroso, la única cosa suya que no me ha gustado». Pero lo verdaderamente interesante del tratamiento crítico a *Muerte en la tarde* fue que, en general, las reseñas estrenaron un síntoma que se repetiría a partir de entonces, una y otra vez, a la hora de apreciar a Hemingway: se ocuparon de la personalidad de su autor y, de paso, inauguraron lo que de allí en adelante se percibiría como el mito Hemingway y/o el macho épico y sus circunstancias.

Dorothy Parker ya había comentado en 1929, en una pieza humorística en *The New Yorker*, que «probablemente no exista otro escritor que hable y escriba y mienta tanto acerca de sí mismo» y que «no demoraremos en descubrir que He-

---

2001— Douglas Edward Laprade apunta que, al ser editado en 1968, *Muerte en la tarde,* como todo lo escrito por el norteamericano, fue revisado a conciencia por los censores quienes lo consideraban en ocasiones como «un enemigo de la hegemonía del pueblo español», y en otras como «un portavoz de la cultura española». Sin embargo, poca cosa señalaron aquí a no ser el inevitable aumento de los precios mencionados desde 1932. Las corridas fueron definidas como «una barbarie aún persistente e incomprensible para todo aquel que no sea español», pero el libro de Hemingway como «la mejor aportación de un extranjero en un intento de explicarse ese espectáculo inexplicable».

mingway es el Delfín perdido, que fue herido de bala en sus días de espía alemán y que, en realidad, es una mujer disfrazada de hombre». Pero ahora la cosa iba en serio. Gertrude Stein se permitió insinuar en *Autobiografía de Alice B. Toklas* que Hemingway era un cobarde que le había robado su estilo; y especialmente molesto le resultó al escritor el artículo y «la traición» del editor y periodista y alguna vez amigo Max Eastman quien —con el título de *Bull in the Afternoon* (cuya traducción aproximada —*bull* equivale aquí tanto a toro como a *bullshit*— sería «Patrañas en la tarde»)—[25] denunciaba, entre muchas «hermosas páginas», la necesidad patológica de Hemingway de presentarse una y otra vez como una suerte de supermacho, obsesión solo comprensible en alguien «que carece de la serena confianza de quien se siente un hombre completo» y se refugia en un estilo «de pelo en pecho postizo» donde lo único que queda a modo de satisfacción es gozar con «la tortura pública de un animal tonto». Hemingway respondió a la infamia con sus habituales cartas prometiendo peleas a un round y días después, al encontrarse a Eastman en la oficina de Maxwell Perkins en Scribner's, luego de abrirse la camisa y mostrarle la veracidad de su pelo, se arrojó sobre Eastman y comenzó a golpearlo exigiéndole que enseñara su pecho lampiño.

En cualquier caso, una semana después de la publicación del libro, Hemingway se retiraba a su rancho a perseguir otros animales y a ocuparse y preocuparse por cuestiones más urgentes: Charles Thompson, su compañero de cacería, mataba a un oso mientras que él no conseguía nada.

«Pobre Viejo Papa», dicen que entonces gruñó Hemingway. Y vació su rifle al aire y volvió a Key West a seguir escribiendo.

RODRIGO FRESÁN

---

25. Publicado en *The New Republic* el 7 de junio de 1933.

MUERTE EN LA TARDE

A Pauline

Capítulo 1

Cuando asistí por primera vez a una corrida de toros contaba con sentirme horrorizado y acaso enfermo por lo que me habían dicho que sucedía con los caballos. Todas las cosas que yo había leído sobre los toros hacían hincapié en el particular; la mayor parte de la gente que había escrito sobre las corridas las condenaba como algo brutal y estúpido, pero incluso las personas que hablaban bien de ellas como alarde de talento y como espectáculo deploraban el empleo de los caballos y trataban de excusarlo como podían. La matanza de los caballos en la plaza era algo indefendible. Supongo que desde un punto de vista moral moderno, es decir, cristiano, la corrida entera es indefendible; desde luego hay en ella crueldad, siempre hay peligro, buscado o azaroso, y siempre hay muerte, y no voy a tratar de defenderla ahora, sino de decir con sinceridad lo que he visto. Para ello tengo que ser enteramente franco, o intentar serlo, y si los que leen esto juzgan que lo ha escrito alguien que no tiene su finura de sentimientos, he de decir que tal vez tengan razón. Pero quienquiera que me lea solo podrá juzgar así cuando haya visto las cosas de que hablo y cuando conozca por experiencia cuáles serían sus reacciones en circunstancias semejantes.

Recuerdo que un día Gertrude Stein, hablándome de las corridas de toros, me expresó su admiración por Joselito y me enseñó algunas fotografías del torero en la arena, y de ella y de Alice Toklas sentadas en la barrera de la plaza de Valencia, con Joselito y su hermano el Gallo un poco más abajo; yo acababa de volver de Oriente Próximo y había visto a los griegos tronchar las patas de sus animales de carga y empujarlos y arrojarlos al agua desde el muelle cuando tuvieron que abandonar la ciudad de Esmirna, y me acuerdo también de que le dije a Gertrude que no me gustaban las corridas de toros a causa de los pobres caballos. Por entonces yo intentaba escribir y me parecía que la mayor dificultad para ello, aparte de saber realmente lo que uno siente y no lo que debiera sentir o lo que a uno le han enseñado a sentir, estribaba en trasladar al papel la realidad de los hechos, los verdaderos sucesos que suscitaron la emoción experimentada. Cuando se escribe para un periódico se cuenta lo que ha ocurrido y, por medio de uno u otro truco, se llega a comunicar la emoción al lector, ya que la actualidad confiere siempre cierta emoción al relato de lo sucedido en el día; pero la realidad desnuda, la sucesión de movimientos y hechos que han producido la emoción y que serán igualmente válidos un año o diez más tarde o, con un poco de suerte y la suficiente pureza de expresión, siempre, era algo que estaba más allá de mis fuerzas y que me proponía apasionadamente conseguir. El único lugar donde se podía ver la vida y la muerte —esto es, la muerte violenta— una vez terminadas las guerras era en el ruedo, y yo ansiaba ir a España para estudiarlo. Estaba intentando aprender a escribir comenzando por las cosas más sencillas, y una de las cosas más sencillas y la más elemental es la muerte violenta. No tiene las complicaciones de la muerte por enfermedad, llamada muerte natural, ni de la muerte de un amigo de alguien a quien se ha querido o se ha odiado, pero aun así es muerte, uno de los temas sobre los que un hombre puede escribir. Había leído muchos libros en los que su autor trataba de hablar de la muerte y apenas si conseguía dar una imagen nebulosa, y llegué a la conclusión de que ello se debía a que, en el momento en que iban a ocurrir, había cerrado los ojos física o mentalmente, como haríamos si viéramos que un niño al que no podemos alcanzar ni socorrer está a punto de ser aplastado por un tren. En estos casos, supongo que estaría justificado cerrar los ojos, porque el autor solo podría transmitir el simple hecho del niño a punto de ser aplastado por un tren, ya que el instante del aplastamiento constituiría un anticlímax; el momento antes de ser aplastado sería, pues, el límite de la narración. En cambio, no pasa lo mismo en el caso de una ejecución por fusilamiento, o en la horca, y para dar un carácter permanente a estas cosas tan sencillas —como intentó hacer Goya en *Los desastres de la guerra* por ejemplo—, es necesario no cerrar los ojos en el momento culminante. Yo he visto ciertas cosas muy sencillas de ese género que aún recuerdo; pero, unas veces por haber tomado parte en ellas y otras porque, teniendo que escribir el relato inmediatamente, solo me fijé en los detalles necesarios para hacer una crónica inmediata, no fui capaz de observarlas como podría un hombre observar la muerte de su padre o, si se quiere, el ahorcamiento de un desconocido sin estar obligado a hacer un relato enseguida para la primera edición de un periódico de la noche.

Así, pues, fui a España para ver los toros y para tratar de escribir sobre ellos por mi cuenta. Creí que encontraría el espectáculo simple, bárbaro, cruel y que no me gustaría; pero esperaba también ver una acción definida, capaz de darme ese sentimiento de la vida y la muerte que yo buscaba con tanto ahínco. Encontré, en efecto, una acción definida, aunque los toros distaban de ser un espectáculo sencillo, y me gustaron de tal manera que habría sido complicado para mi capacidad literaria de entonces el ponerme a escribir sobre ellos; y, aparte de cuatro relatos muy breves, no pude escribir nada durante cinco años, si bien habría deseado aguardar diez. Es verdad que, de esperar tanto tiempo, habría llegado a no escribir nada, porque cuando se comienza a estudiar realmente un tema se siente cierta repugnancia a escribir enseguida sobre él y se querría seguir aprendiendo más. Y, a no ser que uno se admire mucho a sí mismo, cosa que, desde luego, explica muchos libros, no llega nunca el momento en que uno se siente con fuerzas para decirse: ahora sé ya todo lo que hay que saber sobre este asunto; escribamos. Por supuesto, yo no afirmo que lo sé todo; cada año que pasa veo que hay más para aprender, pero sé ya algunas cosas que quizá sean interesantes y acaso esté mucho tiempo sin ver corridas, así que ¿por qué no escribir ahora mismo sobre lo que ya sé? Tanto más cuanto que no estaría mal tener un libro en inglés sobre las corridas de toros; un libro serio sobre un asunto tan poco moral puede siempre tener interés.

Por lo que toca a las cuestiones morales, solo sé que es moral todo lo que hace que luego me sienta bien, e inmoral todo lo que hace que luego me sienta mal. Y, juzgados por este criterio, que no intento defender, los toros son absolutamente morales para mí, porque, durante la corrida, me siento muy bien, tengo el sentimiento de la vida y la muerte, de lo mortal y lo inmortal, y una vez terminado el espectáculo me siento muy triste, pero muy a gusto. Por lo demás, no me preocupo por los caballos; no por principio, sino porque, de hecho, no me preocupo. Yo mismo quedé muy sorprendido por esta actitud mía, ya que no puedo aguantar que se caiga un caballo en la calle sin sentir la acuciante necesidad de echarle una mano, y muchas veces he tendido arpilleras y he desatado arneses, esquivando una coz, y volvería a hacerlo si se continúa obligando a los caballos a que caminen por las calles de las ciudades cuando llueve o hiela; pero en la plaza no experimento ni horror ni malestar de ninguna clase viendo lo que les sucede a los caballos. He llevado a muchas gentes, tanto hombres como mujeres, a los toros, y he visto sus reacciones ante la muerte y ante las heridas de los caballos en la arena, y esas reacciones son absolutamente imprevisibles. Algunas mujeres de las que yo habría afirmado que les gustarían las corridas con excepción de las cornadas a los caballos no se sintieron afectadas de ninguna manera; así es que un espectáculo que desaprobaban y que esperaban que las horrorizase y les disgustase no les disgustaba ni las horrorizaba lo más mínimo. Mientras que otros, hombres y mujeres, se mostraban afectados de tal modo que acababan por sentirse físicamente enfermos. Más tarde entraré en pormenores sobre algunas de estas reacciones, pero por ahora basta con que diga que no hay entre las gentes un signo distintivo o una línea de demarcación que permita dividirlas según su grado de civilización o de experiencia en dos grupos: las que se sienten afectadas y las que no se sienten afectadas.

Según mis propias observaciones, podría decir que es posible dividir a las gentes en dos grandes grupos: los que, por hablar con el lenguaje propio de la psicología, se identifican con los animales, es decir, se ponen en su lugar, y los que se identifican con los seres humanos. Creo, por mi experiencia y mis observaciones, que los que se identifican con los animales, los amigos incondicionales de los perros y de otros animales, son capaces de mayor crueldad con los seres humanos que quienes no se identifican espontáneamente con los animales. Parece que hubiera como una separación fundamental entre las gentes en relación con esto, si bien los que no se identifican con los animales pueden, sin querer a todos los animales en general, sentir afecto por un animal individual, un perro, un gato o un caballo, por ejemplo. Pero este cariño lo fundamentan en una cualidad del animal o en cualquier asociación de sentimientos que les sugiera, más que en el hecho de que merece ser amado por ser un animal. En cuanto a mí, he sentido gran cariño por tres gatos distintos, cuatro perros, al menos que yo recuerde, y solamente dos caballos. Me refiero a caballos que he poseído, montado y conducido. En lo que respecta a los caballos que he seguido y observado en las carreras y por los que he apostado, algunos me han inspirado profunda admiración y hasta casi cariño cuando he apostado por ellos. Me acuerdo, sobre todo, de Man of War, Exterminator, por el que creo que sentía sincero afecto, Epinard, Kzar, Heros XII, Master Bob y un media sangre, un caballo de carreras de obstáculos como los dos últimos, llamado Uncas. He sentido una gran admiración por todos esos animales, pero no soy capaz de decir en qué medida mi cariño era obra de las sumas apostadas por ellos. Cuando Uncas ganó una carrera de obstáculos en Auteuil contra todos los pronósticos, haciéndome ganar más de diez por uno con mi dinero sobre su lomo, sentí por él profundo cariño. Quería tanto a aquel animal, que Evan Shipman y yo nos sentíamos conmovidos hasta las lágrimas cuando hablábamos de la noble bestia. Y sin embargo, si me preguntan ustedes qué ha sido después de él, tendría que responder que no sé nada. Lo único que sé es que no me gustan los perros por ser perros, los caballos por ser caballos ni los gatos por ser gatos.

Por qué la muerte del caballo en la plaza no me conmueve ni conmueve tampoco a ciertas personas es difícil de explicar; pero la razón principal acaso sea que la muerte del caballo es un hecho cómico, mientras que la del toro es un hecho trágico. En la tragedia de la plaza, el caballo es el personaje cómico; por chocante que parezca, es así. Basta con que los caballos sean lo suficientemente altos y lo suficientemente robustos para que el picador, armado con la larga pica terminada en punta llamada vara, pueda llevar a cabo su misión, y, cumplida esta condición previa, cuanto más malos son, mejor desempeñan su papel cómico. Uno supone que va a quedar disgustado y horrorizado a la vista de esa parodia de caballos y de lo que les sucede, pero no hay ningún medio de estar seguro de que uno vaya a comportarse así, salvo si ha resuelto hacerlo cualesquiera que sean las emociones reales que sienta. Esos caballos no tienen aire de caballos; en cierto modo, se parecen a pájaros, pájaros torpones, como los marabúes o las cigüeñas de ancho pico. Cuando, con el empuje de los músculos del cuello y del espinazo, el toro los levanta en vilo y se quedan con las patas colgando, los enormes cascos balanceándose, la nuca desplomada y el cuerpo como una figura de trapo en lo alto del cuerno, no son cómicos, pero puedo jurar que tampoco son trágicos. La tragedia se reduce enteramente al toro y al hombre. El momento más trágico de su devenir lo ha alcanzado el caballo fuera del ruedo, en una época anterior, al ser comprado por el contratista de caballos de la plaza para llevarlo a la corrida. El final que encuentra en el ruedo coincide de algún modo con la estructura del animal. Cuando aparecen con los petos protectores extendidos sobre el cuerpo, con las largas patas, el cuello y la extraña cabeza, y el peto que adquiere el aspecto de una especie de alas, semejan pájaros más que nunca. Tienen un poco el aire de un pelícano muerto. Un pelícano vivo es un pájaro divertido, interesante y simpático, aunque, si tratáis de echarle mano, os llena de piojos; pero un pelícano muerto tiene un aire decididamente estúpido.

Escribo todo esto, no para defender las corridas de toros, sino para procurar dar de ellas una imagen completa, para lo cual hay que reconocer cierto número de cosas que un apologista pasaría por alto u omitiría. Lo que hay de cómico en los caballos no reside en su muerte; la muerte no es cómica y presta una dignidad temporal a los personajes más grotescos, aunque tal dignidad desaparezca una vez que la muerte se ha producido. Lo cómico estriba en los accidentes extraños que les ocurren con sus vísceras. No hay, ciertamente, nada de cómico según nuestra moral habitual en la visión de un animal vacío de sus entrañas; pero si este animal, en lugar de hacer algo trágico, lleno de dignidad, galopa alrededor de la plaza con aire rígido de vieja dama de compañía, arrastrando tras sí lo contrario de una nube de gloria, el episodio se hace tan cómico cuando su estela es real como cuando los hermanos Fratellini lo parodian representando las entrañas con rollos de vendas, salchichas y otras cosas por el estilo. Si un episodio es cómico, el otro lo es también, ya que el humor procede del mismo principio. Yo he visto todo eso: la gente corriendo, el caballo destripándose y los elementos de su dignidad pereciendo uno tras otro, a medida que el animal iba arrastrando por el suelo sus porciones más íntimas, en una parodia de tragedia. Yo he visto todo ese destripamiento, que es la peor palabra que se puede usar, en momentos en que, por verdadera coincidencia, resultaba muy cómico. Este linaje de cosas es lo que mucha gente no reconoce; pero, por no haberlo reconocido, las corridas de toros nunca se han explicado bien.

Tales accidentes viscerales, cuando escribo esto, no forman ya parte de las corridas de toros españolas. Durante el gobierno de Primo de Rivera, en efecto, se decidió que el vientre de los caballos tenía que estar protegido por una especie de cobertura acolchada, con el fin, según los términos del decreto, de «evitar esos horribles espectáculos que repugnan de tal forma a extranjeros y turistas». Esas cubiertas protectoras evitan tales espectáculos y menguan en gran número los caballos muertos en el ruedo; pero no han mermado en manera alguna los sufrimientos que experimentan los caballos, aunque restan mucha bravura al toro, como se verá en los capítulos siguientes, y son el primer paso hacia la supresión de las corridas. Las corridas son una institución española y existen, no por los extranjeros y los turistas, sino a pesar de ellos. Cualquier reforma que se haga para conseguir la aprobación de estos, aprobación que no se alcanzará nunca, es un paso hacia su completa desaparición.

He hablado antes de las reacciones personales ante las corridas de toros, no por un deseo de hablar de mí mismo y de mis propios sentimientos, ni por considerarlos importantes por ser míos y por complacerme en describirlos, sino para que quede claro que tales reacciones son instantáneas e inesperadas. Yo no me he hecho indiferente al destino de los caballos por ese endurecimiento que, a fuerza de ver una cosa varias veces, deja sin emoción. No se trata de ese aislamiento emotivo que confiere la familiaridad. Los sentimientos que tengo hacia los caballos los he experimentado desde la primera corrida de toros que presencié. Se podría alegar que soy una persona endurecida por la experiencia de la guerra y por el periodismo; pero ello no explicaría por qué otras personas que no han visto jamás una guerra ni ninguna clase de horror físico y que no han trabajado nunca para un periódico hayan tenido las mismas reacciones.

A mi modo de ver, la tragedia de las corridas está tan ordenada y tan disciplinada por un ritual preciso que un espectador capaz de sentir la totalidad de ese ritual no puede separar el episodio cómico-trágico secundario del caballo para captarlo emotivamente. Si el espectador capta el sentido total del espectáculo, aunque no lo entienda, si se da cuenta de que ese drama que no comprende sigue su curso, el episodio de los caballos no será para él más que un incidente. Pero, si no percibe esa unidad trágica, su emotividad reaccionará vivamente a la vista del lance más pintoresco. También, si se trata de un espíritu humanitario o «animalitario» (¡qué palabra!), no tendrá ningún sentimiento de la tragedia; solo experimentará una reacción de índole humanitaria o animalitaria. El caballo es, desde luego, el personaje peor tratado, y si el espectador se identifica sinceramente con los animales sufrirá de un modo horrible, más que el propio caballo. Todo el que ha sido alguna vez herido sabe, en efecto, que el dolor de la herida no comienza hasta después de una media hora de haber sido hecha y que no hay relación proporcional entre el dolor y el tremendo espectáculo de la herida. El dolor de una herida abdominal no aparece al pronto, sino más tarde, por la acción de los gases y de la peritonitis que empieza a producirse; mientras que, por el contrario, una simple rotura de ligamentos o una fractura provoca un sufrimiento inmediato y terrible. Pero eso es lo que no sabe o lo que pasa por alto la persona que se identifica con el animal, la cual sufrirá sincera y dolorosamente sin ver más que esta porción de la corrida de toros, mientras que al ver un animal que se rompe una pata en una carrera de obstáculos no sufre en manera alguna y le parece que no es más que un episodio sin importancia.

Puede decirse, de una forma general, que el aficionado, el entusiasta de las corridas, posee ese sentimiento de la tragedia y del ritual del combate, por lo que los incidentes secundarios no tienen importancia para él más que relacionándolos con el conjunto. Ese sentido o se tiene o no se tiene; de la misma manera que, sin querer llevar demasiado lejos la comparación, se tiene o no se tiene oído musical. A un oyente que carezca de sentido musical la primera impresión que recibe en un concierto sinfónico podría llegarle de la gesticulación de los que tocan el contrabajo, del mismo modo que un espectador de los toros puede retener en su memoria únicamente la actuación evidentemente grotesca de un picador. Los gestos del que toca el contrabajo son grotescos y los sonidos que produce, si se oyen separadamente, a veces ni siquiera tienen sentido. Así pues, si el oyente ha acudido al concierto con el mismo espíritu humanitario con que podría asistir a la corrida de toros, encontrará un campo tan vasto como en la plaza para su buen corazón y podrá proponerse el mejoramiento del salario y las condiciones de vida de los que tocan el contrabajo en las orquestas sinfónicas, como querría hacer alguna cosa en provecho de los caballos. Si, en cambio, es un hombre culto y sabe que las orquestas sinfónicas son buenas en su conjunto y que así hay que aceptarlas, no experimentará probablemente ningún sentimiento, salvo el de placer y de aquiescencia; no considerará al contrabajo separado del conjunto de la orquesta ni pensará que, en definitiva, está tocado por un ser humano.

En todas las artes, el placer se acrecienta con el conocimiento que se alcanza de ellas; pero, desde la primera corrida a que se vaya, el espectador sabrá si le gustan o no los toros, siempre que haya acudido con espíritu libre, dispuesto a sentir únicamente lo que siente en realidad y no lo que cree que debe sentir. Puede suceder que no le gusten en modo alguno, sea la corrida buena o mala, y ninguna razón tendrá fuerza para él frente al convencimiento de que las corridas de toros son moralmente malas. Es lo que ocurre a las personas que se niegan a beber vino, aunque saben que podría proporcionarles placer, porque creen que no está bien beber.

La comparación con el vino no es tan disparatada como pudiera creerse; el vino es una de las cosas más civilizadas del mundo y uno de los productos de la Naturaleza que han sido elevados a un nivel mayor de perfección. Entre todos los placeres puramente sensoriales que pueden pagarse con dinero, el que proporciona el vino, el placer de saborearlo y el placer de apreciarlo, ocupa quizá el grado más alto. El conocimiento del vino y la educación del paladar pueden ser fuente de grandes alegrías durante una vida entera. A medida que el paladar se educa, crece su capacidad de apreciación, y el deleite de saborear y conocer un vino no deja de aumentar, aunque los riñones se debiliten, el dedo gordo del pie nos duela y las articulaciones de los dedos se hagan rígidas hasta el punto de que, habiendo llegado el amor al vino a su colmo, nos lo prohíban definitivamente. De la misma manera, el ojo no es al principio más que un instrumento sano; pero luego, aunque pierda fuerza, se debilite y se gaste por el exceso de uso, es capaz de transmitir al cerebro placeres cada vez mayores, gracias al conocimiento y a la habilidad para ver que fue adquiriendo. Nuestro cuerpo se gasta de una forma u otra hasta el momento en que morimos, y yo prefiero tener un paladar que me proporcione el placer de gozar enteramente de un Château-Margaux o de un Haut-Brion, aunque los excesos debidos a mi aprendizaje me hayan proporcionado un hígado que me prohíbe el Richebourg, el Corton o el Chambertin, antes que tener el intestino de acero de mi juventud, cuando todos los vinos tintos me parecían amargos, salvo el oporto, y beber consistía en meterme en el cuerpo una cantidad suficiente de cualquier cosa para sentirme atrevido. El punto importante, sin duda, es evitar verse forzado a renunciar al vino, como, en lo que concierne al ojo, es evitar el quedarse ciego; pero parece que en todo esto interviene mucho la suerte, y nadie puede evitar la muerte haciendo un simple esfuerzo, ni saber cuánto uso puede soportar una porción de su cuerpo antes de haber hecho la prueba.

Se diría que nos hemos ido un poco lejos de las corridas de toros, pero quería poner en claro que, perfeccionando nuestros conocimientos y nuestra educación sensorial, es posible hacer del vino una fuente indefinida de placer. Y, de la misma forma, el placer que un hombre saca de los toros puede convertirse en una de sus grandes pasiones menores. Una persona que bebe vino por primera vez, no que lo degusta o lo saborea sino que solo lo bebe, aunque no le interese saborearlo o no sea capaz de hacerlo, sabrá inmediatamente si le gusta o no y si es bueno para ella o no lo es. En materia de vinos, la mayoría de las gentes prefiere al principio los dulces —de Sauternes, Graves, Barsac— y los vinos espumosos, como el champán no demasiado seco y el borgoña espumoso, por su cualidad pintoresca; pero más tarde los cambiaría todos por un vino ligero, lleno y suave del Médoc, aunque se presente en una botella corriente, sin etiqueta, sin polvo ni telas de araña y aunque de pintoresco no tenga más que su franca delicadeza, la ligereza de su sabor en la lengua, la frescura que deja en la boca y la calidez que queda en el cuerpo cuando se ha bebido. De la misma manera, por lo que se refiere a las corridas, lo que al espectador le gusta en un comienzo es lo pintoresco del paseíllo, el color, el espectáculo, los faroles y los molinetes, el torero que toca con la mano el hocico del toro o le acaricia los cuernos y todas esas cosas inútiles y románticas. Le gusta ver protegidos a los caballos, ya que esto lo libra de visiones desagradables, y aplaude todas las reformas de ese género. Pero cuando, a fuerza de experiencia, ha conseguido apreciar cuáles son los verdaderos valores, lo que busca el espectador es la pureza y la emoción verdadera, sin trucos; la pureza clásica en la ejecución de las distintas suertes. Al igual que sucede con el vino, el gusto cambia y el aficionado no se contenta ya con florituras; quiere que los caballos estén sin peto y prefiere ver las heridas y hasta la muerte, antes de verlos padecer por culpa de un equipo destinado a permitir que padezcan mientras evita que el espectador contemple su sufrimiento. Lo mismo que en lo tocante al vino, desde el primer momento sabréis por el efecto que produzca en vosotros si os gustan o no los toros. La corrida tiene aspectos suficientemente distintos para complacer todos los gustos; pero si no os complace ninguno de ellos ni sabéis apreciar el conjunto, es que la corrida no se ha hecho para vosotros. Por supuesto, para los que gustan de las corridas de toros, sería muy agradable que los que no gustan de ellas no se sintieran forzados a hacer la guerra contra ellas o a dar dinero para que se supriman por el simple hecho de que les desagradan. Pero eso es esperar demasiado, y todas las cosas que son capaces de despertar pasión en su defensa levantan, igualmente, pasión contra ellas.

Es muy posible que la primera corrida a que se asista no sea artísticamente buena. Para que no ocurriese esto sería menester que coincidieran buenos toros y buenos toreros. Los toreros artistas con toros sin casta no dan un espectáculo interesante, y el torero capaz de ejecutar con el toro hazañas extraordinarias que puedan llevar al espectador a un intenso grado de emoción no intentará consumarlas con un toro de difícil embestida. Si los toros carecen, pues, de casta, es decir, si son marrajos más que bravos, indecisos al embestir, reservones e imprevisibles en sus derrotes, es preferible que sean lidiados por toreros que conocen a fondo su oficio, toreros concienzudos, que tienen años de experiencia, más que verdadero talento artístico. Porque toreros así darán un espectáculo perfecto con un bicho difícil, por el peligro peculiar que ofrece la res y la habilidad y el valor que tienen que poner en juego para vencer el peligro, para jugar con la muleta y para matar con cierta dignidad, y una corrida así es interesante hasta para quien no haya visto nunca otra. Pero puede ocurrir que ese torero hábil y experimentado, valeroso y competente, que carece de talento y de inspiración, se encuentre en la plaza con un toro verdaderamente bravo, un toro que embiste rectamente y responde a todos los envites, que se hace más bravo con cada castigo y que tiene esa calidad técnica que los españoles llaman nobleza; y si el torero no cuenta más que con valor y con un oficio vulgar para desplegar la muleta y para dar la estocada, si no tiene ese juego mágico de la muñeca ni ese sentido estético que, suponiendo que un toro embista en línea recta, ha producido el arte escultural de la moderna escuela de torear, entonces fracasa completamente, proporciona un espectáculo sin brillo, honrado y nada más, y su valor comercial como torero desciende un poco, mientras que entre la multitud de los hombres que ganan quizá menos de mil pesetas al año hay siempre alguien que dice y piensa realmente: «Habría dado cien pesetas por ver a Cagancho con este toro». Cagancho es un gitano que siente accesos de cobardía, completamente falto de honradez, que viola todas las reglas de conducta escritas y no escritas del arte del toreo; pero que, ante un toro que le inspira confianza —y rara vez tiene confianza en un toro—, puede consumar todas las proezas habituales de todos los toreros de un modo que no se ha visto jamás. A veces está firme y erecto sobre sus pies, plantado como un árbol, con esa arrogancia y esa gracia de los gitanos, junto a cuales cualquier gracia y arrogancia parecen mera imitación; y, desplegando la capa como la vela de un yate, la hace pasar por delante del hocico del toro con un gesto tan lento que el arte del toreo, al que su fugacidad impide ser arte mayor, se convierte en una obra permanente gracias a la lentitud de sus verónicas, que parecen durar minutos. Es esto la peor clase de estilo florido que puede emplear un escritor, pero tengo que tratar de decir de algún modo lo que se siente con tal visión, y, para los que no la hayan tenido, una sencilla exposición del método no puede comunicar ese sentimiento. Si el lector ha visto corridas de toros puede pasar sobre las florituras de ese género y leer los relatos de los hechos, que son mucho más difíciles de aislar y de exponer. El hecho es que, gracias a su maravillosa muñeca, el gitano Cagancho llega a veces a ejecutar los movimientos corrientes del toreo con tal lentitud que se convierten, en relación con la vieja tauromaquia, en lo que es el cine en cámara lenta en relación con el cine ordinario. Es como si en un salto mortal que en la vida real es solo una brusca sacudida, aunque en las fotografías parezca un deslizamiento prolongado, el saltarín pudiera dominar su velocidad y transformar su caída en un largo deslizarse, semejante a los saltos y zambullidas que a veces hacemos en sueños. Otros toreros que han tenido y tienen esta habilidad de muñeca son Juan Belmonte, y, en algunas ocasiones con la capa, Enrique Torres y Félix Rodríguez.

El que acude a los toros por primera vez no puede esperar encontrarse con la combinación de un toro ideal y el torero ideal para ese toro; esto no ocurre más de veinte veces en España durante toda la temporada y, después de todo, no tendría ningún sentido que el primer día viera semejante cosa, ya que sus ojos estarían ofuscados por todo lo que tienen que ver y su mirada no llegaría a alcanzar todas las cosas. Un espectáculo que acaso no se produjera otra vez en su vida no significaría para él más que un espectáculo ordinario. Si hay alguna posibilidad de que llegue a gustar de las corridas de toros, lo mejor que puede sucederle es ver el día de su bautismo una corrida vulgar con cuatro toros vulgares para dar más relieve a los dos buenos; tres toreros que no sean demasiado caros, para que todo lo que hagan parezca más que difícil, y una localidad que no esté demasiado cerca del redondel, para que pueda ver todo el espectáculo sin tener que fijar continuamente su atención en el toro o en el caballo, en el hombre o en el toro, en el toro o en el torero, cosa que le ocurriría si estuviera demasiado cerca. Y todo lo que le puedo desear, en fin, es que sea una tarde calurosa y soleada. El sol es muy importante. La teoría, la práctica y el espectáculo se han montado suponiendo que el sol va a estar presente, y cuando no brilla, falta una porción importante de la corrida. El español dice: «El sol es el mejor torero», y sin sol el mejor torero no vale nada. Es como un hombre que hubiera perdido su sombra.

Capítulo 2

La corrida no es un deporte en el sentido anglosajón de la palabra, es decir, no es un combate igualitario o una tentativa de combate de igual a igual entre un toro y un hombre. Es más bien una tragedia, la muerte del toro, representada mejor o peor por el toro y el hombre que participan en ella y en la que hay peligro para el torero y muerte cierta para el toro. El peligro que corre el hombre puede ser acrecentado a voluntad por el torero en la medida en que trabaja más o menos cerca de los cuernos. Ateniéndose a los cánones dictados por años de experiencia, reglas que, si se conocen y se siguen, permiten al hombre llevar a cabo ciertos movimientos sin ser alcanzado por los cuernos del toro, el torero puede acortar a capricho la distancia que lo separa de los cuernos, lo que lo obliga a contar cada vez más con sus reflejos y con su sentido de la distancia para esquivar las aceradas puntas de los cuernos. Este peligro que el hombre crea voluntariamente puede convertirse en certidumbre de que va a ser enganchado y golpeado por el toro, si el torero, por ignorancia, lentitud, torpeza o ciega locura y atolondramiento momentáneo, viola alguna de las normas fundamentales en la ejecución de las diferentes suertes. Todo lo que el hombre hace en el ruedo se llama suerte. Es la palabra más cómoda y apropiada, y además es breve. Significa acto, pero en inglés esta palabra se usa también en el teatro, por lo que resulta para nosotros más bien confusa.

Las gentes que ven la primera corrida dicen: Pero ¡qué estúpidos son los toros! Se lanzan sobre la capa en lugar de hacerlo sobre el torero.

Si el toro persigue el percal rojo de la capa o la franela escarlata de la muleta es porque el torero lo fuerza a hacerlo así y porque maneja la tela de manera que los ojos del toro son atraídos por ella más que por el cuerpo del hombre. Por lo tanto, un buen comienzo para el espectador que quiere realmente ver corridas de toros es asistir a las novilladas o a las capeas. Aquí los toros no se contentan con ir detrás de la tela, porque los toreros están aprendiendo, ante vuestros ojos, las reglas del combate; no siempre se acuerdan bien de ellas, o no conocen el punto exacto del terreno que tienen que pisar, o la manera de atraer al toro hacia el engaño, alejándolo del cuerpo. Porque una cosa es conocer las reglas en teoría y otra bien distinta echar mano de ellas cuando se tiene necesidad cara a cara de un animal que trata de mataros, así que el espectador que quiera ver hombres golpeados y corneados mejor que juzgar cómo los toros son dominados debe ir a una novillada antes de acudir a una corrida de toros, que es una corrida completa. Sería conveniente, en todo caso, que para empezar vaya a una novillada si quiere enterarse de la técnica, para emplear este nombre bastardo, porque el arte de utilizar sus conocimientos es mucho más claro en su imperfección durante la novillada. En una novillada, el espectador puede ver las faltas cometidas por los toreros y el castigo que estas faltas llevan consigo; y aprenderá también a apreciar el estado de entrenamiento o la falta de entrenamiento de los hombres, así como el efecto que estas condiciones tienen sobre su valor.

Recuerdo que una vez, en Madrid, fuimos a una novillada en pleno verano, un domingo muy caluroso en que todos los que podían permitírselo se habían ido de la ciudad en busca de las playas del norte o de las montañas. La corrida no debía comenzar antes de las seis de la tarde y estaban anunciados seis toros de Tovar para tres aspirantes a matadores que después han fracasado en su profesión. Nos sentamos en la primera fila, tras la barrera de madera, y en cuanto apareció el primer toro resultó claro que Domingo Hernandorena, un vasco de pequeña estatura y gruesos tobillos, que vestía un traje de luces de alquiler y estaba pálido y nervioso, si tenía que matar al toro se pondría en ridículo o acabaría herido. Hernandorena era incapaz de contener el nerviosismo de sus pies. Habría querido mantenerse en calma y distraer al toro con lentos movimientos de brazos y de capa; pero, cuando trataba de mantenerse inmóvil al embestirlo el toro, sus pies se ponían a saltar de una manera desordenada, con movimientos cortos y nerviosos. Evidentemente, sus pies escapaban a su control, y sus esfuerzos por mantener el aire escultural mientras los pies se apresuraban a apartarlo del peligro resultaban muy cómicos para la afición. Resultaba cómico para los aficionados porque muchos de ellos sabían que sus propios pies se comportarían así si vieran los dos cuernos avanzar hacia ellos; y, como sucede con frecuencia, resultaba desagradable ver en la arena, ganando dinero, a un hombre que tenía los mismos defectos físicos que les impedían a ellos, a los espectadores, dedicarse a una profesión tan lucrativa. Cuando tocó el turno a los otros dos matadores, mostraron un buen juego de capa, y, después de ellos, Hernandorena, con su temblor nervioso, pareció todavía peor. No se había encontrado en la plaza con un toro desde hacía más de un año y era incapaz de contener los nervios. Cuando fueron puestas las banderillas y llegó el momento de salir con la franela roja y la espada para preparar al toro y matarlo, la multitud, que había aplaudido irónicamente cada uno de sus movimientos nerviosos, se dispuso a presenciar algo muy divertido. Desde arriba, mientras Hernandorena cogía la muleta y la espada, enjuagándose la boca con un poco de agua, pude ver cómo le temblaban los músculos de las mejillas. El toro lo espiaba desde la barrera. Hernandorena no podía contar con que sus piernas lo llevaran tranquilamente hacia el toro. Sabía que solo había una manera de comportarse que le permitiera mantenerse en un sitio fijo dentro del ruedo. Corrió hacia el toro y, a diez metros de distancia, se dejó caer de rodillas en la arena. En esta posición, se veía libre del ridículo. Desplegó la franela sobre la espada y se fue acercando al toro a pequeños saltos con las rodillas. El toro observaba al hombre y el triángulo de tela roja con las orejas en punta y los ojos fijos. Hernandorena avanzó arrastrándose sobre sus rodillas un metro más y agitó la tela. El toro levantó el rabo y agachó la cabeza. Embistió y, al alcanzar a Hernandorena, lo lanzó al aire como un fardo, con las piernas en abanico. El hombre cayó al suelo y el toro lo buscó con la mirada, vio una capa desplegada ante él, agitada por otro torero, y embistió. Hernandorena se puso en pie, con el rostro pálido, lleno de arena, y buscó su espada y su muleta. Cuando se puso de pie vi en la seda gruesa y sucia de su traje de alquiler un desgarrón, neto y profundo, por el que se veía el fémur desde la cadera hasta casi la rodilla. Hernandorena lo vio también, pareció muy sorprendido y se llevó la mano a la herida, mientras que la gente saltaba sobre la barrera y corría hacia él para llevárselo a la enfermería. El error técnico que había cometido consistió en no mantener la tela roja de la muleta entre el toro y él hasta el momento de la embestida; es este «el momento de la jurisdicción», como se llama, cuando el toro embiste la muleta con la cabeza baja, y si entonces él se hubiera echado hacia atrás, levantando la tela y desplegándola lo suficientemente lejos con la ayuda del palo y de la espada, el toro habría seguido la dirección de la tela y le habría errado al cuerpo. Fue un simple error de técnica.

Aquella noche, en el café, no oí una sola palabra de compasión por él. Era un ignorante, un torpe, y no había tenido entrenamiento. ¿Por qué insistía en ser torero? ¿Por qué se había puesto de rodillas? Porque era un cobarde, decían. Las rodillas son para los cobardes. Y, si era cobarde, ¿por qué insistía en ser torero? No sentían ninguna compasión por su nerviosismo irrefrenable, ya que le habían pagado para que mostrara su talento ante el público. Habrían preferido verlo corneado antes que huyendo del toro. Ser herido era honorable; lo habrían compadecido si hubiera sido alcanzado en uno de aquellos incontrables saltos hacia atrás, porque, aun burlándose de él, sabían que se debían a su falta de entrenamiento, pero no por haberse puesto de rodillas. En efecto, lo más difícil, cuando se tiene miedo del toro, es dominar los pies y aguardar que el toro venga hacia uno; y todos los esfuerzos que Hernandorena hacía por dominar sus pies eran honorables, por más que se rieran de ellos porque resultaban ridículos. Pero al ponerse de rodillas, sin conocer siquiera la técnica del combate en semejante posición, esa técnica que posee Marcial Lalanda, el más científico de los toreros vivos y que es el único que logra hacer honorable esa posición, Hernandorena había confesado su nerviosismo. Y no era vergonzoso no poder vencer su nerviosismo; lo vergonzoso era reconocerlo. Cuando, sin tener técnica y reconociendo su incapacidad para dominar sus pies, el matador se hincó de rodillas delante del toro, la multitud no sintió más compasión por él que por un suicida.

Para mí, que no soy torero y los suicidas me interesan mucho, el problema era cómo describir lo sucedido, y, despertándome del sueño a medianoche, me esforcé recordando un detalle que mi memoria no conseguía atrapar y que, sin embargo, era lo que realmente me había llamado la atención de todo lo ocurrido, y, a fuerza de revivir toda la escena, acabé por encontrarlo. Cuando el torero se levantó de la arena, con el rostro pálido y sucio y la seda de sus pantalones abierta desde la cintura hasta la rodilla, lo que yo vi fue la suciedad de las calzas de alquiler, la suciedad de los calzoncillos rotos y la blancura, la intolerable blancura del fémur. Era eso lo que había visto y lo más importante.

En las novilladas, además del aprendizaje de la técnica y

de las consecuencias de una técnica insuficiente, se tiene también ocasión de estudiar el modo de enfrentarse a toros defectuosos. En efecto, los toros que no se pueden utilizar en una corrida regular a causa de algún defecto evidente son enviados a las corridas de entrenamiento. Casi todos los toros revelan defectos en el curso del combate, defectos que el torero tiene que corregir; pero, en las novilladas, estos defectos —los defectos de visión, por ejemplo— suelen ser evidentes ya desde el comienzo, de forma que se ve claramente la manera de corregirlos o lo que ocurre si no se los corrige.

La corrida de toros normal es una tragedia y no un deporte; el toro tiene que morir. Si el matador no puede matarlo en los quince minutos que dura la lidia, se aleja al toro del ruedo, escoltado por los cabestros como deshonor para el torero, y, según la ley, se lo mata en los corrales. Hay una probabilidad contra cien de que el matador de toros o torero formalmente investido sea cogido, a menos que sea un inexperto, un ignorante, que esté mal entrenado o que sea demasiado viejo y pesado para moverse. Pero el matador que conoce su oficio puede acrecentar el peligro mortal que corre tanto como le venga en gana. Sin embargo, tiene que aumentar este peligro manteniéndose dentro de las normas previstas para su protección. En otras palabras, debe hacer lo que sabe hacer de la manera más peligrosa, pero siempre geométricamente posible. El matador se desacredita si corre peligro por ignorancia, negligencia de las normas fundamentales, falta de vivacidad física o mental o ciega locura.

El matador tiene que dominar al toro por su conocimiento y por su arte, y en la medida en que lo consigue con gracia resulta hermoso de contemplar. La fuerza le es de poca utilidad, salvo en el preciso momento de matar. Un día pregunté a Rafael Gómez, el Gallo, hermano de Gallito y último miembro vivo de la gran familia de toreros gitanos de este nombre, y que se acercaba ya por entonces a los cincuenta, qué ejercicios físicos hacía para conservar la fuerza necesaria en su profesión.

—¿La fuerza? —preguntó el Gallo—. ¿Para qué me hace a mí falta la fuerza? El toro pesa media tonelada. ¿Tendría que hacer ejercicios para contender con él? No, dejemos la fuerza para el toro.

Si se permitiera a los toros acrecentar sus experiencias, como hacen los toreros, y si los toros no matados durante los quince minutos reglamentarios, en vez de ser sacrificados en los corrales inmediatamente, fuesen llevados a combatir de nuevo, matarían a todos los toreros, o, al menos, a todos los toreros que continuaran combatiéndolos según las normas. La corrida está montada sobre la base de que es el primer encuentro entre un animal salvaje y un hombre a pie. Y la primera condición de la corrida moderna es que el toro no haya pisado la plaza nunca. En los primeros tiempos se dejaba combatir a los toros que habían pisado el redondel, y murieron tantos hombres que el 20 de noviembre de 1567 el papa Pío V publicó un decreto por el que excomulgaba a todos los príncipes cristianos que permitieran las corridas de toros en su país y negaba cristiana sepultura a todas las personas que hubieran muerto en el ruedo. La Iglesia solo consintió las corridas de toros, que continuaban en España pese al edicto, cuando se convino que el toro no aparecería más que una vez en la arena.

Ustedes pensarán que la corrida de toros se convertiría en un verdadero deporte, más que un mero espectáculo trágico, si se tolerase que los toros aparecieran varias veces en el ruedo. He visto corridas de esa clase, tal como se hacen, contra todo lo prescrito por la ley, en algunos pueblos. Se monta una plaza improvisada, cerrando las entradas a la plaza pública con carretas apiladas una sobre otra, y se celebran esas capeas irregulares o corridas públicas, en las que corren toros que ya han sido corridos otras veces. Los aspirantes a toreros que carecen de ayuda económica hacen sus primeras armas en las capeas. Es un deporte, un deporte salvaje y primitivo y, en gran parte, un verdadero deporte de aficionados. Temo, sin embargo, que, a causa del peligro de muerte que lleva consigo, no tendría demasiados adeptos entre los aficionados al deporte en Norteamérica y en Inglaterra. En nuestros juegos deportivos, no es la muerte lo que nos fascina, su cercanía y el modo de esquivarla. Nos fascina la victoria, y es la derrota, en lugar de la muerte, lo que tratamos de evitar. Todo ello tiene un simbolismo muy lindo; pero hacen falta más cojones para entregarse a un deporte en el que la muerte es uno de sus ingredientes. En las capeas fenece el toro rara vez, cosa que agradará a los amantes del deporte que son amigos de los animales. Los pueblos son demasiado pobres, por lo general, para poder pagarse un toro, y ninguno de los aspirantes a torero tiene dinero para comprarse una espada; de no ser así, no elegirían las capeas para hacer su aprendizaje. Esto podría proporcionar una ocasión a nuestros amantes del deporte que sean ricos, ya que podrían comprarse un toro y una espada para sí.

Sin embargo, a causa del mecanismo mental del bruto, el toro que ha corrido una vez no proporciona un espectáculo brillante. Tras una o dos embestidas, se queda inmóvil y no consiente en embestir si no es cuando está seguro de coger al hombre o al muchacho que lo hostiga con la capa. Cuando hay una multitud y el toro embiste contra ella, elige siempre un hombre y lo persigue, por muchas fintas, volteretas y contorsiones que este realice, hasta que logra cogerlo y lanzarlo a lo alto. Si le han embolado las puntas de los cuernos, esta caza y estos volteos son muy divertidos durante algún tiempo. Nadie va a ponerse delante del toro si no quiere; pero, desde luego, hay muchos que, sin desearlo demasiado, lo hacen para mostrar su arrojo. Es algo excitante para los que están en la plaza y una señal distintiva de verdadero deportista, que brinda más satisfacción al actor que al espectador (cuando es lo suficientemente divertido para el espectador para hacerle pagar la entrada, y sacar una utilidad, el deporte se convierte en práctica profesional); la menor prueba de sangre fría o de dominio de los nervios levanta aplausos enseguida. Pero si los cuernos del toro están desnudos y puntiagudos, es un espectáculo inquietante. Hombres y muchachos tratan de atraerse al toro utilizando sacos, blusas o viejas capas, igual que cuando se le han embolado los cuernos. La única diferencia es que cuando el toro los coge y los lanza por los aires, se arriesgan a que no sea posible desengancharlos de sus cuernos si no es con heridas que ningún cirujano del pueblo puede curar. Un toro que era gran favorito en las capeas de la provincia de Valencia mató a dieciséis personas, hombres y muchachos, e hirió gravemente a más de sesenta en un período de cinco años. Las gentes que toman parte en estas capeas son a veces aspirantes a la profesión de torero que buscan adquirir, sin gastos, una experiencia; pero lo más común es que sean aficionados, que van simplemente por el deporte, por la excitación inmediata, que es grande, o por el placer retrospectivo de haber mostrado su desprecio ante la muerte en una tarde tórrida, en la plaza de su pueblo. Muchos acuden por vanidad, esperando ser valientes. Y muchos caen en la cuenta de que no son valientes, pero, cuando menos, han sido capaces de acudir. De todo ello no sacan nada, si no es la satisfacción íntima de haber estado en la plaza con un toro, y cualquiera que haya hecho esa experiencia se acuerda de ella durante toda su vida. Es una sensación extraña la de ver al animal acercarse hacia uno con el propósito determinado de matarlo, ver esos ojos abiertos fijos en uno y los mortales cuernos apuntados para matar y cada vez más próximos. Esta sensación es tan fuerte que siempre habrá hombres que quieran ir a las capeas, por el orgullo de hacer la experiencia y por el gusto de haber ensayado alguna maniobra particular con un toro verdadero, aunque en el momento crítico el placer no sea muy grande. Algunas veces matan al toro, ya sea porque el pueblo tenga bastante dinero para permitírselo, o porque el populacho pierda todo dominio de sí mismo. Entonces, todo el mundo se lanza contra el toro, con cuchillos, puñales, hachas de carnicero y piedras. Y se ve a uno agitado entre los cuernos, arriba y abajo, a otro que vuela por los aires y a muchos que se agarran a su rabo mientras una lluvia de golpes, porrazos y puñaladas cae sobre el cuerpo del animal, lo cubre de heridas hasta que titubea y se desploma. Toda matanza consumada por un aficionado o una turba es un espectáculo bárbaro y repugnante, aunque muy estremecedor, y muy alejado del ritual de la verdadera corrida.

El toro que causó los dieciséis muertos y los sesenta heridos murió de una manera muy curiosa. Uno de los que él había matado era un joven gitano de unos catorce años, y la hermana y el hermano del muerto se pusieron a seguir al toro en sus desplazamientos esperando acaso la ocasión de darle muerte en el momento en que se lo encerraba en su jaula, después de la capea. La cosa resultaba difícil, porque el toro era estimado como luchador de gran valor y objeto de atentos cuidados. Lo siguieron durante dos años sin intentar nada, contentándose con ir a donde lo llevaban, y cuando se abolieron las capeas en una ocasión —las capeas son abolidas y vueltas a abolir constantemente por orden del gobierno—, el propietario del toro decidió enviarlo al matadero de Valencia, ya que, después de todo, el toro se había hecho viejo. Los dos gitanos lo siguieron al matadero, y el muchacho pidió permiso para matarlo él mismo, puesto que el toro había matado a su hermano. Se le concedió, y empezó por arrancarle los ojos cuando el toro estaba en la jaula. Luego le escupió cuidadosamente en las órbitas; lo mató después metiéndole un puñal en la espina dorsal, entre las vértebras del cuello, cosa que le costó bastante. Pidió entonces permiso para cortarle los testículos; se le concedió, y su hermana y él hicieron una hoguera al borde de la polvorienta carretera, delante del matadero, asaron las dos glándulas, sujetas en un palo y, cuando estuvieron a punto, se las comieron. Luego dieron la espalda al matadero y se marcharon carretera adelante, fuera de la ciudad.

Capítulo 3

En las corridas de toros modernas matan, por lo general, a seis toros tres hombres diferentes. Cada hombre mata dos toros. Los toros, según la ley, han de tener de cuatro a cinco años, carecer de defectos físicos y estar armados de cuernos puntiagudos. Antes de la lidia los inspecciona un veterinario municipal. Se supone que el veterinario ha de rechazar los toros que no tienen la edad requerida, los que no se hallan suficientemente armados, los que tienen defectos de visión o de cornamenta y los que dan señales de enfermedades o defectos visibles de cuerpo, como derrengaduras o cojeras.

Los hombres encargados de matarlos se llaman matadores y echan a suertes los toros que corresponden a cada uno. Cada matador tiene una cuadrilla, esto es, un equipo de cinco o seis hombres, que paga él y que trabajan bajo sus órdenes. Tres de ellos lo ayudan con el capote y colocando banderillas, que son dardos de madera de poco menos de un metro de largo, con una punta en forma de arpón; se los llama peones o banderilleros. Los otros dos hombres, que aparecen en la arena montados a caballo, se llaman picadores.

A nadie, en España, se lo llama toreador. Esta palabra anticuada se daba a los miembros de la nobleza que, en los días en que aún no había profesionales de las corridas de toros, se divertían matándolos y combatiendo con ellos a caballo. Todo el que torea por dinero, como el matador, el banderillero y el picador, se llama torero. El que mata los toros con una jabalina, montado en un purasangre especialmente adiestrado para ello, se llama rejoneador o caballero en plaza.

En la mañana que precede a la corrida, los representantes de cada matador, que son, por lo general, sus banderilleros más antiguos o aquellos en quienes tiene más confianza, se dan cita en los corrales de la plaza, donde están encerrados los toros que van a lidiarse por la tarde. Los representantes los examinan, comparan su talla, su peso, su altura, su corpulencia, el grosor y las puntas agudas de sus cuernos, su pelaje. Este último dato puede proporcionar una orientación muy buena sobre sus condiciones físicas y su probable bravura. No hay ninguna señal cierta respecto de la bravura, pero hay numerosos indicios de su probable cobardía. Los banderilleros de confianza hablan con el guardián o vaquero que ha hecho el viaje con los toros desde el cortijo y que, mientras los tiene a su cuidado, se llama mayoral, y le preguntan sobre las cualidades y la conducta probables de cada animal. Los toros tienen que ser repartidos en tres lotes de dos, con el consentimiento unánime de los representantes que han acudido. Los representantes se esfuerzan por meter en cada lote un toro bueno y otro malo, entendiéndose bueno y malo desde el punto de vista del espada. Un buen toro, para un torero, no debe ser demasiado grande ni demasiado fuerte, ni debe tener excesiva cornamenta; no debe ser muy alto de cruz y ha de tener, sobre todo, buena vista, reaccionar bien a los colores y al movimiento, ser bravo y franco en la embestida. Un toro malo, para un torero, es un toro demasiado grande, demasiado viejo, demasiado poderoso, con excesiva cornamenta; pero, sobre todo, un mal toro es el que no reacciona al color ni al movimiento, que carece de valor o de combatividad, de modo que el matador no puede decir si embestirá ni cuándo embestirá. Los representantes de los espadas, habitualmente hombres bajitos con gorra, que no han tenido tiempo de afeitarse y hablan con diversos acentos pero poseen todos el mismo ojo clínico, argumentan y discuten. Dicen, por ejemplo, que el número 20 tiene más cornamenta que el 42, pero que el 42 pesa dos arrobas más que el 16; que el 46 es tan grande como una catedral —uno de los asistentes lo llama y el toro levanta el testuz desde el comedero—; pero que el 18 es de pelaje roano y podría suceder que fuera tan cobarde como un buey. Los lotes se componen después de un rato de discusión y el número de cada par de toros, es decir, los números que aparecen con hierro ardiente en sus flancos, se escribe en tres hojas de papel de fumar. Se hace el papel una bola y se meten en una gorra. El toro roano, sospechoso de cobardía, ha sido emparejado con un animal de peso medio, negro, con cuernos no demasiado largos y pelaje brillante. Mientras que el 46, el que tiene la talla de una catedral, se ha emparejado con el 16, cuyo peso escasamente llega al exigido por los veterinarios, que no tiene características sobresalientes y que es el medio toro ideal con aspecto de toro, aunque no posee ni el desarrollo muscular del verdadero toro ni su astucia para servirse de los cuernos, pero que es el toro que todos los representantes aspiran a tener para su matador. El número 20, el de la cornamenta puntiaguda, hace pareja con el 42, que es el más pequeño después del 16. En fin, el hombre que tiene la gorra en la mano la agita, y cada representante mete en ella una mano morena y saca una de las bolitas de papel de fumar, la desenrolla, la lee, lanza acaso una última mirada a los toros que le han tocado en suerte y se va a buscar a su patrono al hotel, para decirle lo que le ha tocado en la rifa.

El matador es quien decide en qué orden prefiere lidiar sus toros. Puede ocurrir que prefiera en primer lugar el malo con la esperanza de rehabilitarse con el segundo en el caso de que no quede muy brillante con el primero; o, si es el tercer espada que entra en escena, puede suceder que prefiera el mejor en primer lugar, calculando que, como le tocará luego el sexto toro, acaso empiece a anochecer y el público se prepare para marcharse, y, si el toro se revela difícil, se le perdonará que trate de acabar cuanto antes de la manera más sencilla.

Los espadas matan a sus toros cada cual según su turno, por orden de antigüedad, contándose tal antigüedad a partir de su presentación como matador de toros en la plaza de Madrid. Si un torero es cogido y no está en condiciones de reaparecer, después de haber sido conducido a la enfermería, el espada más antiguo es el encargado de matar sus dos toros. Hoy se reparten estos dos toros entre los dos matadores restantes.

La corrida comienza generalmente a las cinco o a las cinco y media de la tarde. Poco después del mediodía tiene lugar el apartado. Se hace salir a los toros a los corrales, con la ayuda de los cabestros, y, valiéndose de burladeros, corredores y trampillas, se los separa y se los encierra en corrales particulares o chiqueros, donde tienen que permanecer y sosegarse hasta el momento en que les toca salir a la plaza en el orden que ha sido fijado. Los toros no se ven privados de comida ni de bebida antes del combate, como se lee en diversas guías de España, ni se los mantiene en una celda oscura durante varios días. Se los deja en la semioscuridad de los chiqueros no más de cuatro horas antes de la corrida y no se les echa de comer desde el momento en que abandonan el corral, del mismo modo que no se daría de comer a un boxeador poco antes del combate. La razón de meterlos en estas pequeñas celdas, apenas iluminadas, es la de obligarlos a salir inmediatamente al ruedo, y también la de sosegarlos y mantenerlos tranquilos antes del combate.

En general, solo los matadores, sus amigos y sus representantes, el personal de la plaza, las autoridades y algunos raros espectadores asisten al apartado. Por lo común, es allí, por vez primera, donde ve el matador los toros que tendrá que matar aquella misma tarde. En la mayor parte de estos sitios se reduce el número de los espectadores poniendo la entrada al precio de cinco pesetas. La dirección de la empresa no quiere que haya mucha gente cuando se sortean los toros, por miedo a que los animales se vean distraídos por el espectador, que se divierte llamándoles la atención y que trata de excitarlos, cosa que puede impulsarlos a embestir contra las puertas o las paredes o a embestirse unos a otros. Si los toros se ponen a embestirse en el corral, corren el riesgo de estropearse los cuernos o de herirse unos a otros, y la empresa tiene entonces que reemplazarlos a razón de unos doscientos dólares por pieza. Muchos espectadores y aficionados a las corridas están convencidos de que pueden hablar a los toros tan bien como los mismos toreros o mejor aún. Protegidos por el alto burladero o la pared del corral, tratan de atraer la atención del animal llamándolo con gritos, ¡Giú, ju, ju!, que son los gritos guturales que los guardianes y los toreros emplean para despertar la atención del toro. Si el toro, desde el fondo del chiquero, levanta su poderoso testuz con sus grandes cuernos, que parecen tallados en madera, lisos y puntiagudos, y la corcova muscular de su nuca, que en reposo parece pesada y tranquila, se eleva como una cresta bajo el pelaje lustroso y sombrío; si sus narices se ensanchan y el animal levanta los cuernos y mira al espectador, entonces el aficionado a las conversaciones con los toros ha tenido éxito. Pero si el toro embiste realmente, clavando sus cuernos en las tablas del burladero, o mueve su cabeza hacia el interlocutor, se trata de un triunfo. Para limitar el número de éxitos y evitar los triunfos, la empresa pone las entradas a cinco pesetas, suponiendo que una persona capaz de pagar cinco pesetas para ver salir a los toros tendrá la suficiente dignidad para no intentar hablar a los toros antes de la corrida.

Pero, como no hay ningún medio de asegurarse de ello, en ciertos sitios del país en los que no hay toros más que una vez al año veréis a los hombres llegar al apartado pagando cinco pesetas, únicamente para tener mejor ocasión de ejercitar su talento de conversación con los toros. Las cinco pesetas reducen, no obstante, el número de interlocutores sobrios. En cuanto a los borrachos, los toros no les prestan atención. He visto con frecuencia a hombres borrachos lanzar gritos dirigiéndose a los toros y no he visto jamás que estos les hicieran el menor caso. Esa atmósfera de dignidad que confieren las cinco pesetas en una ciudad como Pamplona, donde un hombre puede emborracharse dos veces al día y comer en la feria de caballos por ese dinero, garantiza un silencio casi religioso en el apartado. En Pamplona nadie gasta cinco pesetas por ver el sorteo de los toros, si no es muy rico y muy respetable. Pero la atmósfera del apartado puede ser distinta en otras partes. Nunca he encontrado que fuese la misma en dos ciudades diferentes. Después del apartado todo el mundo se va al café.

La corrida de toros tiene lugar en una pista circular cubierta de arena, rodeada de una valla de madera pintada de rojo que tiene poco más de un metro veinte de altura. Esta empalizada de color rojo es lo que se denomina barrera. Un estrecho pasaje circular llamado callejón la separa de la primera fila de sillas del anfiteatro. Es allí donde están los mozos de estoque con sus jarros de agua, sus esponjas, sus rimeros de muletas plegadas y las vainas de cuero de las espadas, y allí están los mozos de la plaza, los vendedores de cerveza fresca y gaseosa, los que venden frutas heladas en cestillos que flotan en cubos de hierro llenos de agua y de hielo, o dulces en bandejas de paja, o almendras saladas o cacahuetes. Es allí, también, donde se encuentra la policía, los toreros que no están en el ruedo en ese momento, varios agentes de la secreta, dispuestos a frenar a los espontáneos que salten al ruedo, los fotógrafos y, en sillas protegidas con vallas de madera, los médicos, los carpinteros que reparan la barrera si la rompe el toro, y los delegados del gobierno. En algunas plazas los fotógrafos están autorizados a circular por el callejón, pero en otras tienen que trabajar desde sus asientos.

Los asientos están al descubierto, salvo los de los dos palcos y los de la primera galería o grada. A partir de la grada, los asientos descienden en filas circulares hasta el borde de la pista. Estos asientos numerados se llaman tendidos. Las dos primeras filas, las que están más cerca del ruedo, se llaman barrera y contrabarrera. Los asientos de la tercera fila se llaman delanteras de tendido o primera fila de tendido. Por lo que toca a la numeración, el anfiteatro está dividido en secciones triangulares, como una tarta, y estas secciones están numeradas como tendidos uno, dos, tres, y así sucesivamente, hasta el once o el doce, según las dimensiones de la plaza.

Si vais a una corrida por vez primera, la mejor localidad depende de vuestro temperamento. Desde un palco o desde la primera fila de grada, los detalles de los sonidos, olores y otros pormenores sensibles que contribuyen a la percepción del peligro se pierden o se quedan reducidos al mínimo, pero se ve mejor la corrida como espectáculo, y, si la corrida es buena, hay más probabilidades de apreciarla mejor. Si es una corrida mala, es decir, si no es un espectáculo artístico, os encontraréis mejor cuanto más cerca estéis ya que, a falta de un conjunto que apreciar, podréis aprender y ver los detalles, los porqués y los cómos. Los palcos y las gradas son apropiados para la gente que no quiere ver las cosas desde muy cerca por miedo a que ello la afecte, para los que quieren ver la corrida como un espectáculo o un festival, y para los expertos, que pueden ver los detalles incluso a esa distancia y que quieren estar lo suficientemente altos para ver todo lo que sucede en cualquier parte del ruedo y poder juzgar así del conjunto.

En cambio, la barrera es el mejor sitio para quien quiera ver y oír lo que pasa y estar lo bastante cerca del toro para tener el mismo punto de vista del torero. Desde la barrera, la acción está tan próxima y aparece tan detallada que una corrida que habría sido soporífera desde los palcos o desde las gradas, resulta interesante. Desde la barrera se ve el peligro y se aprende a estimarlo, y se tiene una vista sin obstáculos del ruedo. Los únicos asientos, fuera de las delanteras de grada y los palcos, desde donde no se ve a nadie entre uno y el ruedo, son las sobrepuertas, los asientos instalados sobre los pasos por donde se entra en las distintas secciones del anfiteatro. Se encuentran a media altura de los costados de la plaza y desde ellos se tiene una buena vista de la arena y una buena perspectiva, sin estar lejos como en los palcos y en las gradas. Estos asientos cuestan unas dos veces menos que las barreras o que la primera fila de grada o de los palcos, y son excelentes.

La pared oeste del edificio proyecta sombra, y los asientos que están a la sombra cuando comienza la corrida se llaman asientos de sombra. Los que están al sol cuando empieza el festejo, pero que quedarán a la sombra a medida que avance la tarde, se llaman de sol y sombra. Los precios de estos asientos varían, según que estén más o menos solicitados o que estén más o menos a la sombra. Los más baratos son los que están en lo alto, a pleno sol, y que no gozan de sombra en ningún momento. Son las andanadas de sol, y en un día caluroso, cerca del tejado, la temperatura puede llegar en una ciudad como Valencia a cifras increíbles, hasta 40 ºC a la sombra. Pero en un día nublado o frío, si se sabe elegir bien, son buenos los asientos de sol.

Cuando acudáis a la primera corrida, si vais solos y no contáis con nadie para que os la explique, lo mejor será que os acomodéis en una delantera de grada o en una sobrepuerta. Si no conseguís esos asientos, podéis tomar una entrada de palco. Son los asientos más caros y los más alejados de la arena, pero se goza de una vista panorámica del espectáculo. Si vais con alguien que está realmente bien informado de las corridas y queréis aprender a entenderlas, siempre que los detalles no os repugnen, los mejores asientos son, en primer lugar, la barrera y, en segundo lugar, la contrabarrera. Y, por último, las sobrepuertas.

A las mujeres que quieran ver una corrida pero teman sentirse afectadas, les recomiendo un asiento de gradas la primera vez. Desde allí podrán apreciar la corrida y verla como un espectáculo, mientras que si se sentaran más cerca la vista de los detalles podría deshacer el efecto del conjunto. Los que tengan mucho dinero y quieran decir que han estado en una corrida de toros, aunque no les interese verla, y han decidido que, les guste o no, se marcharán después del primer toro, pueden tomar una barrera, y así, cuando se vayan con sus ideas preconcebidas, otra persona que no haya tenido nunca dinero para comprar una barrera podrá rápidamente ocupar su asiento.

Así era como se hacía en San Sebastián. Diferentes combinaciones en la reventa de las entradas y la confianza de la dirección en el ir y venir de los curiosos ricos, procedentes de Biarritz y de la costa vasca, elevaban el precio de las barreras hasta cien pesetas o más. Con ese dinero, un hombre podía vivir una semana en una pensión para toreros de Madrid, ir al Prado cuatro veces, conseguir buenas entradas de sol para dos corridas, comprar los periódicos, tomar cerveza y gambas en el pasaje Álvarez de la calle de la Victoria, y guardar todavía unas pesetas para limpiarse los zapatos. Pero comprando cualquier asiento desde el cual se pudiera luego pasar a la barrera de San Sebastián, se podía estar seguro de disponer de un asiento de cien pesetas cuando los ciudadanos que se creyeran moralmente obligados a marcharse después del primer toro se levantaran para disponerse a salir, con su aire de haber comido bien, sus perfilados rostros de porcelana bronceados en la playa, sus trajes de franela, sus sombreros panamá y sus zapatos deportivos. Los he visto a menudo marcharse cogiendo del brazo a las mujeres, que habrían querido quedarse. Iban a la corrida, pero tenían que verse en el casino después del primer toro. Si no se marchaban, si la corrida les gustaba, su conducta era improcedente e incluso se los podía tildar de extravagantes. Nunca hacían nada inconveniente de su parte e incluso se hubiera sospechado que tenían hábitos particulares. No hacían nada inconveniente, es cierto. Se iban sencillamente. Y ocurrió así hasta que las corridas de toros se hicieron respetables.

En 1931 no vi ya marcharse a nadie, y parece que, desde entonces, los hermosos días de las barreras gratuitas de San Sebastián se han acabado para siempre.

Capítulo 4

Lo mejor en los toros es ver primero una novillada, y el mejor sitio para ver una novillada es Madrid. Las novilladas se celebran, generalmente, a mediados de marzo y, desde entonces, hay una todos los domingos y casi siempre los jueves hasta la Pascua, que es cuando dan comienzo las grandes corridas. Entonces empieza en Madrid el primer abono para las corridas. Se venden abonos para siete corridas, y las mejores localidades están reservadas de antemano para todo el año. Las mejores entradas son las de barrera que se encuentran en la porción sombreada de la plaza, donde los toreros dejan el capote sobre la valla de madera colorada. Es allí donde aguardan cuando no están en el ruedo y es allí hacia donde llevan al toro cuando lo trabajan con la muleta; también es allí adonde van a pasarse la esponja por el rostro después de acabar su brega. Y un asiento en este lugar equivale para el ojo y el oído a sentarse en un rincón de un cuadrilátero de boxeo, o en el banquillo durante un partido de béisbol o de fútbol.

No es posible hacerse con ninguno de estos asientos para el primero ni el segundo abono, en Madrid; pero se pueden conseguir para las novilladas, que se celebran antes, durante y después de las corridas de abono de la temporada los domingos y, generalmente, los jueves. Al ir a comprar un asiento de barrera, conviene preguntar dónde se colocan los capotes. Y se pide entonces un asiento lo más cercano posible a este sitio. En provincias puede ocurrir que el vendedor de localidades mienta y os endilgue el asiento peor; pero también puede suceder que, viendo que sois extranjero, que queréis un buen sitio y que, al parecer, sabéis de qué se trata, os dé lo mejor que tenga. Donde más se me ha engañado ha sido en Galicia, donde es difícil encontrar buena fe cuando hay dinero por medio, y ha sido en Madrid y, sobre todo, en Valencia donde se me ha tratado mejor. En las más de las ciudades españolas encontraréis la institución del abono y de la reventa. La reventa la llevan agentes que compran casi todos los billetes no reservados y los venden con el veinte por ciento sobre su valor normal. Los empresarios favorecen alguna que otra vez a los agentes de la reventa porque, aunque les compran los billetes por una tarifa reducida, aseguran en todo caso la venta. Si los billetes no se venden, es el revendedor el que soporta el peso de la pérdida y no la empresa, aunque la empresa, por lo general, llega a tener también grandes pérdidas de una manera o de otra.

A menos que viváis en la ciudad de que se trate, no es fácil que estéis en el momento en que se abra el abono para una serie de corridas; además, los anteriores poseedores de los asientos tienen derecho a renovar su abono antes que se pongan a la venta, cosa que se hace con dos o tres semanas de antelación en taquillas que son difíciles de encontrar y que abren solamente, por ejemplo, de cuatro a cinco de la tarde. Por todas estas razones, es muy fácil que os veáis obligados a comprar vuestras entradas en la reventa.

Si os encontráis en una ciudad y habéis decidido asistir a la corrida de toros, comprad los billetes cuanto antes. Lo más probable es que no haya ningún anuncio en los periódicos de Madrid, salvo un pequeño aviso que aparece bajo el título de «Plaza de Toros de Madrid», en la columna de espectáculos. Los periódicos españoles, salvo los de provincias, no hablan de antemano de las corridas de toros; pero en todas partes en España se anuncian con grandes carteles en colores que indican el número de toros que van a matarse y el nombre de los toreros, la ganadería que los proporciona, las cuadrillas y el lugar y la hora de la corrida. Habitualmente figura también el precio de los distintos asientos. A estos precios hay que agregar un recargo del veinte por ciento si se compran las entradas en la reventa.

Si queréis ver una corrida de toros en España, en Madrid hay una todos los domingos desde mediados de marzo hasta mediados de noviembre, siempre que el tiempo lo permita. Durante el invierno, rara vez hay corridas en España, salvo algunas excepcionales en Barcelona y, a veces, en Málaga o en Valencia. La primera corrida regular del año tiene lugar en Castellón de la Plana, hacia finales de febrero o comienzos de marzo, para las fiestas de la Magdalena, y la última, por lo general, en Valencia, Gerona u Ondara, en la primera mitad de noviembre; pero si el tiempo es malo, esas corridas no se celebran. En la ciudad de México hay corridas todos los domingos desde el mes de octubre y, probablemente, hasta el mes de abril, y hay novilladas en primavera y en verano. En las otras partes de México, las fechas de las corridas de toros varían. Esas fechas varían también en España en relación con las otras ciudades que no sean Madrid, pero, en general, salvo en Barcelona, donde las corridas se celebran casi con tanta regularidad como en Madrid, las fechas coinciden con las fiestas religiosas nacionales y las épocas de las ferias, que dan principio ordinariamente con la fiesta patronal de la ciudad. Las fechas de las corridas de toros varían igualmente en América del Sur y en América Central. Es fácil, y más fácil de lo que uno pueda imaginar, encontrarse con que no hay ocasión de ver corridas de toros en el curso de un viaje de dos a tres semanas por España; pero cualquiera puede ver una corrida si está en cualquier ciudad española en una de las fechas establecidas para las ferias, siempre que el tiempo lo permita. Y, una vez que se ha visto la primera corrida, ya se sabrá si se quiere ver más o no.

Aparte de las novilladas y las dos temporadas de abono de Madrid, el mejor sitio para ver una serie de corridas a comienzos de la primavera es Sevilla, durante la feria, en que se celebran corridas al menos cuatro días consecutivos. Esta feria comienza después de Pascua. Si estáis en Sevilla para Pascua, preguntad a cualquiera cuándo comienza la feria; podéis encontrar también las fechas en los grandes carteles que anuncian las corridas. Si estáis en Madrid antes de Pascua, id a uno de los cafés que hay alrededor de la Puerta del Sol o al primer café, a mano derecha, de la plaza de Canalejas, según se desciende por la carrera de San Jerónimo, desde la Puerta del Sol hacia el Prado, y encontraréis en las paredes un cartel que anuncia la feria de Sevilla. En ese mismo café veréis durante el verano carteles o papeles que anuncian las ferias de Pamplona, Valencia, Bilbao, Salamanca, Valladolid, Cuenca, Málaga, Murcia y otras muchas ciudades.

El domingo de Pascua hay siempre corridas de toros en Madrid, Sevilla, Barcelona, Murcia y Zaragoza, y novilladas en Granada, Bilbao, Valladolid y otros lugares. Hay también una corrida de toros en Madrid el lunes de Pascua. El día 29 de abril hay una corrida en Jerez de la Frontera, lugar que vale la pena visitar, incluso al margen de los toros. Es la patria del jerez y de todo lo que de él se deriva. Os llevarán a las bodegas y podréis saborear toda una serie de vinos y de aguardientes muy variada, pero es mejor que dejéis eso para otro día que no sea el que habéis elegido para asistir a la corrida. Hay dos corridas en Bilbao, en los tres primeros días de mayo, aunque las fechas pueden cambiar, según que uno de los días caiga o no en domingo. Hay también buenas corridas, a las que vale la pena asistir si estáis allí para Pascua, en Biarritz o en San Juan de Luz. Desde cualquier punto de la costa vasca hay una buena carretera que conduce a Bilbao. Bilbao es una ciudad minera, rica y fea, donde puede hacer tanto calor como en Saint Louis (Saint Louis de Missouri o Saint-Louis de Senegal) y donde se admira a los toros, pero no a los toreros. Si se da el caso de que un torero guste en Bilbao se compran para él toros cada vez más grandes, hasta que acaba por tener con ellos una catástrofe, moral o física, y entonces el entusiasta de Bilbao dice:

—A ver, son todos lo mismo, todos cobardes y farsantes. Dadles toros lo suficientemente grandes, y se verá lo que digo.

Si queréis ver qué toros tan enormes se llegan a criar, la cornamenta que pueden llevar sobre la cabeza, cómo miran por encima de la barrera, hasta haceros pensar que van a concluir cayendo en vuestro regazo, si queréis ver hasta dónde una multitud puede ser brutal y hasta qué punto un torero puede aterrorizarse, id a Bilbao. En mayo no son tan grandes los toros como en el abono de las siete corridas que comienza con la feria de mediados de agosto; pero en mayo no hará tanto calor en Bilbao como en agosto. Si no os asusta el calor, el calor realmente pesado, húmedo de las minas de plomo y de cinc, y queréis ver toros enormes, impresionantes, entonces es durante la feria de agosto cuando hay que ir a Bilbao. No hay otra feria en mayo más que la de Córdoba, en la que se celebran dos corridas, en fechas cambiantes. Pero el día 16 hay siempre una corrida de toros en Talavera de la Reina; el día 20, una en Ronda, y el día 30, una en Aranjuez.

Hay dos maneras de ir de Madrid a Sevilla por carretera; una pasa por Aranjuez, Valdepeñas y Córdoba, y se llama Carretera General de Andalucía; la otra pasa por Talavera de la Reina, Trujillo y Mérida, y se llama Carretera de Extremadura. Si estáis en Madrid en mayo y os dirigís al sur por la Carretera de Extremadura, podéis ver el día 16 la corrida en Talavera de la Reina. La carretera es buena, cómoda, de buen pavimento; Talavera es un lugar agradable en tiempos de feria y los toros, proporcionados casi siempre por una ganadería de los alrededores, la de la viuda de Ortega, son moderadamente gruesos, batalladores, difíciles y peligrosos. Fue allí donde José Gómez Ortega, llamado Gallito o Joselito, que ha sido tal vez el mejor torero que ha existido, murió el día

16 de mayo de 1920. Los toros de la viuda de Ortega son famosos por este accidente, y, como no proporcionan una lidia brillante, aunque son grandes y peligrosos, se reservan, por lo general, para los desheredados de la profesión.

Aranjuez está solamente a cuarenta y siete kilómetros de Madrid, en una carretera monda como una mesa de billar. Es un oasis de altos árboles, bellos jardines y un río rápido, que se desliza por llanuras tostadas entre colinas. Se encuentran allí avenidas de árboles, como en los fondos de los lienzos de Velázquez. El 30 de mayo podéis hacer una excursión en coche, si tenéis dinero, o procuraros un billete de ferrocarril de ida y vuelta, de tarifa reducida, o ir en autobús, si no lo tenéis. Encontraréis un autobús especial que sale de la calle de la Victoria, frente al pasaje Álvarez. Después del sol tórrido, de la campiña desnuda y desierta, veréis de repente, bajo la sombra de los árboles, muchachas de brazos bronceados con cestas de fresas frescas alineadas sobre el suelo, bien barrido y fregado; fresas que no podréis rodear con el pulgar y el índice, húmedas y frescas, amontonadas sobre hojas verdes en cestas de junco. Las muchachas y las mujeres las venden juntamente con cajas de espárragos maravillosos, cada uno tan grueso como vuestro dedo gordo. Las venden a la multitud que desembarca del tren de Madrid y del de Toledo, a las gentes que llegan a la ciudad en automóviles y a los viajeros de los autobuses. Se puede comer en tabernas, donde sirven carne a la plancha o pollo asado sobre fuego de leña, y beber todo el vino de Valdepeñas que se pueda resistir por cinco pesetas. Podréis tumbaros a la sombra o pasear viendo los jardines hasta la hora de la corrida. Encontraréis las indicaciones sobre los jardines en el Baedeker. La plaza está al final de una calle tórrida, larga y polvorienta, que del frescor selvático de la ciudad lleva hacia el calor, y los mutilados de profesión, los profesionales del horror y de la limosna que siguen las ferias de España, una tras otra, bordean la carretera, agitando sus muñones, exponiendo sus lacras, exhibiendo sus monstruosidades y pidiendo limosna con su gorra entre los dientes cuando no les queda otra cosa para sujetarla; de manera que recorréis ese camino polvoriento, como si fuera un torneo, entre dos filas de monstruos, hasta la plaza. La ciudad es un cuadro de Velázquez hasta que se acaban los árboles, y un cuadro de Goya hasta la plaza. Pero la plaza en sí es de tiempos anteriores a Goya, un encantador edificio al estilo de la vieja plaza de Ronda. Sentado en la barrera se puede beber vino y comer fresas a la sombra, con la espalda vuelta al ruedo, viendo cómo se llenan los palcos y cómo las muchachas de Toledo y de toda la comarca de alrededor colocan los mantones sobre las barandillas de sus palcos, se sientan con gran despliegue de abanicos y sonrisas, y hablan con la encantadora y estudiada confusión de las bellezas inocentes bajo miradas inquisidoras. Este examen de las muchachas es una parte importante de la corrida para el espectador. Si sois cortos de vista, podéis llevar unos gemelos de teatro o de campaña. Este gesto será considerado como una galantería y conviene no olvidar un solo palco. El empleo de unos buenos gemelos tiene una ventaja. Harán que se desvanezcan a vuestros ojos algunas de las más grandes y más impresionantes beldades que habrán entrado con mantillas blancas de blonda, peinetas altas, colores vivos y mantones maravillosos, beldades que, con la ayuda de los gemelos, dejarán ver sus dientes de oro y su rostro enharinado, acaso el mismo de alguna que hayáis visto la noche anterior y que asiste a la corrida para hacer el reclamo de la casa. Pero, en un palco que no hubierais visto sin los gemelos, podéis encontrar alguna muchacha realmente bonita. Es fácil para quien viaje por España, viendo los rostros enharinados de las rollizas danzarinas flamencas y las robustas mujeres de los burdeles, escribir que todo lo que se ha dicho sobre la hermosura de las mujeres españolas es mentira. La prostitución es un oficio mal pagado en España y las rameras españolas trabajan demasiado para poder cuidar de su físico. No busquéis mujeres lindas en los tablados, en los burdeles ni en los colmados de cante hondo. Buscadlas por la noche, a la hora del paseo, cuando, sentados en un café o en la calle, podéis ver durante una hora pasar ante vosotros a todas las muchachas de la ciudad y verlas, no una, sino varias veces, ir y venir hasta el final de la calle en grupos de tres o cuatro. O podéis buscarlas en los palcos de una corrida de toros, con la ayuda de unos buenos gemelos. No es de buena educación dirigir los gemelos a alguien que no está en un palco, ni es tampoco cortés utilizarlos desde el mismo ruedo, en las plazas donde los admiradores de las muchachas están autorizados a circular por la arena antes de la corrida y a reunirse ante ciertas beldades. Servirse de los gemelos cuando se está en el ruedo es señal de que se es un curioso o un mirón en el peor sentido de la palabra; es decir, alguien a quien gusta más ver que hacer. Pero dirigir los gemelos desde una barrera a los palcos es completamente legítimo, es un cumplido, un medio de comunicación y casi una presentación. No hay mejor presentación preliminar que una admiración sincera y respetuosa, y para enviar esta admiración a cierta distancia y conocer la respuesta, no hay mejor recurso que un par de gemelos de bonita apariencia. E incluso si no tenéis interés en ver a las mujeres, los gemelos son útiles para ver bien el trabajo de muleta con el último toro, cuando comienza a oscurecer en la plaza y el toro está a punto de morir al otro lado del ruedo.

Aranjuez es un sitio excelente para que veáis vuestra primera corrida. Es un sitio excelente si solo vais para ver una corrida de toros, mucho mejor que Madrid, porque la corrida posee todo el color y el pintoresquismo que se desean cuando se está en la etapa de apreciación del espectáculo. Más adelante, lo que pediréis a una corrida de toros, suponiendo que haya buenos toros y buenos espadas, será un buen público, y un buen público no es el público de un festejo o una corrida única, donde todo el mundo bebe y trata de pasarlo bien, adonde las mujeres acuden muy bien vestidas, ni es tampoco el público borracho, bailarín y jaranero de los toros de Pamplona o el de los adoradores de los toreros de Valencia, con patriotismo local. Un buen público es el público de Madrid; no el de las corridas de beneficencia, con su montaje complicado, a estilo de gran espectáculo y sus precios elevados, sino el público serio de los abonos, que conoce las corridas, los toros y los toreros, que sabe distinguir lo bueno de lo malo, lo fingido de lo sincero y para quien el torero debe entregar enteramente lo mejor que tiene. Lo pintoresco está bien cuando se es joven, o cuando se ha bebido un poco y todo parece posible, o cuando no se ha logrado nunca ser una persona adulta, o cuando se lleva al lado a una mujer que no ha visto nunca el espectáculo, o una vez quizá por temporada o cuando eso es lo que a uno le gusta. Pero si queréis realmente aprender todo lo posible sobre las corridas de toros y si habéis llegado a apasionaros por ellas, tarde o temprano tendréis que ir a Madrid.

Hay una ciudad que es mejor que Aranjuez para que veáis vuestra primera corrida de toros si habéis ido para ver una sola, y esa ciudad es Ronda. Es allí adonde tenéis que ir, si vais alguna vez a España a pasar una luna de miel o con una amiguita. La ciudad entera y sus alrededores son un decorado romántico. Hay un hotel muy agradable y muy bien regentado donde se come espléndidamente, así como una fresca brisa nocturna, de modo que, con el decorado de fondo romántico y las comodidades modernas, si vuestra luna de miel o vuestro pequeño asunto no marcha bien en Ronda, lo mejor sería que os fueseis enseguida a París y comenzaseis, cada uno por vuestro lado, a buscar nuevas amistades. Ronda tiene todo lo que se puede apetecer para una estancia de esta clase: un escenario romántico, que podéis ver, si es necesario, sin salir del hotel; bellos paseos, buen vino, mariscos, un buen hotel, nada que hacer, y dos pintores que viven en la comarca y que os venderán bonitas acuarelas, para que os llevéis lindos recuerdos de vuestra estancia. Pero, a pesar de todo eso, Ronda es realmente un bonito lugar. Se alza en una meseta circundada de montañas, y la meseta está cortada por una garganta que separa las dos ciudades y concluye en un roquedal abrupto que desciende hasta el río y la llanura, donde se ve el polvo que levantan las reatas de mulos que pasan por la carretera. Las gentes que levantaron la ciudad de Ronda, después de expulsar a los moros, procedían de Córdoba y del norte de Andalucía; la corrida y la feria, que comienza el día 20 de mayo, conmemoran la conquista de la ciudad por Fernando e Isabel. Ronda es una de las cunas del toreo moderno. Fue el lugar de nacimiento de Pedro Romero, uno de los primeros y más grandes toreros profesionales, y, en nuestros días, del Niño de la Palma, que empezó de una forma extraordinaria, pero que, después de su primera cogida grave, salió con una cobardía tan grande como su habilidad para evitar el correr riesgos en la plaza. La plaza de Ronda fue construida hacia finales del siglo XVIII, y es de madera. Está levantada al borde del precipicio, y, después de la corrida, una vez que los toros han sido desollados y su carne enviada en carretas para la venta, se lleva a los caballos muertos hasta el borde del roquedal y los pajarracos que han revoloteado durante el día entero por encima de la plaza se arrojan sobre los cadáveres que los aguardan en las rocas, al pie de la ciudad.

Hay solamente otra feria con un abono de corridas que puede celebrarse en mayo, aunque la fecha es movible y a veces se posterga hasta junio, y es la de Córdoba. Córdoba tiene una buena feria rural, y el mes de mayo es la mejor época para visitar la ciudad, a causa del calor que hace en verano. Las tres ciudades más calurosas de España, cuando viene el calor, son Bilbao, Córdoba y Sevilla. Cuando hablo de las más calurosas quiero referirme a algo más que a unos grados más o menos de temperatura; me refiero al calor pesado, sin un solo soplo de aire, con noches en que no se puede pegar el ojo, porque en ellas hace más calor que durante el día y no llega el fresco por ninguna parte; hablo de un calor senegalés, un color excesivo hasta para sentarse en un café, salvo en las primeras horas de la mañana, excesivo para hacer nada después del almuerzo, como no sea tumbarse en la cama en un cuarto oscuro, con la cortina echada, y esperar la hora de la corrida.

En Valencia la temperatura es a veces más elevada y más grande el calor, cuando el viento sopla de África; pero allí siempre se puede tomar un autobús o el tranvía hasta el puerto de El Grao y nadar por la noche en la playa pública, o, si hace demasiado calor para nadar, dejarse flotar sin más esfuerzo que el necesario sobre el agua fresca, mirando las luces y las sombras de los barcos y las hileras de barracas, restaurantes y casetas de bañistas. También, cuando el calor arrecia más, se puede comer en la playa por una o dos pesetas, en uno de esos pabellones donde os servirán cerveza y gambas y una paella de arroz, tomate, pimiento, azafrán y excelentes mariscos, caracoles, langosta, pescadito, anguilas, todo cocido a un tiempo y servido en una montaña de color amarillento, con una botella del país, y todo por dos pesetas. Pasan niños de piernas desnudas por la playa, el pabellón tiene techo de palma, la arena está fresca, y en el mar los pescadores toman el fresco de la tarde en sus barcas, aparejadas como faluchos; barcas que volveréis a encontrar por la mañana si volvéis a nadar al día siguiente, arrastradas sobre la playa por seis parejas de bueyes. Tres de estos pabellones de la playa llevan el nombre de Granero, el mayor torero que València ha dado jamás, muerto en la plaza de Madrid en 1922. Manuel Granero, que un año antes había toreado noventa y cuatro corridas, murió sin dejar más que deudas, pues el medio millón de pesetas que había ganado se le fue enteramente en publicidad, propaganda, donativos a los periodistas y sablazos de los parásitos. Tenía veinte años cuando lo mató un toro de Veragua, que lo arrojó al aire, lo aplastó luego contra la barrera y no lo dejó con el cuerno hasta haberle roto el cráneo como quien rompe una maceta. Era un muchacho de buena presencia que había estudiado violín hasta los catorce años, aprendido tauromaquia hasta los diecisiete y toreado hasta los veinte. Se lo adoraba realmente en Valencia y murió antes de que el tiempo pudiese cambiar esos sentimientos. Ahora hay una pastelería que lleva su nombre y tres pabellones Granero, rivales, en distintos lugares de la playa. El torero que lo sucedió en la adoración de las gentes de Valencia se llamaba Chaves; llevaba cabellos muy untados de vaselina, tenía una cara basta, doble mentón y una buena panza que hinchaba en la dirección del toro cuando los cuernos habían pasado ya, para dar impresión de mayor peligro. Los habitantes de Valencia, que son admiradores de los toreros de Valencia, más que verdaderos aficionados a las corridas, estuvieron locos con Chaves por un tiempo. Además de su barriga y su arrogancia, tenía dos nalgas gigantescas, que sacaba cuando metía la barriga, y todo lo que hacía lo hacía con un gran estilo. Pudimos verlo durante toda una feria. Lo vimos durante cinco corridas, si mal no recuerdo, y ver a Chaves una vez es suficiente para el que no sea su paisano. Pero en la última corrida, cuando se perfilaba ante un toro de Miura para meterle la espada en algún punto del cuello, donde pudiera, el miura levantó el morrillo lo suficiente para atrapar a Chaves por debajo de la axila, y el torero quedó un instante suspendido en el aire y luego dio una vuelta completa con toda su panza alrededor del cuerno. Necesitó mucho tiempo para curarse todo lo que había quedado desgarrado en el músculo de su brazo, y ahora es tan prudente que ni siquiera hincha la barriga hacia el toro cuando el cuerno ha pasado ya. Además, en Valencia le han vuelto la espalda y tienen a dos nuevos toreros como ídolos. Yo lo he visto hace un año. Ya no tenía la facha de bien comido de otras veces y, mientras aguardaba a la sombra, empezó a sudar no bien vio al toro salir por el toril. Pero le queda un consuelo todavía: en su villa natal de El Grao, el puerto de Valencia, donde tampoco lo quieren ya, han dado su nombre a un edificio público. Es un monumento de hierro, en la esquina de la calle por donde da la vuelta el tranvía que va a la playa. En Norteamérica es lo que llamaríamos una *comfort station* y, sobre su pared circular de hierro, hay escrito un letrero con pintura blanca: «Urinario Chaves».

Capítulo 5

Lo malo cuando se va a España a ver los toros en primavera es la lluvia. A veces llueve en todas partes, sobre todo en mayo y en junio, y esta es la razón de que yo prefiera los meses de verano. En verano llueve algunas veces, pero nunca he visto que nevara en julio y en agosto, aunque nevó en agosto de 1929 en algunos parajes de placer de las montañas de Aragón y un año nevó en Madrid el 15 de mayo, y hacía tal frío que hubo que suspender las corridas. Me acuerdo de que aquel año llegué a España creyendo encontrar instalada la primavera, y, según íbamos en el tren, durante todo el día atravesamos un campo tan desnudo y frío como un páramo en noviembre. Me costaba trabajo reconocer el país que había visto el verano anterior, y cuando me apeé del tren en Madrid, por la noche, la nieve caía en pequeños copos fuera de la estación. Como no llevaba abrigo, tuve que permanecer en mi habitación, en la cama, escribiendo, o meterme en el bar más próximo a beberme una taza de café y una copa de coñac. Durante tres días hizo demasiado frío para salir a la calle, hasta que llegó por fin el hermoso tiempo primaveral. Madrid es una ciudad de sierra con clima de sierra. Tiene ese cielo alto sin nubes de España que hace que se nos antoje sentimental el cielo italiano, y un aire que hace del respirar un verdadero placer. El calor y el frío vienen y se van con la misma celeridad. Durante una noche de julio en que no podía dormir, vi a unos mendigos haciendo lumbre en la calle con unos periódicos y arrimarse y agacharse en derredor del fuego para estar calientes. Dos noches más tarde, hacía demasiado calor para dormir antes de que llegara el frescor que viene un poco antes del alba.

A los madrileños les gusta su clima y se sienten orgullosos de esos cambios bruscos. ¿Qué otra gran ciudad podría proporcionar semejante variedad? Cuando os preguntan en el café cómo habéis dormido y contestáis que con ese calor del diablo no habéis podido pegar ojo hasta la madrugada, os dicen que ese es el momento apropiado para dormirse. Poco antes del alba desciende un poco la temperatura, y es entonces cuando un hombre decente debe irse a la cama. Por grande que sea el calor de la noche, siempre llega el frescor. Por lo tanto, es un clima excelente si los cambios no os trastornan demasiado. Además, en las noches demasiado calurosas se puede ir a la Bombilla, sentarse, beber sidra y bailar, y cuando se acaba el baile hace siempre fresco bajo el follaje de las largas avenidas de árboles, bañadas por la humedad que asciende del pequeño río. En las noches frías se puede beber un buen copazo de coñac e ir a la cama. Irse a dormir temprano en Madrid es como querer sentar plaza de persona extravagante, y vuestros amigos se sentirán molestos durante algún tiempo con vosotros. Nadie se va a la cama en Madrid antes de haber matado la noche. Por lo general, se cita a un amigo poco después de medianoche en el café. En ninguna de las otras ciudades en que he vivido, salvo en Constantinopla durante la ocupación aliada, se va con menos ganas a la cama con el propósito de dormir. Todo ello puede explicarse en realidad por la teoría de que uno está despierto hasta el momento en que llega el frescor antes del alba; pero esa razón no valía en Constantinopla, ya que empleábamos precisamente el momento del frescor del alba para hacer una pequeña excursión por el Bósforo y ver la salida del sol. Ver la salida del sol es algo muy hermoso. Cuando yo era joven y salía de pesca o de caza, o durante la guerra, veía con frecuencia la salida del sol; después de la guerra no recuerdo haberla visto hasta la época de Constantinopla. Allí era una tradición ir a ver la salida del sol, y, en cierto sentido, parecía que se había hecho algo importante si, al acabar la jornada, se iba al Bósforo a ver salir el sol. Ponía un toque final de grandeza en todo lo que se había hecho durante el día y la noche anterior. Pero cuando uno deja de ver tales cosas, acaba por olvidarlas. En Kansas City, durante la convención republicana de 1928, iba yo una vez en coche hacia la granja de unos primos míos, a una hora bastante tardía, cuando advertí el fulgor de un incendio formidable; era como la noche en que ardieron los mataderos, y, aunque me daba cuenta de que no iba a ser de gran ayuda, sentí la obligación de acercarme allí. Conduje mi coche hacia el incendio, y cuando llegué a lo alto de la colina inmediata, vi de qué se trataba: era la salida del sol.

El tiempo ideal para visitar España y el mes ideal para ver los toros, porque es en el que hay más corridas, es el mes de septiembre. El único inconveniente de este mes es que los toros no son tan buenos. Los toros están en plena forma en mayo y junio, bastante bien todavía en julio y a primeros de agosto; pero en septiembre los pastos están ya agotados por el calor y los toros están flacos y en malas condiciones, a menos que los hayan alimentado con grano, cosa que los pone gordos, lustrosos, rozagantes y muy alborotados durante unos minutos, pero que los hace ineptos para el combate como un boxeador que se hubiera mantenido durante su entrenamiento solo con patatas y cerveza. Además, en el mes de septiembre los toreros torean casi todos los días, y tienen tantos contratos y la perspectiva de ganar tanto dinero en tan poco tiempo, si no sufren una cogida, que se exponen lo menos posible. Esto, sin embargo, no sucede siempre así; si hay una rivalidad entre dos toreros, cada uno pone lo mejor de sí. Pero, a menudo, las corridas se ven fastidiadas con toros mediocres en malas condiciones y con toreros que han sido cogidos y que han vuelto demasiado pronto a la plaza y aun en malas condiciones físicas, para no perder los contratos, o con toreros que están ya agotados después de una temporada excesiva. Septiembre puede ser un mes espléndido si hay toreros nuevos que acaban de tomar la alternativa y que, en su primera temporada, tratan de dar todo lo posible para hacerse un nombre y tener contratos para el año siguiente. Si disponéis de un coche lo suficientemente rápido y lo queréis hacer, podéis ver una corrida cada uno de los días del mes de septiembre en alguna parte de España, y os aseguro que os sentiréis agotados con solo ir de acá para allá, sin tener que torear, y que os daréis una idea de la tensión física que un torero tiene que soportar hacia el final de la temporada, solo con desplazarse a través del país de un lugar a otro.

Por supuesto, no hay ninguna ley que obligue a los toreros a torear con tanta frecuencia. Si torean, lo hacen por dinero, y si se encuentran fatigados e incapaces de dar su pleno rendimiento, por cumplir con tantos contratos, nada de esto tiene que ver con el espectador, que paga para verlos. Pero cuando hacéis vosotros mismos los viajes que ellos hacen, cuando os alojáis en los mismos hoteles, cuando veis las corridas con los ojos del torero, más que con los ojos del espectador, que paga una buena cantidad por verlo, quizá una sola vez al año, es difícil no colocarse en el punto de vista del torero. Es cierto que desde ningún punto de vista se justifica que un torero firme un contrato que lo obliga a salir en coche en cuanto la corrida haya terminado, con las capas y las muletas plegadas y metidas en cestos, sobre las maletas, con los estuches de las espadas y las maletas apiladas delante y toda la cuadrilla encajada a duras penas en el coche, provisto, eso sí, de un enorme faro, y rodar acaso ochocientos kilómetros durante toda la noche y la mañana siguiente, con el polvo y el calor del día, para llegar a la ciudad donde tiene que torear por la tarde, con el tiempo justo para quitarse el polvo, tomar un baño y afeitarse antes de vestirse para la corrida. En la plaza, el torero puede hallarse fatigado y tener un aire ausente, y vosotros lo comprenderéis porque habéis hecho el viaje que él acaba de hacer y sabéis que después de una buena noche de reposo se comportaría de manera distinta; pero el espectador que ha pagado para verlo solamente ese día no perdona, tanto si lo comprende como si no. Dice que todo ello es avidez bestial, y si el torero no consigue sacar partido de un buen toro ni hacerle dar de sí todo lo que es capaz, el espectador tiene el convencimiento de que lo han engañado. Y así es.

Hay también otra razón para que veáis vuestra primera y última corrida en Madrid, y es que las corridas de primavera no se celebran durante la temporada de ferias y los toreros están por entonces muy en forma; tratan de alcanzar triunfos, que les proporcionarán contratos para las próximas ferias y, si no han pasado el invierno en México, de donde regresan cansados y con sus facultades mermadas por una doble temporada y por los defectos adquiridos trabajando con toros mexicanos, que son más pequeños y menos difíciles, suelen hallarse en plena forma. Madrid, en cualquier caso, es un sitio curioso. No creo que llegue a gustarle a nadie cuando se va por primera vez. No tiene el aspecto que uno espera encontrar en España. No es pintoresco. Es más moderno que pintoresco, no hay trajes regionales, no hay sombreros cordobeses, como no sea en la cabeza de algunos chalados, no hay castañuelas ni esa repugnante farsa de las cuevas de gitanos de Granada, por ejemplo. No hay en la ciudad un solo lugar de color local para los turistas. Y, sin embargo, cuando se conoce Madrid, es la ciudad más española de todas, la más agradable para vivir, la de la gente más simpática, y, un mes con otro, la de mejor clima del mundo. Las otras grandes ciudades son todas ciudades típicas de provincias, andaluzas o catalanas o vascas o aragonesas o de cualquier otra provincia. Solo en Madrid se encuentra la esencia. Y la esencia, cuando realmente es la esencia, puede estar contenida en una botella de vidrio ordinario y no hacen falta etiquetas fantásticas; tampoco hacen falta en Madrid trajes folclóricos. Cualquier clase de edificio que se construya, incluso aunque se parezca enormemente a los que se construyen en Buenos Aires, cuando se lo ve encuadrado en ese cielo de Madrid se sabe que uno está en Madrid. Y aunque Madrid no tuviera más que su Museo del Prado, valdría la pena ir a pasar allí un mes todas las primaveras si uno tiene dinero suficiente para pasarse un mes en una capital europea. Pero cuando se puede tener al mismo tiempo el Prado y los toros, con El Escorial a dos horas apenas al norte y Toledo al sur, con una buena carretera que os llevará a Ávila y una buena carretera que os llevará a Segovia y, a un paso de Segovia, La Granja, se experimenta realmente una pena muy grande pensando que, al margen del problema de la inmortalidad, será preciso morirse algún día y no volver a verlo.

El Prado es muy característico de Madrid. Por fuera es tan poco pintoresco como un colegio norteamericano. Los cuadros están dispuestos de una manera tan sencilla, tan fáciles de ver y tan bien iluminados, y —con la sola excepción del Velázquez de las pequeñas damas de compañía— con tan poca preocupación por destacar las obras maestras mediante un montaje teatral, que el turista, después de haber mirado en la guía roja o en la azul cuáles son los lienzos famosos que tiene que ver, se encuentra ligeramente decepcionado. Los colores están tan maravillosamente conservados en ese aire seco de la sierra y los cuadros se hallan tan sencillamente colgados de las paredes y son tan visibles que el turista se siente defraudado. He visto con frecuencia algunos visitantes desconcertados. «¡Cómo! No pueden ser los grandes cuadros; los colores están demasiado frescos y se ven demasiado bien.» Esas telas están colgadas como en la tienda de un marchante de cuadros modernos, de la manera más ventajosa y sencilla con el objeto de poder venderlos. No puede ser verdad, piensa el turista. Tiene que haber un truco en alguna parte. Por el contrario, los turistas creen que han gastado bien su dinero en los museos italianos, donde cuesta mucho trabajo encontrar el cuadro que buscan, y apenas si lo pueden ver cuando lo encuentran. De esa manera tienen la sensación de que han visto el gran arte. El gran arte debe tener grandes cuadros y un fondo de peluche rojo o una mala iluminación. Es como si, no habiendo conocido ciertas cosas más que a través de la literatura pornográfica, el turista se encontrase ante una mujer seductora, enteramente desnuda, sin velos, sin conversación y en el más sencillo de los lechos. Sin duda, tendría necesidad de un libro para que lo ayudase un poco, o al menos de algunos aditamentos o de algunas sugestiones. Tal es la razón, en efecto, de que haya tantos libros sobre España. Por una persona a quien le guste España, hay una docena que prefieren un libro sobre España. Francia se vende mejor que los libros sobre Francia.

Los libros más extensos sobre España han sido habitualmente escritos por alemanes que la han visitado a fondo una vez y no han vuelto jamás. Estoy tentado de decir que es, sin duda, el mejor sistema, si se tiene que escribir un libro sobre España: hacerlo rápidamente, lo más rápidamente, después de la primera visita, ya que, si se hacen varias visitas, se llega a confundir la primera impresión, y es más difícil sacar conclusiones. Además, los libros escritos después de una sola visita están más seguros de lo que afirman y se harán más populares. Libros como los de Richard Ford no han alcanzado nunca la popularidad del misticismo de cabecera de libros como *España Virgen*. El autor de este libro publicó en una ocasión, en una revista que ha dejado de salir hoy en día y titulada *S4N*, un artículo explicando cómo escribió su obra maestra. El historiador literario deseoso de explicarse ciertos fenómenos de nuestra literatura puede consultarlo en la colección de esa revista. El ejemplar que yo poseo está en París; si no, podría citarlo enteramente. Pero lo esencial del artículo estriba en que, estando este escritor acostado una noche, desnudo en su cama, Dios le dictó lo que tenía que escribir. Se hallaba «en contacto extático con la profundidad y la inmovilidad del Todo». Y, por la gracia de Dios, «estaba *en todo instante y en todo lugar*». Es él quien pone las cursivas, o quizá sea Dios. No lo dice en su artículo. En cuanto Dios le hubo hecho la revelación, él se puso a escribir. El resultado fue ese misticismo inevitable en un hombre que escribe en un lenguaje tan malo que no puede expresar nada con claridad, a lo que suma las complicaciones de la jerga seudocientífica que debía de estar de moda en su época. Dios le dictó varias cosas sorprendentes sobre España durante el corto viaje preparatorio que hizo para poner por escrito el alma del país, aunque con frecuencia resulta que no son más que disparates. En conjunto, el libro constituye lo que yo llamaría, para hacer una incursión tardía en el dominio seudocientífico, una pieza más de la literatura eréctil. Se sabe, o no se sabe, si ustedes lo prefieren, que por obra de tal o cual estado congestivo, los árboles se le antojan diferentes a un hombre que pasa por este grandioso trance que a otro que no pasa por él. Todos los objetos parecen diferentes. Son ligeramente más grandes, más misteriosos y un tanto difuminados. Inténtenlo ustedes por su propia cuenta. En nuestros días se ha formado o se había formado en Norteamérica una escuela de escritores que, al parecer (y esta es una deducción del doctor Hemingstein, el psiquiatra), mediante el cultivo de esos estados congestivos, buscaban dar a todos los objetos una apariencia mística, gracias a la ligera distorsión visual que provoca una turgencia insatisfecha. Esta escuela parece que está en vías de desaparecer hoy en día o ha desaparecido ya; pero fue en su tiempo una experiencia interesante de mecánica psicológica, llena de lindas imágenes fálicas tratadas con el estilo de las tarjetas postales de brillo. El caso es que habría tenido más importancia si la visión de esos escritores hubiese sido un poco más interesante y más desarrollada, al mismo tiempo que, digamos, menos congestionada.

Me pregunto cómo habría sido un libro como *España Virgen* de haber sido escrito después de algunas sesiones de esa soberbia medicina que aclara la visión del hombre. Quizá haya sido escrito así. Es posible que nosotros, los seudocientíficos, nos engañemos de cabo a rabo. Pero para los escrutadores ojos vieneses del viejo doctor Hemingstein, ese analista magistral, parece que si el cerebro del autor se hubiese esclarecido suficientemente por algunas sesiones del remedio en cuestión, nunca habría llegado a escribirse el libro.

Conviene recordar otra cosa. Cuando un hombre escribe con suficiente claridad, todo el mundo puede ver si es falso o no. Si recurre a lo abstruso para evitar una afirmación neta, lo que es muy distinto de violar las reglas de la sintaxis o de la gramática para producir un efecto imposible de lograr de otro modo, hace falta más tiempo para descubrir el fraude de ese escritor, sin contar con que otros escritores que padezcan la misma necesidad lo elogiarán para defenderse a sí mismos. El verdadero misticismo no debe ser confundido con la incompetencia para escribir, que trata de dar un aire de misterio a todo lo que no es misterioso, por la necesidad, en el fondo, de disimular una falta de conocimiento o la ineptitud para expresarse claramente. Misticismo supone misterio, y hay muchos misterios; pero la incompetencia no es un misterio, como tampoco las exageraciones de los periodistas se transforman en literatura por la introducción de un falso acento lírico. No olvidéis esto: todos los malos escritores están enamorados de la lírica.

Capítulo 6

Si vais por vez primera a los toros en Madrid, podéis bajar a la plaza y pasear por ella antes de la corrida. Las puertas que comunican con los corrales y con el patio de caballos están abiertas, y en el patio interior veréis los caballos alineados contra la pared y a los picadores que llegan de la ciudad en caballos que los monosabios o mozos del ruedo han montado antes para llevarlos desde la plaza hasta la casa donde se alojan los picadores. El picador, con camisa blanca, corbata negra de tirilla, chaqueta bordada, ancho cinturón, sombrero redondo con un pompón al lado, pantalones de cuero grueso y, debajo, la lámina de acero que protege la pierna derecha, llega hasta la plaza, cabalgando por las calles y entre el tráfico de la carretera de Aragón. El monosabio lo acompaña algunas veces montado a la grupa y a veces en otro caballo, que ha llevado también; estos pocos jinetes aislados en la marea de coches, carretas, taxis y motos sirven para anunciar la corrida, para fatigar a los caballos y para evitar que el espada tenga que reservar un sitio al picador en su propio coche o automóvil. Para ir a la plaza, el mejor medio consiste en tomar uno de los coches de caballos que salen de la Puerta del Sol. Podéis sentaros en la imperial y ver a las otras gentes que van a los toros, y si observáis atentamente la batahola de vehículos veréis pasar un automóvil lleno hasta los topes de toreros con traje de luces. Lo más que distinguiréis de ellos será su cabeza con el sombrero negro chato, los hombros cubiertos de brocado de oro o de plata y su cara. Si en un solo coche hay varios hombres con chaquetillas bordadas en plata o en negro y uno solamente vestido de oro, que conserva el semblante tranquilo, mientras los otros ríen, fuman y bromean, ese es el matador, y los otros son los hombres de su cuadrilla. El camino hasta la plaza es la parte más penosa del día para el espada. Por la mañana, la corrida es todavía una cosa lejana. Después del almuerzo, es todavía una cosa lejana también, y enseguida, antes que el coche esté dispuesto, está la preocupación de vestirse. Pero, una vez en el automóvil o en el coche, la corrida está ya muy próxima y no se puede hacer nada en tanto dura el viaje, apretujados los unos contra los otros, hasta llegar a la plaza. Si van tan apretados, es porque la parte superior de la chaquetilla del torero, tanto la que lleva el matador como las de los banderilleros, son gruesas y sobrecargadas en los hombros, y esa es la razón de que aparezcan apiñados unos contra otros cuando van vestidos con sus trajes de luces en el coche. Hay algunos que sonríen y reconocen a los amigos por el camino; pero casi todos llevan un aire impasible y reservado. El matador, como tiene que enfrentarse cada día con la muerte, se hace muy reservado, y la medida de su reserva, por supuesto, es la medida de su imaginación; durante todo el día de la corrida y durante toda la temporada, hay un no sé qué de lejanía en su espíritu que casi se puede ver. Lo que hay dentro es la muerte, y no se puede uno enfrentar con ella todos los días, sabiendo que hay siempre una posibilidad de que se os acerque, sin que ello deje una señal muy visible. Esta huella la imprime la muerte en cada uno de ellos de una manera distinta. Los banderilleros y los picadores son otra cosa. El peligro que corren es relativo. Son subordinados. Su responsabilidad es limitada y no tienen que matar. Tampoco tienen que soportar una gran tensión nerviosa antes de la corrida. Sin embargo, de una manera general, si queréis ver lo que es aprensión, mirad a un picador, que de ordinario es un ser alegre y despreocupado, cuando vuelve de los corrales o del sorteo de los toros y ha visto que los que le tocan son grandes y poderosos. Si yo supiera dibujar, trazaría el esbozo de una mesa de café en una feria, con los banderilleros sentados, leyendo los periódicos antes del almuerzo, un limpiabotas manos a la obra, un camarero corriendo de una parte a otra y un par de picadores que vuelven del ruedo. Uno es hombre corpulento, de rostro bronceado y cejas muy negras, de temperamento alegre y bromista; el otro tiene los cabellos grises, la nariz aguileña, y es un hombrecillo que va siempre muy bien arreglado, con un traje que acentúa la esbeltez de su cintura. Pero uno y otro parecen la encarnación de la melancolía y la depresión.

—¿Qué tal? —pregunta uno de los banderilleros.
—Son grandes —dice el picador.
—¿Grandes?
—Muy grandes.

No hay nada más que hablar. Los banderilleros saben todo lo que ocurre en el espíritu del picador. El matador es capaz de asesinar al toro más grande con tanta facilidad como a un toro pequeño, si pone en juego su orgullo y su honor. Las venas del cuello del toro están en el mismo sitio y son igualmente fáciles de alcanzar con la punta de la espada. Para un banderillero no hay un riesgo mayor de ser cogido si el toro es grande. Pero el picador está inerme ante su destino. Cuando los toros que han rebasado cierta edad y cierto peso cargan contra el caballo, lo lanzan al aire y puede ocurrir que el caballo vuelva a caer al suelo con el picador debajo de él; puede suceder también que el picador sea lanzado contra la barrera y quede aprisionado debajo de su caballo; o, si se inclina valientemente hacia delante, cargando el peso del cuerpo sobre la vara, y trata de castigar al toro durante la brega, puede caer entre el toro y el caballo y, cuando el caballo se aleja, quedar tendido allí frente al toro, bajo la amenaza de sus cuernos, hasta que uno de los toreros logre apartar al bicho.

Si el toro es realmente grande, siempre que embiste al caballo el picador cae. El picador lo sabe, y su aprensión cuando «son grandes» es mayor que la que el espada llega a sentir jamás, salvo si es un cobarde. El matador puede hacer siempre alguna cosa si conserva la sangre fría. Tal vez sude tinta, pero siempre habrá una manera particular de encararse con un toro, por difícil que sea. Pero el picador no tiene recursos. Lo más que puede hacer es protestar contra el fraude habitual que comete el tratante al aceptar una montura por debajo de la talla exigida, y reclamar un caballo bueno y robusto, lo suficientemente alto para no ser alcanzado por el toro al primer envite, hincar la puya una vez más y esperar que no ocurra lo peor.

Cuando se ve a los toreros aguardando en la puerta del patio de caballos, ha pasado su peor momento de aprensión. La multitud que los rodea disipa la soledad del camino, recorrido en compañía de hombres que los conocen demasiado bien, y la multitud los devuelve a su papel. Casi todos los toreros son valientes. Algunos no lo son. Esto parece absurdo, pues cuesta creer que un hombre sin valor sea capaz de enfrentarse en la plaza con un toro; pero en ciertos casos especiales la habilidad natural y un entrenamiento precoz, que se ha empezado a hacer con vaquillas, convierten en toreros a hombres sin valor personal. No hay más que tres toreros de esta clase, de los que hablaré luego, y figuran entre los fenómenos más interesantes del ruedo. Pero el torero corriente es un hombre muy valeroso, aunque el grado más frecuente del valor consiste en hacer caso omiso momentáneamente de las posibles consecuencias de lo que se está haciendo. Una forma más evolucionada del valor, que aparece acompañada de una especie de exaltación, es la facultad de desdeñar las posibles consecuencias; es decir, no solamente hacer caso omiso de ellas, sino despreciarlas. Casi todos los toreros son valientes, y, sin embargo, casi todos sienten miedo en cierto momento antes de la corrida.

Cuando la multitud comienza a hacerse menos espesa en el patio de caballos, los toreros se alinean, los tres matadores delante y los banderilleros y los picadores detrás. La multitud abandona la plaza, dejándola vacía. Uno va a su asiento y, si está en la barrera, compra una almohadilla al vendedor que pasa por debajo, se acomoda sobre la almohadilla, con las rodillas apretadas contra la barrera, y dirige la mirada al otro lado de la plaza, a la entrada del patio que acaba de abandonar, donde están los tres matadores esperando mientras el sol arranca destellos al oro de sus trajes. Los otros toreros, a pie o montados, forman una masa detrás de ellos. Entonces, uno ve que la gente eleva la mirada hacia un palco. Es el del presidente, que acaba de entrar. El presidente se instala y agita un pañuelo. Si ha llegado en punto, es una explosión de aplausos; si ha llegado tarde, una tempestad de silbidos y protestas. Suena un clarín, y salen del patio dos hombres a caballo con un traje del tiempo de Felipe II, que atraviesan la plaza.

Son los alguaciles o corchetes a caballo, y ellos se encargan de transmitir las órdenes del presidente, que representa el poder constituido. Los alguacilillos cruzan la plaza al galope, se quitan el sombrero, se inclinan profundamente ante la presidencia y, una vez que reciben su autorización, vuelven al galope a su sitio. La música da comienzo, y por la puerta que conduce al patio de caballos sale la procesión de los toreros y se inicia el paseíllo. Los matadores, tres si hay seis toros, y cuatro si hay ocho, marchan al frente; sus capotes de paseo van enrollados en torno de su brazo izquierdo, en tanto que su brazo derecho queda libre, y avanzan contoneándose, balanceando los brazos, con la cara alta y los ojos fijos en el palco del presidente. En fila india, van detrás de cada espada los de su cuadrilla, banderilleros y picadores, por orden de antigüedad. Y así atraviesan todos la arena, en columnas de tres o de cuatro, y cuando los matadores llegan ante el palco del presidente, hacen una profunda reverencia y se quitan el sombrero o montera. La reverencia la hacen en serio o es puramente formal, según el tiempo de servicio que llevan o su grado de cinismo. Al comienzo de su carrera, los toreros son tan respetuosos del ritual como los monaguillos que ayudan a una misa mayor, y algunos siguen siéndolo siempre. Otros son tan cínicos como los propietarios de un cabaret. Los respetuosos se dejan matar más fácilmente. Los cínicos son los mejores compañeros. Pero los mejores de todos son los cínicos cuando todavía se muestran respetuosos, o después, cuando habiendo sido respetuosos y luego cínicos vuelven a ser respetuosos por cinismo. Juan Belmonte es un ejemplo brillante de esta última clase.

Después de haberse inclinado ante el presidente se ponen la montera, calándosela cuidadosamente, y se van a la barrera. La procesión se deshace una vez que han saludado todos. Los matadores se quitan sus pesados capotes de paseo, bordados en oro y piedras, y se los hacen pasar o los pasan ellos mismos a amigos o admiradores, para que los desplieguen ante la empalizada que protege la primera fila de asientos; algunas veces se los envían por un mozo de estoques a alguien, que, por lo general, es un cantante, una bailarina, un curandero, un aviador, un actor de cine, un político o alguna otra notabilidad del día que ha sido localizada en algún palco. Los matadores muy jóvenes o muy cínicos envían su capote a los empresarios que han llegado de otras ciudades y que se encuentran en Madrid, o a los críticos de toros. Los toreros buenos se los envían a sus amigos. Lo cierto es que es mejor que a uno no le envíen un capote. Representa un cumplido agradable si el matador tiene una buena tarde o se comporta bien; pero, si queda mal, es una gran responsabilidad. Ocurre a veces que el torero, por mala suerte, por tocarle un toro malo, por un accidente que le hace perder la confianza o por el nerviosismo causado por la vuelta al ruedo en mal estado físico después de una cornada, se comporta mal y acaba por despertar tanta indignación entre el público que puede verse obligado a ponerse bajo la protección de la policía para salir del ruedo con la cabeza gacha, bajo un bombardeo de almohadillas. En ese caso, la señal evidente de favor que uno ha recibido de él puede dejarlo en mal lugar al acudir el mozo de estoques para recoger el capote, abriéndose camino prudentemente entre las almohadillas que caen. Puede ocurrir también que, previendo el desastre, el mozo de estoques haya ido a buscar el capote antes del último toro, de manera que uno llegue a ver el capote tan orgullosamente aceptado enrollado de cualquier manera sobre las espaldas de un hombre que se va corriendo a través de la plaza bajo una tormenta de almohadillas, en tanto que la policía carga contra algunos de los espectadores más violentos, que persiguen a nuestro matador. También los banderilleros dejan sus capotes a algunos amigos para que los extiendan, pero el aspecto de esos capotes no es hermoso más que mirándolos a cierta distancia, ya que, a menudo, están hechos con telas de poco cuerpo, están usados, sudados, y se hallan forrados de esa tela de rayas que parece que es el forro permanente de las chaquetas del mundo entero; y, como los banderilleros no toman en serio el favor que otorgan, el honor es puramente formal. Mientras los capotes de paseo son desplegados por los espectadores, la cuadrilla coge en la barrera los capotes de brega. Los monosabios igualan la arena, cuya superficie ha sido removida por la procesión de picadores a caballo, por las mulillas ataviadas, que sirven para arrastrar los toros y los caballos muertos, y por las herraduras de los caballos de los alguaciles. Los dos espadas que no matan al primer toro —suponemos que es una corrida de seis toros— se retiran con sus cuadrillas al callejón, que es un estrecho pasaje entre la empalizada roja de la barrera y los primeros asientos destinados a los espectadores.

El matador cuyo toro va a salir escoge uno de los capotes de brega, de percal grueso. La capa es generalmente rosa por fuera y amarilla por dentro, con un cuello amplio y tieso, y es tan amplia y tan larga que, si el matador se la colocara sobre los hombros, los bajos le caerían hasta las rodillas o más allá, y podría envolverse en ella completamente. El matador que va a intervenir se coloca tras uno de los pequeños refugios de madera, llamados burladeros, construidos en el ruedo y lo suficientemente amplios para que estén dos hombres de pie, pero lo bastante estrechos para poder esquivar los cuernos del toro. Los alguaciles dirigen sus monturas hasta colocarse bajo el palco presidencial, con objeto de pedir las llaves de la puerta roja del toril, donde el toro aguarda. El presidente las arroja y el alguacil trata de recogerlas con su sombrero adornado de plumas; si lo consigue, la multitud aplaude; si falla, lo silban; pero ni una cosa ni la otra debe tomarse en serio. Si las llaves no han sido atrapadas al vuelo, un mozo las recoge y se las da al alguacil, que atraviesa la arena al galope para entregárselas al hombre que está junto a la puerta del toril, dispuesto a abrirla. Vuelve al galope, saluda al presidente y sale del ruedo, en tanto que los mozos rastrillan de nuevo la arena, donde han quedado las huellas del caballo. Una vez que se ha hecho todo esto, no queda en la plaza nadie más que el matador tras el burladero, y dos banderilleros, uno a cada lado de la plaza, pegados a la barrera. Todo está en calma, y la multitud tiene su mirada fija en la puerta roja. El presidente hace una señal con su pañuelo, suena el clarín y un hombre viejo llamado Gabriel, muy serio y de espesa cabellera blanca, vestido con una especie de traje de torero cómico, un traje que le ha sido ofrecido por suscripción pública, descorre el cerrojo y tira de la pesada puerta del toril, para luego colocarse inmediatamente detrás de ella y dejar a la vista un pasadizo bajo cuando la puerta ha quedado abierta.

Capítulo 7

Llegados a este punto, es necesario que vean ustedes una corrida de toros. Si yo me propusiera referirles alguna, no sería la que ustedes podrían ver, ya que los toros y los toreros son siempre diferentes, y si me pusiera a explicar todas las variedades posibles, haría este capítulo interminable. Hay dos clases de guías: las que se leen antes y las que se leen después. Las que se leen después suelen ser incomprensibles leyéndolas antes, si los hechos de que se trata son lo suficientemente importantes. Así ocurre con los libros sobre el esquí, las relaciones sexuales, la caza de los volátiles y sobre todo otro asunto que sea imposible de revivir sobre el papel o del que sea imposible revivir más de una versión sobre el papel de una sola vez, ya que se trata siempre de experiencias personales; hay, pues, siempre un momento en un libro guía en que el autor tiene que decir: Déjelo y no vuelva a leerlo hasta que haya usted esquiado, haya tenido relaciones sexuales, haya disparado contra una perdiz o una codorniz, o haya ido a los toros. Solo entonces sabrá usted de qué estamos hablando. De manera que, de ahora en adelante, suponemos que ha visto usted una corrida.

—¿Ha ido usted a la corrida? ¿Le ha gustado?
—Fue un espectáculo repugnante; no pude soportarlo.
—Está bien. Está usted disculpado, pero no le devolveremos el dinero. ¿Y a usted le ha gustado?

—Fue algo terrible, se lo digo.
—¿Qué es lo que quiere usted decir con «terrible»?
—Quiero decir sencillamente terrible; eso es todo. Terrible, espantoso, horroroso.
—Bueno, usted también está disculpado. ¿Y a usted qué impresión le ha causado todo ello?
—Me aburrí, me aburrí mortalmente.
—Muy bien, quítese de mi vista de inmediato.
»¿No hay nadie a quien le gusten las corridas de toros? ¿Es que a nadie le gustan las corridas de toros?
No recibo respuesta.
—¿Le ha gustado a usted la corrida, señor?
—No.
—¿Le gustó a usted, señora?
—No, no me gustó nada.
Una vieja señora, al fondo de la sala. —¿Qué dice? ¿Qué es lo que pregunta ese joven?
Alguien que está cerca de ella. —Pregunta si le gustó a alguien la corrida.
La vieja señora. —¡Ah!, pensé que preguntaba si alguno de nosotros quería ser torero.
—¿Le ha gustado la corrida, señora?
La vieja señora. —Mucho.
—¿Qué fue lo que más le gustó?
La vieja señora. —Me gustó ver a los toros embistiendo a los caballos.
—¿Por qué le gustó?
La vieja señora. —No sé; había en todo ello algo especialmente íntimo, ¿no?
—Señora, usted es una mística. Esta gente no la entiende. Vamos al café de Fornos, donde podremos discutir de todos estos asuntos a nuestro antojo.
La vieja señora. —Vamos a donde usted quiera, caballero, siempre que sea un lugar decente y sano.
—Señora, no hay lugar más sano en toda la Península.

La vieja señora. —¿Veremos a los toreros?
—Señora, aquello está lleno de toreros.
La vieja señora. —Está bien, vámonos.

Fornos es un café frecuentado solamente por personas relacionadas con los toros y por prostitutas. Entre el humo, las prisas de los camareros y el ruido de las copas, se puede encontrar esa intimidad rumorosa de los grandes cafés. Podremos hablar de la corrida, si ustedes quieren, y la vieja señora podrá contemplar a los toreros. Hay toreros en todas las mesas y para todos los gustos, y los restantes clientes del café viven de los toros, de una o de otra manera. Un tiburón rara vez tiene más de cuatro rémoras o peces pilotos pegados a su cuerpo o nadando junto a él; pero un torero, desde que empieza a ganar un poco de dinero, tiene docenas. La vieja señora no tiene ganas de discutir sobre las corridas de toros. La corrida le ha gustado; pero, en este momento, lo que hace es mirar a los toreros, y además no tiene la costumbre de discutir sobre las cosas que le han gustado ni siquiera con sus amigos más íntimos. Pero nosotros volveremos a hablar del asunto, porque en relación con él había una serie de cosas que, según me han dicho ustedes, no llegaron a comprender.

En cuanto el toro sale al ruedo, ¿se han dado ustedes cuenta de que uno de los banderilleros corre hacia él arrastrando la capa y de que el toro la sigue, embistiéndola con uno de los cuernos? Se hace correr siempre al toro de este modo, al principio, para ver cuál es su cuerno favorito. El matador, de pie, tras su burladero, espía al toro en su carrera detrás de la capa que arrastra el banderillero y observa si sigue los zigzags de la capa hacia la izquierda o hacia la derecha, lo que quiere decir que ve con los dos ojos, o si no la sigue y con qué cuerno prefiere derrotar. Observa también si embiste por derecho o si tiene la tendencia a desviarse bruscamente hacia el hombre cuando embiste. Después que se ha hecho correr al toro, sale un hombre sujetando la capa con las dos manos, lo provoca de frente, se queda inmóvil mientras el toro embiste, y mueve lentamente la capa delante de los cuernos del toro, haciéndolos pasar cerca de su cuerpo con un movimiento lento de la capa, de tal forma que parece dominarlo con los pliegues del capote y forzarlo a pasar al lado de su cuerpo cada vez que se vuelve para embestir. El hombre ejecuta esta operación cinco veces y termina con un movimiento giratorio de la capa que le hace volver la espalda al toro. Entonces, corta bruscamente la embestida y lo inmoviliza en el sitio apetecido. Ese hombre es el espada, y los pases lentos que ha dado se llaman verónicas, y el medio pase del final, media verónica. Esos pases están destinados a mostrar la habilidad y el arte del matador para servirse de la capa, el dominio que tiene sobre el toro y también para inmovilizarlo en un sitio antes de que entren los caballos. Se llaman verónicas por santa Verónica, que enjugó el rostro de Nuestro Señor con un lienzo y que aparece siempre representada sosteniendo el lienzo con las dos manos, con gesto parecido al que hace el torero al sostener la capa al comienzo de las verónicas. La media verónica que detiene al toro al final del pase es un recorte. Recorte es todo pase dado con la capa que fuerza al toro a doblarse sin haber dado toda la extensión a su cuerpo, lo para bruscamente y le impide embestir, cortando su carrera y haciéndolo girar sobre sí mismo.

Los banderilleros no deben manejar nunca la capa con las dos manos en la primera salida del toro. Manejándola con una sola mano, la dejan arrastrarse, y cuando, al final de cada carrera, se vuelven, el toro se vuelve fácilmente también y no de manera brusca y en seco. El toro lo hace así porque la curva descrita por la larga capa le proporciona una indicación sobre cómo tiene que girar y le da algo que seguir. Si el banderillero mantiene la capa con las dos manos, puede, con un gesto brusco, alejarla del toro y arrancarla de su vista, detenerlo en seco y hacerlo doblarse con tal brusquedad que se tuerza la columna vertebral; el toro dejaría de correr, no porque se hubiera quedado sin fuerzas, sino porque se habría quedado cojo, y así inepto para el resto de la corrida. Por eso solo el matador debe manejar la capa con las dos manos durante la primera parte de la lidia, y los banderilleros, que también se llaman peones, no deben usar nunca la capa con las dos manos, si no es para hacer un quite en una posición que el toro ha tomado y que no quiere abandonar. Pero, tal como la corrida de toros se ha ido desarrollando o degenerando, cada vez se da más importancia a la forma en que se ejecutan los distintos pases, más que a su efecto, y los banderilleros hacen hoy en día gran parte del trabajo preparatorio para matar al toro que, en sus orígenes, era llevado a cabo por el espada, de manera que, cuando los toros ofrecen la menor dificultad, los matadores a quienes faltan facultades o conocimientos, y cuyo único mérito es su talento artístico o plástico, hacen que un banderillero experimentado los prepare, los agote y todo lo demás, salvo matarlos por medio de su capa hábil y destructora.

Parece insensato hablar de matar con una capa a un animal como un toro bravo. Por supuesto, no es posible matarlo con ella, pero sí dañarle la columna vertebral, torcerle las patas, dejar al animal cojo y, abusando de su bravura, forzarlo a embestidas inútiles, repetidas y siempre ferozmente cortadas en seco. Así se lo puede fatigar, derrengar y desposeer de toda su velocidad y de una gran parte de sus fuerzas naturales. Hablamos a menudo de matar una trucha con una caña de pescar. Es el esfuerzo que hace la trucha lo que la mata; un siluro, cuando llega al costado del barco, está en posesión de todas sus fuerzas y de todas sus energías, pero un tarpón, una trucha o un salmón se matan con frecuencia ellos mismos luchando contra la caña, si esa caña se mantiene el tiempo suficiente.

Esa es la razón que ha impedido a los banderilleros utilizar la capa con las dos manos. Es el matador el que, en principio, tiene que ejecutar todos los preparativos para la estocada y el que debe matar al toro. Los picadores tienen que hacer más lento al toro, modificar su velocidad y hacerle agachar la cabeza. Los banderilleros deben hacerlo correr al principio y colocar las banderillas rápidamente, y en tal forma que corrijan su tendencia a desviarse. Pero no han de hacer nada que deshaga el vigor del toro, de manera que pueda llegar intacto a las manos del espada, que, con la muleta, le corrige la tendencia a derrotar de uno u otro lado, lo coloca en la posición requerida para entrar a matar y lo mata de frente, haciéndole bajar la cabeza con la franela roja de la muleta y hundiéndole la espada en lo alto del morrillo, en el ángulo comprendido entre los omóplatos.

A medida que la corrida se ha desarrollado y ha degenerado, ha ido perdiendo importancia la forma de matar, que en otro tiempo era lo principal, y adquiriéndola el juego de la capa, las banderillas y el trabajo de la muleta. La capa, las banderillas y la muleta se han convertido en un fin en sí mismas en lugar de ser medios para un fin, y la corrida de toros ha perdido y ha ganado al mismo tiempo.

En los tiempos antiguos, los toros eran de ordinario más grandes que ahora, más bravos, más inciertos, más pesados y de más edad. No se los había empequeñecido con una crianza apropiada hasta una talla inferior para complacer a los toreros, y se los hacía bregar a la edad de cuatro años y medio, o a los cinco años, en lugar de los tres y medio a cuatro y medio, como ahora. Los matadores llevaban a cabo con frecuencia de seis a doce años de aprendizaje como banderilleros y como novilleros, antes de convertirse en matadores de toros. Eran hombres maduros, que conocían los toros a fondo, que se encaraban con toros en la plenitud de sus energías y de su facultad de valerse de los cuernos, llegados al punto en que ofrecían más dificultades y peligro. El fin de la corrida de toros era la estocada final, el encuentro entre el hombre y la bestia, lo que los españoles llaman «la hora de la verdad», y todos los episodios de la lidia estaban encaminados a disponer al toro para esa muerte. Con tales toros, no era necesario para provocar la emoción que el matador hiciese pasar al toro deliberadamente con la capa todo lo más cerca posible de su cuerpo. La capa servía para hacer correr a los toros o para proteger a los picadores, y los pases que se daban con ella eran emocionantes, para nuestra manera moderna de juzgar, a causa de la talla, del vigor, del peso y de la bravura del animal y del peligro que corría el matador al ejecutarlos, más que por la forma o por la lentitud de su ejecución. Cuando un hombre bregaba con un toro así, verlo era emocionante; que un hombre estuviera en la arena con un animal así y lo dominase bastaba para provocar la emoción, y no era menester, como ahora, intentar que las puntas de los cuernos pasaran tan matemáticamente cerca de su cuerpo sin mover los pies. La decadencia de los toros es la que ha hecho posibles las corridas de toros modernas. Es un arte decadente, en todos los aspectos, y, como las más de las cosas decadentes, llega a su máximo desarrollo en el momento de su máxima degeneración, que es el momento presente.

Sería imposible bregar día tras día con toros realmente enormes, poderosos, bravos, rápidos, que saben valerse de sus cuernos y son lo bastante viejos para haber alcanzado todo su desarrollo, utilizando para ello la técnica que se ha desplegado en las corridas de toros modernas a partir de Juan Belmonte. Sería demasiado peligroso. Belmonte ha inventado esa técnica. Belmonte era un genio y pudo vulnerar las reglas del toreo y torear como hasta entonces parecía imposible. Cuando él lo hizo, todos los toreros tuvieron que seguirlo, ya que no es posible volver atrás tratándose de sensaciones. Joselito, que era fuerte —Belmonte era débil—, sano —Belmonte era enfermizo—, que tenía cuerpo de atleta, una gracia de gitano y un conocimiento de los toros, tanto intuitivo como adquirido, que ningún torero ha llegado a tener jamás; Joselito, para quien cualquier cosa en materia de toros era fácil, que vivía para los toros y que parecía formado y educado como modelo ideal de un gran torero, tuvo que aprender la manera de lidiar de Belmonte. Joselito, heredero de todos los grandes toreros, y acaso el torero más grande que haya existido, aprendió a torear como toreaba Belmonte. Belmonte toreaba así por su talla insuficiente, por su falta de fuerzas y por la debilidad de sus piernas. Belmonte no aceptó nunca ninguna de las reglas admitidas sin haber probado antes si se podía violar. Era un genio y un gran artista. La manera de torear de Belmonte no era producto de una herencia ni de una evolución; era una revolución. Joselito tuvo que aprenderla, y durante los años que duró su competencia, cuando cada uno de ellos toreaba un centenar de corridas al año, Joselito decía: «Se dice que Belmonte torea más cerca de los toros que yo. Eso es lo que parece, pero no es verdad. En realidad yo toreo más cerca, pero lo hago de una manera más natural y no parece que sea así».

En todo caso, el estilo decadente, imposible, casi depravado de Belmonte echó raíces y se desarrolló en el genio intuitivo y vigoroso de Joselito, y, en la época de su competencia con Juan Belmonte, los toros conocieron una edad de oro que duró siete años, aunque se encaminaban hacia su destrucción.

La manera de criar los toros hoy en día disminuye su talla, acorta la longitud de sus cuernos, trata de darles, cuando embisten, una gran suavidad unida al salvajismo, porque Joselito y Belmonte podían hacer un toreo más fino con estos toros más pequeños y más fáciles. Podían hacer un toreo fino con cualquier toro que saliese del toril, no se encontraban apurados con ninguno de ellos; pero con los toros más pequeños y más fáciles estaban seguros de llevar a cabo las hazañas maravillosas que el público quería presenciar. Los grandes toros eran fáciles para Joselito; pero eran difíciles para Belmonte. Todos los toros eran fáciles para Joselito y era él quien tenía que crearse sus propias dificultades. La competencia acabó cuando Joselito murió en la plaza, el 16 de mayo de 1920. Belmonte continuó todavía un año, luego se retiró y los toros siguieron con el nuevo método decadente, con la técnica casi imposible, con animales disminuidos y con toreros malos, con toreros bastos y groseros que no habían comprendido el nuevo método y que, por consiguiente, no agradaban, y con una nueva cosecha de toreros decadentes, tristes y un tanto enfermizos, que sabían el método pero no tenían el conocimiento del toro, que no habían hecho aprendizaje, que carecían del valor viril, la facultad y el genio de Joselito o la belleza enfermiza y misteriosa de Belmonte.

La vieja señora. —Yo no veo nada decadente ni degenerado en el espectáculo que hemos presenciado esta tarde.

—Yo tampoco, señora; porque los matadores eran Nicanor Villalta, el valiente poste de telégrafos aragonés; Luis Fuentes Bejarano, el valeroso y excelente obrero, orgullo de la Unión de Trabajadores; y Diego Mazquiarán, Fortuna, el bravo carnicero de Bilbao.

La vieja señora. —A mí me han parecido todos buenos mozos, de lo más valerosos y viriles. ¿En qué sentido, caballero, habla usted de decadencia?

—Señora, sin duda son mozos de lo más varoniles, aunque la voz de Villalta algunas veces sea demasiado aguda. Y la decadencia de que hablo no se refiere a ellos, sino a un arte en completa derrota, a causa del desarrollo de ciertos aspectos.

La vieja señora. —Caballero, no es usted fácil de entender.

—Se lo explicaré más tarde, señora; pero, en efecto, «decadencia» es una palabra difícil de emplear, ya que se ha convertido en término abusivo, aplicado por los críticos a las cosas que no comprenden o a lo que les parece que se aparta de sus criterios morales.

La vieja señora. —Yo he creído siempre que quería decir que había alguna cosa podrida, como hay en las cortes.

—Señora, todas las palabras, a fuerza de emplearlas a la ligera, pierden precisión, pero sus ideas siguen siendo de lo más lógicas.

La vieja señora. —Caballero, si no le importa, no me

gusta hablar tanto sobre palabras. ¿No hemos venido aquí para saber más de los toros y de quienes los combaten?

—Así es, señora, si tal es su deseo; pero ponga usted a un escritor en situación de hablar de palabras y continuará hablando hasta que acabe usted harta y tenga deseos de que se muestre más hábil empleándolas y haga menos sermones sobre su significado.

La vieja señora. —¿No puede usted acabar ahora con los sermones, caballero?

—¿Ha oído usted hablar alguna vez del difunto Raymond Radiguet?

La vieja señora. —No estoy muy segura.

—Era un joven escritor francés, que supo hacer carrera, no solamente con su pluma, sino, digámoslo así, con su lápiz, si usted me entiende, señora.

La vieja señora. —Es decir que él...

—No es eso precisamente, pero algo parecido.

La vieja señora. —Quiere usted decir que él...

—Eso es, señora. En algún momento de su vida, Radiguet se sintió fatigado de la compañía delicada, fervorosa y quejosa de su protector literario Jean Cocteau y se fue a pasar la noche a un hotel cerca del Jardín de Luxemburgo con una de las dos hermanas que trabajaban entonces en el barrio como modelos de pintor. Su protector se escandalizó mucho y denunció este gesto como decadente, diciendo, con amargura, aunque no sin vanidad por parte de Radiguet: *Bebé est vicieux; il aime les femmes.* Así es que vea usted esto, señora, tenemos que poner mucha atención al referirnos a alguna decadencia, porque esa palabra no puede tener el mismo sentido para todos los que la leen.

La vieja señora. —Desde luego, me pareció repelente desde el principio.

—Entonces, volvamos a los toros.

La vieja señora. —Con mucho gusto, caballero. Pero ¿qué le sucedió, por fin, a ese Radiguet?

—Cogió unas fiebres tifoideas nadando en el Sena, y murió.

La vieja señora. —¡Pobre muchacho!
—Pobre muchacho, sí.

Capítulo 8

Aquellos años que siguieron a la muerte de Joselito y la retirada de Juan Belmonte fueron los peores que ha conocido el toreo. La plaza había sido dominada por dos figuras que, en su propio arte —sin olvidar, por supuesto, que se trata de un arte efímero y, por tanto, menor— fueron comparables a Velázquez y a Goya o, en literatura, a Cervantes y a Lope de Vega; porque, aunque nunca me ha gustado Lope, tiene la reputación necesaria para establecer la comparación. Y cuando desaparecieron fue como si, en la literatura inglesa, Shakespeare hubiese muerto de repente, Marlowe se hubiera retirado y se hubiera dejado el campo libre a Ronald Firbank, que escribía muy bien, pero que, digámoslo, era un especialista. Manuel Granero, de Valencia, fue el único torero en quien la afición tenía gran confianza. Era uno de aquellos tres muchachos que, contando con dinero y protección, entraron en la carrera del toreo con los mejores medios de educación mecánica y de instrucción, practicando con vacas de las fincas de los alrededores de Salamanca. Granero no llevaba en sus venas sangre de torero y sus parientes más cercanos querían que fuese violinista; pero tenía un tío ambicioso y talento natural para la lidia, así como un gran valor; era el mejor de los tres. Los otros dos eran Manuel Jiménez, llamado Chicuelo, y Juan Luis de La Rosa. De niños, fueron los tres toreros en miniatura, perfectamente entrenados, y los tres tenían un puro estilo belmontista, una gran belleza de ejecución en todo lo que hacían, y los tres eran llamados fenómenos. Granero era el más sólido, el más vigoroso y el más valiente de los tres. Murió en Madrid, dos años después de la muerte de Joselito, el 7 de mayo del año 1922.

Chicuelo era hijo de un torero del mismo nombre, que había muerto tuberculoso unos años antes. Fue educado, adiestrado, lanzado y sostenido como torero por su tío Zocato, banderillero de la vieja escuela, buen hombre de negocios y buen bebedor. Chicuelo era pequeño, rechoncho, sin barbilla, y tenía mal color, manos pequeñas y pestañas largas, como una muchacha. Entrenado en Sevilla, luego en las fincas de la provincia de Salamanca, era un torero en miniatura lo más perfecto que se pudiera fabricar y un torero casi tan auténtico, realmente, como pueda serlo una pequeña estatuilla de porcelana. Una vez muertos Granero y Joselito y retirado Belmonte, la fiesta no tenía más que a él. Tenía también a Juan Luis de La Rosa, que se parecía en todo a Chicuelo, salvo en lo del tío y en lo físico. Alguien, que no era pariente suyo, le adelantó el dinero necesario para su educación, y era otro producto perfecto de la manufactura. El ruedo tuvo al mismo tiempo a Marcial Lalanda, que conocía a los toros por haber crecido entre ellos —era hijo del administrador del cortijo de la ganadería del duque de Veragua— y se lo anunciaba como sucesor de Joselito. Todo lo que entonces había en Marcial Lalanda para responder a este título era un gran conocimiento de los toros y cierta manera de andar cuando los citaba para ponerles las banderillas. Lo vi con frecuencia por aquellos días; era un torero científico, pero no fuerte, y era abúlico. Parecía que no tuviese ningún placer lidiando los toros, que no sintiese ninguna emoción ni orgullo y que un miedo, que dominaba muy bien, lo corroyera por dentro. Era un torero triste y apático, aunque técnicamente muy hábil y, desde luego, muy inteligente. Por una vez que quedara bien, se mostraba mediocre y falto de interés una docena.

Marcial, Chicuelo y La Rosa toreaban como si se viesen obligados a hacerlo, más que por propia voluntad. Creo que ninguno de ellos podía olvidar por completo la muerte de Joselito y de Granero. Marcial estaba en la plaza cuando Granero murió, y se lo acusó injustamente de no haber hecho nada para quitarle a tiempo el toro de encima. Esto lo amargaba bastante.

Hubo también por entonces en el mundo de los toros dos hermanos, los Anlló, que provenían de Aragón. Uno de ellos, el mayor, Ricardo —uno y otro eran llamados Nacional—, era de mediana estatura, de complexión gruesa, un monumento de probidad, valor y estilo clásico, pero sin gracia y con mala suerte. El segundo, Juan, llamado Nacional II, era alto, de labios delgados y bizco, poco agraciado, anguloso, muy valiente y tenía un estilo que era lo más feo que pueda imaginarse.

También hubo otro por aquella época, Victoriano Roger, Valencia II, hijo de un banderillero. Había nacido en Madrid, había sido entrenado por su padre y tenía un hermano mayor que, como matador, había sido un desastre. Este muchacho era de la misma cosecha que Chicuelo y compañía, llevaba magníficamente la capa, era arrogante, luchador y bravo en Madrid como un verdadero toro. Pero fuera de Madrid se dejaba dominar por los nervios y obraba como si en aquellos desastres provincianos quedara su honor a salvo, siempre que triunfase en Madrid. Esa actitud de restringir el honor personal a Madrid es la marca distintiva de los toreros que viven de su profesión, pero que no la dominan jamás.

Julián Sainz, Saleri II, torero muy completo y espléndido banderillero, que alternó una temporada con Joselito, pero que se convirtió enseguida en la encarnación de la prudencia y la seguridad; Diego Mazquiarán, Fortuna, bravo, estúpido, gran matador, aunque de la vieja escuela; y Luis Freg, mexicano, pequeño, moreno, con cabellera de indio, cercano a la cuarentena, torpe de pies, con los músculos de las pantorrillas hechos nudos como un roble viejo, con las cicatrices de los toros que lo habían castigado por su lentitud, su torpeza y su inmutable valor con la espada; estos, con algunos otros veteranos y un buen número de fracasados, era todo lo que quedaba a la lidia cuando desaparecieron los dos grandes.

Freg, Fortuna, y el mayor de los Nacional no gustaban porque la nueva manera de lidiar había convertido en anticuado su estilo y ya no se trabajaban los grandes toros, que, con un hombre valeroso y competente en la plaza, proporcionaban todo lo que se requería para una buena corrida. Chicuelo fue maravilloso hasta el momento en que fue cogido la vez primera por un toro. Después, cobarde en extremo si el toro ofrecía la menor dificultad, se mostraba bueno un par de veces al año, sin sacar todo su repertorio más que cuando encontraba un toro sin ninguna mala idea, que pasara junto a él sin derrotar, como si estuviera montado sobre raíles. Entre las magníficas proezas que llevaba a cabo con el toro mecánicamente perfecto, al que aguardaba durante toda la temporada, y el trabajo nervioso, excelente y científico que a veces llegaba a hacer con un toro difícil, se producían algunas de las más tristes exhibiciones de cobardía y falta de vergüenza que era posible ver. La Rosa fue cogido una vez, quedó asustado para siempre y desapareció rápidamente de la circulación. Tenía un gran talento de torero, pero aún tenía un talento mayor para otras cosas; sigue toreando todavía en América del Sur y combinando sus dos talentos vive muy bien.

Valencia II comenzaba todas las temporadas tan bravo como un gallo de pelea, toreaba muy cerca de los toros cada vez que se presentaba en Madrid, de manera que el toro no tenía que hacer sino adelantar el cuerno para alcanzarlo, cornearlo y enviarlo al hospital, y, cuando se restablecía, su valor había desaparecido para toda la temporada.

Hubo aún algunos toreros más. Uno de ellos se llamaba Gitanillo; a pesar de su nombre, no era gitano. Había estado empleado como mozo de caballos con una familia de gitanos en su juventud; era pequeño, arrogante y valiente de veras, al menos en Madrid. En provincias, como todos los toreros de segunda clase, lo confiaba todo a su reputación madrileña. Pertenecía a esa clase de personas que son capaces de todo, salvo de comerse un toro crudo. Carecía de habilidad y se agarraba a trucos como, cuando el toro estaba fatigado o parado por unos momentos, volverle la espalda a un palmo de distancia o cosa así, arrodillarse y sonreír a la multitud. Todas las temporadas era herido gravemente y acabó por salir adelante de una terrible herida de asta que le traspasó el pecho, le destruyó buena parte de un pulmón y de la pleura, y lo dejó convertido en un inválido para toda su vida.

Un médico de Soria golpeó a Juan Anlló, Nacional II, en la cabeza con una botella, en una discusión durante una corrida en la que Nacional II, como espectador, hacía la defensa del torero que estaba en el ruedo luchando con un animal difícil. La policía detuvo al torero, aunque no a su agresor, y Nacional II estuvo en la cárcel toda la noche, con el polvo rojo de Soria pegado a la ropa y a los cabellos, agonizando, con una fractura de cráneo y un coágulo de sangre en el cerebro, mientras que los empleados de la cárcel lo trataban como a un borracho y ensayaban diversos experimentos para sacarlo de su inconsciencia. No volvió jamás en sí. La plaza se quedó privada de uno de los hombres realmente valerosos que fueron toreros durante este período de decadencia.

Un año antes había muerto el que parecía destinado a ser el más grande de todos: Manuel García, Maera. De muchacho fue vecino de Juan Belmonte en el barrio de Triana, en Sevilla; y cuando Belmonte, que trabajaba como peón de albañil y no contaba con nadie que lo ayudase ni lo enviara a una escuela de toreo ni le proporcionara el dinero necesario para entrenarse con vacas, quería practicar, él, Maera y Varelito, otro muchacho del barrio, atravesaban el río a nado con las capas y la linterna sobre un tablón, y, empapados de agua y desnudos, escalaban la empalizada del corral donde se refugiaban los toros de lidia en Tablada, para sacar alguno de ellos de su sueño. Y mientras Maera sostenía la linterna, Belmonte daba pases al toro. Cuando Belmonte llegó a ser matador, Maera, grande, moreno, de caderas estrechas, de ojos sumidos, de rostro oscurecido por la barba incluso después de haberse afeitado, arrogante, astuto y sombrío, lo acompañó como banderillero. Fue un gran banderillero, y en los años en que estuvo con Belmonte, lidiando de noventa a cien corridas por temporada y trabajando con toda clase de toros, acabó por conocerlos mejor que nadie; mejor, incluso, que el propio Joselito. Belmonte no ponía jamás las banderillas, porque no podía correr. Joselito se las ponía casi siempre a los toros que iba a matar, y, para competir con él, Belmonte empleaba a Maera como rival de Joselito. Maera sabía banderillear tan bien como Joselito, y Belmonte lo presentaba en el ruedo vestido con trajes mal cortados y ridículos, a fin de que pareciese un peón y rebajar así su personalidad para dar la impresión de que él, Belmonte, tenía un simple peón que como banderillero podía medirse con el gran Joselito. En el último año de la carrera de Belmonte, Maera le pidió un aumento de salario. Ganaba doscientas cincuenta pesetas por corrida y le pidió trescientas. Belmonte, que entonces ganaba diez mil pesetas por corrida, le negó el aumento:

—Muy bien, entonces me haré matador y verás lo que es bueno —dijo Maera.

—No harás más que el ridículo —le dijo Belmonte.

—No —le contestó Maera—; eres tú el que hará el ridículo cuando yo no esté contigo.

Al principio, Maera tuvo que superar como matador muchas de las faltas y amaneramientos del peón; faltas tales como el exceso de movimiento —un matador no debe correr jamás— eran visibles en él, y, además, con la capa no tenía ningún estilo. Con la muleta era científico y capaz, pero imperfecto, y mataba con truco, aunque de manera convincente. Pero tenía un conocimiento completo de los toros y su valor en la plaza era tan absoluto y tan personal que todas las cosas le eran fáciles desde el momento en que las comprendía, y llegó a comprenderlas todas. Era también muy orgulloso; era el hombre más orgulloso que he conocido.

En dos años corrigió todas sus faltas con la capa y llegó a manejar magníficamente la muleta; era siempre uno de los más finos, emocionantes y completos banderilleros que yo haya visto, y llegó a ser uno de los mejores y más convincentes matadores. Era tan valiente que llenaba de vergüenza a todos aquellos estilistas que no lo eran, y la lidia era para él una cosa tan importante y tan maravillosa que, en el último año, su presencia en el ruedo barrió del arte de los toros aquellas costumbres del menor esfuerzo, del enriquecerse pronto, del esperar el toro mecánico, en que se había caído. Y, mientras él estuvo en el ruedo, la corrida volvió a encontrar la dignidad y la pasión perdidas. Si Maera estaba en la plaza, la corrida era buena, al menos por lo que se refería a sus dos toros, y, con frecuencia, también por lo que hacía a los otros cuatro, en la medida en que él interviniera. Cuando los toros no iban hacia él, no apelaba a la multitud para que se fijase en ello, a fin de solicitar su indulgencia y su comprensión: iba él en busca del toro, arrogante, dominador y sin preocuparse del peligro. Provocaba siempre emoción y, por fin, aplicándose sin cesar al mejoramiento de su estilo, acabó por ser un artista. Pero, durante todo el último año de su carrera, podía verse que iba a morir. Lo acechaba una tisis galopante y esperaba morir antes que la temporada terminase. Mientras tanto, trabajaba de lo lindo. Fue herido gravemente dos veces, aunque no prestase a ello la menor atención. Lo vi torear un domingo con una herida de doce centímetros en la axila, herida que había recibido el jueves anterior. Yo vi la herida, se la vi vendar antes de la lidia y vi que no le prestaba ninguna atención. La herida tenía que hacerlo padecer todo lo que puede hacer sufrir una herida abierta, hecha por un cuerno astillado; pero no reparaba ni poco ni mucho en el dolor. Se comportaba como si no la tuviese. No la cuidaba ni evitaba siquiera levantar el brazo: hacía caso omiso de ella. Se sentía más allá del dolor. No he visto nunca un hombre para quien fuese tan corto el tiempo como para él en aquella temporada.

Cuando lo vi la vez siguiente, había recibido una cornada en el cuello, en Barcelona. Le habían cosido la herida con ocho puntos y tuvo que lidiar con el cuello vendado al día siguiente. Su cuello estaba rígido y él estaba furioso. Lo enfurecía no poder mover el cuello y verse forzado a llevar una venda que se veía por encima del cuello de la chaquetilla.

Un joven matador que aspire a guardar la etiqueta y a inspirar respeto, lo que no siempre logra, no come jamás con la cuadrilla. Come aparte, para mantener la distancia entre amo y criado, distancia que no podría mantener si se mezclara con los que trabajan para él. Maera comía siempre con su cuadrilla; comían todos en una sola mesa, viajaban todos juntos y, a veces, en las ferias populosas, dormían todos en el mismo cuarto, y todos lo respetaban como no he visto nunca a un matador ser respetado por su cuadrilla.

Sus muñecas le daban mucho que hacer. Las muñecas son la parte del cuerpo de mayor importancia para un matador. De la misma manera que el dedo índice de un buen tirador se hace sensible y diestro, percibiendo las menores diferencias de presión que lo acercan o lo alejan de la pieza en el momento en que dispara, para el torero sus muñecas le permiten toda clase de delicadezas en el arte de la capa y en el de la muleta. Todo el trabajo escultural que lleva a cabo con la muleta lo hace con la muñeca, y es con la muñeca con la que pone las banderillas y con la muñeca, tiesa esta vez, y con el pomo de la espada —un pomo de plomo forrado de cuero— en la mano es como mata. En una ocasión en que Maera entraba a matar, metió la espada al toro, que cargaba contra él, y, al empujar con todo su peso y el hombro levantado, la punta de la espada tropezó en una de las vértebras, en la abertura formada entre los dos omóplatos. Maera empujaba y el toro empujaba; la espada se plegó casi en dos y luego saltó al aire. Al plegarse, le dislocó la muñeca. Maera recogió la espada con la mano izquierda, la llevó a la barrera, sacó con la mano izquierda una nueva espada del estuche de cuero, que su mozo de estoques le presentaba

—¿Y la muñeca? —preguntó el mozo.

—Una mierda —contestó Maera.

Se dirigió al toro, lo cuadró con un par de pases y, poniéndole la muleta delante de su hocico húmedo y retirándola rápidamente en cuanto la pezuña del toro se levantó para seguirla, se encontró en la posición apropiada para matar. Sosteniendo la espada y la muleta juntas en la mano izquierda, levantó la espada para colocarla con su mano derecha, se perfiló y se lanzó a fondo. De nuevo dio en hueso; insistió, la espada se plegó, saltó al aire y cayó. Pero entonces no fue a buscar una nueva espada. Recogió la espada con la mano derecha y, al levantarla, pude verle el rostro contraído de dolor. Con ayuda de la tela roja colocó al toro en la posición requerida, se puso de perfil, miró a lo largo del filo de la espada y se lanzó a matar. Como si quisiera atravesar un muro de piedra, se lanzó a fondo con todo su peso, toda su estatura y todas sus fuerzas sobre la espada, que pinchó en hueso; se dobló esta vez menos, porque su muñeca reaccionó de manera más enérgica, se curvó y cayó. Levantó la espada con la mano derecha, pero la muñeca le falló y tuvo que soltarla. Alzó entonces la muñeca derecha y la golpeó violentamente contra su puño izquierdo cerrado; luego recogió la espada con la mano izquierda, la colocó en la derecha y, mientras la sostenía, se podía ver cómo el sudor le caía por el rostro. El segundo espada quiso que fuera a la enfermería; pero Maera le contestó con un bufido y una maldición.

—Dejadme —dijo—. Dejadme solo. Me c... en vosotros.

Intentó otras dos veces y las dos pinchó en hueso. Hubiera podido entonces, sin peligro ni sufrimiento, hacer que la espada se hincase en el cuello del toro, hundírsela en el pulmón o cortarle la yugular y matarlo sin ningún esfuerzo. Pero su honor pedía matarlo por todo lo alto, entre los omóplatos, haciendo la faena como tiene que hacerla un matador, por encima de los cuernos y siguiendo la espada con todo el cuerpo. Hasta que, la sexta vez que lo intentó de esta manera, la espada se hundió. Se apartó entonces del toro, con el cuerno rozándole el vientre; se irguió, con aquellos ojos hundidos, el rostro mojado de sudor, los cabellos cayéndole sobre la frente, y se quedó mirando al toro, que vacilaba, perdía pie y rodaba por tierra. Arrancó la espada con la mano derecha, supongo que para castigarla; pero la tomó enseguida con la mano izquierda y, llevándola con la punta hacia abajo, se encaminó a la barrera. Su rabia había desaparecido. Su muñeca derecha se había puesto con la hinchazón como el doble de su grosor normal. Pero él pensaba en algo distinto. No quería acudir a la enfermería a que lo vendasen.

Alguien le preguntó por la muñeca. La levantó y la miró con burla.

—Vete a la enfermería, hombre —le dijo uno de sus banderilleros—. Vete a descansar.

Maera lo miró. No pensaba en absoluto en su muñeca. Pensaba en el toro.

—Estaba hecho de cemento —dijo—. ¡Condenado toro! Estaba hecho de cemento.

Lo cierto es que murió aquel invierno, en Sevilla, con un tubo en cada pulmón, arrebatado por una neumonía que vino a añadirse a la tuberculosis. En su delirio, se dejaba caer debajo de la cama y luchaba con la muerte debajo de la cama, agonizando tan difícilmente como un hombre puede agonizar. Creo que aquel año había esperado morir en la plaza; pero no quería hacer trampas buscando la muerte.

—Le habría gustado a usted, señora; era muy hombre.

La vieja señora. —Pero ¿por qué Belmonte no quiso pagarle más cuando se lo pidió?

—Es una cosa extraña lo que ocurre en España, señora. De todos los asuntos de dinero que conozco, no he visto nada más sucio que las corridas de toros. El rango de un hombre está fijado por la suma que recibe en la lidia; pero en España el torero tiene la impresión de que, cuanto menos paga a sus subordinados, es más hombre y, de la misma manera, cuanto más logra reducir a sus subordinados a una posición cercana a la esclavitud, se siente más hombre. Esto es particularmente cierto entre los toreros que proceden de las capas más bajas. Son afables, generosos y corteses con todos los que tienen una posición superior a la suya, y avariciosos, mezquinos, miserables, capataces de esclavos con los que trabajan para ellos.

La vieja señora. —¿Todos son así?

—Sí y no, y, a decir verdad, rodeado de parásitos aduladores, el matador es quizá disculpable si se muestra adusto o quiere asegurar sus ganancias. Pero, en general, no hay hombre más mezquino con sus inferiores que el torero.

La vieja señora. —¿Y su amigo Maera era un miserable?

—No, era generoso, divertido, orgulloso, mordaz, malhablado y gran bebedor. No iba jamás detrás de los intelectuales ni reverenciaba al dinero. Le gustaba matar a los toros y vivía con pasión y júbilo, aunque los últimos meses de su vida fueron muy amargos. Sabía que estaba tuberculoso y no se cuidaba. No sentía ningún miedo de la muerte y prefirió quemarse hasta el fin, no por bravata, sino por voluntad. Dirigió el entrenamiento de su hermano menor y creía que iba a lograr hacer de él un gran torero. Pero el hermano menor, también enfermo del pecho, resultó un cobarde. Fue una gran desilusión para todos nosotros.

Capítulo 9

Desde luego, puede ocurrir muy bien que asistáis a una corrida y no veáis a ningún torero de tipo decadente y que toda esa explicación sobre la decadencia de las corridas sea inútil. Pero si, al ver la primera corrida, os encontrarais, en lugar del torerazo que pensáis, a un hombrecito gordo, de rostro blando y largas pestañas, con una gran delicadeza de muñeca y mucho miedo a los toros, ello exigiría alguna explicación. Así es hoy en día Chicuelo, diez años después de haber hecho su primera aparición como un fenómeno. Tiene todavía contratos porque la gente abriga aún la esperanza de que su toro, el toro perfecto que aguarda, acabe un día por salir del toril y tenga ocasión entonces de desplegar su magnífico repertorio, su repertorio puro, un repertorio más perfecto que el de Belmonte, de pases bien ligados. Y, en efecto, puede suceder que lo veáis veinte veces en una temporada sin verlo una sola vez dar un espectáculo completo; pero el día que está de buenas es sencillamente maravilloso.

Entre los varios toreros que, por su reputación o por las esperanzas que habían logrado despertar, dominaron el período que viene inmediatamente detrás de Joselito y de Belmonte, aunque sin conseguir nunca triunfos duraderos, Marcial Lalanda llegó a ser un torero magistral, hábil, conocedor y sincero. Lalanda puede enfrentarse con cualquier toro y con todos ellos puede hacer un trabajo hábil y sincero. Tiene confianza en sí mismo y es seguro. Sus nueve años de servicio lo han madurado, dándole confianza y alegría en el trabajo, en vez de avivarle el miedo que llevaba dentro. Como torero completo y científico, es el mejor que hay en España.

Valencia II es el mismo que era al comienzo, con su destreza y sus limitaciones, solo que se ha hecho más gordo y más prudente y que una herida mal cosida en la comisura del ojo le ha deformado la cara, de modo que ha perdido su insolencia. Hace un buen trabajo con la capa, conoce algunos trucos con la muleta, aunque no son más que trucos, y, en conjunto, no se vale de la muleta más que para defenderse. En Madrid da todo lo que es capaz de dar, cuando está de buenas; en provincias, es todo lo cínico que se puede ser. Está casi acabado como matador.

Hay dos toreros de los que no he dicho nada porque no forman parte de la decadencia de los toros, sino que más bien son casos individuales. Habrían sido los mismos en cualquier época. Me refiero a Nicanor Villalta y al Niño de la Palma. Pero, antes de seguir adelante, debo explicar por qué discutimos tanto sobre casos individuales. Los individuos son interesantes, pero no lo son todo; aunque, en el caso que nos ocupa, la decadencia de los toros ha convertido todas las cosas en un problema individual. Si preguntáis a cualquiera que haya ido a los toros quiénes eran los toreros y se acuerda de sus nombres, sabréis enseguida lo que ha podido ver. Porque, hoy en día, ciertos toreros solo son capaces de hacer ciertas cosas. Se han especializado, como los médicos. En los viejos tiempos, uno iba a ver a un médico y el médico volvía a poner en marcha, o trataba de poner en marcha, lo que estaba desarreglado en el organismo. De la misma manera, entonces uno iba a una corrida de toros y se encontraba con que los toreros eran toreros; habían hecho un aprendizaje real, conocían su oficio y lo ejercitaban con el capote, la muleta y las banderillas, desplegando así toda la habilidad que su saber y su valor les consentían y, por último, mataban al toro. No hay que entrar en detalles sobre la capacidad de especialización que los médicos han conseguido hoy en día, ni merece la pena hablar sobre los aspectos más repulsivos y ridículos de este estado de cosas, porque, antes o después, todo el mundo tendrá que enfrentarse con ellas. Pero una persona que vaya a los toros no sabe que esto de la especialización se ha extendido también hasta las corridas, de manera que hay toreros que no son buenos más que con el capote y no valen para nada en todo lo demás. Puede ocurrir, entonces, que el espectador no se haya fijado muy de cerca en el trabajo de la capa, que resulta nuevo y extraño a sus ojos, y piense que el resto del espectáculo que le ha ofrecido este torero particular es representativo de la corrida. Juzgará entonces la fiesta por lo que ha visto, cuando en realidad lo que ha visto no es más que la más triste parodia del modo como hay que bregar con un toro.

Lo que la fiesta pide hoy es un torero completo que sea al mismo tiempo un artista, para salvarla de los especialistas, de los toreros que no saben hacer más que una cosa, aunque la hagan muy bien, pero que para ello tienen necesidad de un toro especial, fabricado casi a la medida, para poder dar la talla de su arte, o, a veces, para ser capaces simplemente de mostrar que tienen un arte. Lo que necesita la afición es un dios que eche a escobazos a los semidioses. Pero aguardar al Mesías es obra de mucha paciencia, y en el camino se encuentran muchos impostores. No se menciona en la Biblia el número de los falsos Mesías que vinieron antes que Nuestro Señor, pero la historia de los últimos diez años de los toros proporcionaría una cifra muy interesante.

Por esta razón, porque puede ocurrir que ustedes lleguen a ver a alguno de esos falsos Mesías manos a la obra, es por lo que importa que estén bien informados de todo esto. Porque no pueden saber si han visto una corrida o no, mientras no sepan si los toros eran realmente toros, y los toreros realmente toreros.

Por ejemplo, podría suceder que vieran ustedes a Nicanor Villalta. Si lo han visto en Madrid, podría ser que imaginaran que es un torero espléndido y que habían visto una cosa estupenda. Porque en Madrid conserva los pies juntos cuando maneja el capote y la muleta, y no es nunca ridículo; y porque en Madrid mata con valor. Villalta es un caso extraño. Tiene un cuello tres veces más largo que la mayoría de las personas. Mide uno ochenta de estatura y ese metro ochenta está empleado casi enteramente en piernas y cuello. No se podría comparar su cuello con el de una jirafa, porque el cuello de la jirafa tiene un aire natural y el cuello de Villalta parece como si acabaran de estirarlo delante de vuestros ojos. Parece que es un cuello de goma que se estira y se estira y no vuelve jamás a sus dimensiones normales. Sería maravilloso que pudiera ocurrir así. Ahora bien, si un hombre dotado de tal cuello mantiene los pies juntos y el torso hacia atrás e inclina el cuello hacia el toro, produce cierto efecto que, si bien no es estético, no es completamente grotesco. Pero en cuanto abre las piernas y sus largos brazos van cada uno por su lado, nada puede evitar, por mucho valor que ponga, el que se convierta en un ser extremadamente ridículo. Una noche, en San Sebastián, paseando por La Concha, Villalta nos habló de su cuello en esa especie de lenguaje infantil aragonés que habla; maldijo su cuello, y nos explicó cómo tenía que concentrar la atención en su cuello y no olvidarse nunca de él para no parecer grotesco. Había inventado una especie de estilo giroscópico de emplear la muleta y dar sin ninguna naturalidad los pases llamados «naturales». Con los pies muy juntos, con su gigantesca muleta —que, completamente desplegada, sería suficiente para sábana de un hotel respetable— extendida sobre la espada y sujeta con la mano derecha, Villalta gira lentamente con el toro. Nadie hace que pase más cerca, nadie torea más cerca del toro y nadie sabe girar como el maestro sabe hacerlo. Con la capa es malo; procede mucho más rápidamente y a golpes. Cuando mata, se encamina derecho al toro y sigue bien la espada con el cuerpo; pero, con frecuencia, en vez de bajar la mano derecha para que el toro la siga y quede al descubierto el punto vital entre sus omóplatos, lo ciega con los pliegues rojos de la muleta y se aprovecha de su altura para pasar el brazo por encima del cuerno y hundir la espada hasta la bola. A veces, sin embargo, mata de un modo absolutamente correcto y siguiendo los cánones. En los últimos tiempos, su manera de matar se ha hecho casi clásica y muy segura. En fin, todo lo que hace lo hace con valor, y todo lo que hace lo hace a su manera, así es que, si veis a Nicanor Villalta, tampoco habéis visto los toros. Pero debéis ir a verlo siquiera una vez en Madrid, donde se entrega por entero y donde, si sale un toro que le permita mantener juntos los pies, cosa que no le sucede más que una vez cada seis, veréis algo extraño, conmovedor y, gracias a Dios, excepto por lo que se refiere al gran valor que despliega, completamente único.

Si vais a ver al Niño de la Palma es posible que veáis la cobardía en su forma menos atractiva: un trasero gordo, un cráneo calvo por el empleo de cosméticos y un aspecto de precoz senilidad. De todos los toreros jóvenes que se elevaron en los últimos años que siguieron a la primera retirada de Belmonte, fue el Niño de la Palma el que despertó las esperanzas más falsas y el que provocó la mayor desilusión. Empezó a torear en Málaga y había pisado la plaza solamente veintiuna veces, en lugar de los ocho o diez años de aprendizaje de los toreros de otro tiempo, cuando se convirtió en un matador de toros hecho y derecho. Solo hubo dos grandes toreros que llegaron a ser matadores consumados antes de los dieciséis años: Costillares y Joselito y, como parecían haber saltado por encima de todo aprendizaje y haber encontrado un camino real para aprender, muchos jóvenes recibieron a continuación un aprendizaje tan prematuro como desastroso. El Niño de la Palma fue un buen ejemplo de ello. Los únicos casos en que estas carreras precoces resultaban justificadas se daban cuando los muchachos habían toreado de niños y procedían de familias de toreros, de manera que habrían podido adquirir tempranamente, con el entrenamiento y los consejos paternos o fraternos, lo que les faltaba de experiencia. Pero incluso este procedimiento no podía dar fruto más que si se trataba de supergenios. Digo supergenios porque todo torero es un genio. No se puede aprender a ser torero consumado, como no se puede aprender a ser jugador de béisbol de gran clase, o cantante de ópera, o buen boxeador profesional. Se puede aprender a boxear, a jugar al béisbol o a cantar; pero, si no se está dotado de genio, no se llegará nunca a ganarse la vida jugando al béisbol, boxeando o cantando ópera. En los toros, este genio, que debe existir como condición previa, tiene que completarse con el valor físico para afrontar las heridas y una muerte posible, lo que se hace muy difícil después de la primera cornada. Cayetano Ordóñez, Niño de la Palma, fue hecho matador de toros una primavera, después de haber consumado algunas hazañas como novillero en Sevilla y Málaga y haber logrado algunos triunfos menores en Madrid; y en su primera temporada parecía ser el Mesías para salvar la fiesta, si es que había algún mesías que podía salvarla.

He intentado describir en un libro dos de sus actuaciones y algo de su apariencia física. Yo estaba el día de su presentación como matador de toros en Madrid y, el primer año que se presentó en Valencia, en una corrida en que competía con Juan Belmonte, que había salido de su retiro, le vi llevar a cabo dos faenas tan hermosas y sorprendentes que todavía puedo recordarlas, pase por pase. Con la capa era de una gran sinceridad y pureza de estilo y no mataba mal, si bien no era un gran matador, salvo que tuviera suerte. Mató varias veces recibiendo, es decir, esperando a que el toro se precipitase sobre la espada, a la vieja usanza; y con la muleta era magnífico. Gregorio Corrochano, el crítico taurino del diario *ABC*, el influyente periódico de Madrid, dijo de él: «Es de Ronda, y se llama Cayetano». Era de Ronda, la cuna de los toros, y se llamaba Cayetano, nombre de un gran torero, Cayetano

Sanz, el mejor estilista de los viejos tiempos. La frase dio la vuelta a España y, traducida libremente, tiene el mismo sentido que si, años después, se dijera entre nosotros que un joven jugador de golf, que era ya un gran jugador, había salido de Atlanta y que su nombre era Bobby Jones. Cayetano Ordóñez tenía aire de torero, se comportaba como torero y, durante una temporada, fue torero. Lo vi en la mayoría de las corridas en que tomó parte y en sus mejores momentos. Al final de temporada recibió una cornada grave y dolorosa en el muslo, cerca de la arteria femoral.

Aquello fue el fin. Al año siguiente tenía más contratos que ninguna otra figura de la profesión, a causa de su primer año espléndido, pero sus actuaciones en la plaza fueron una serie de desastres. Apenas podía mirar al toro. Su terror, cuando había que entrar a matar, era penoso de ver, y se pasó toda la temporada asesinando a los toros del modo que menos peligro supusiera para él, corriendo de través en su línea de embestida, metiéndoles la espada en el cuello, hundiéndosela en los pulmones o en cualquier sitio que pudiera encontrar sin necesidad de adelantar el cuerpo entre los cuernos. Fue la temporada más vergonzosa que ningún torero había dado jamás hasta aquel año. Lo que había sucedido fue que la cornada, su primera herida de importancia, le había quitado todo el valor. No volvió a recuperarlo jamás. Tenía demasiada imaginación. Varias veces, en las temporadas siguientes, pudo rehacerse lo suficiente para proporcionar buenas tardes en Madrid, con lo cual, gracias a la publicidad conseguida, logró firmar todavía algunos contratos. Los periódicos de Madrid se distribuyen y se leen en toda España y el triunfo de un torero en la capital repercute en toda la Península, en tanto que un triunfo en provincias no sale de la vecindad y no se tiene en cuenta en Madrid; además, los apoderados anuncian siempre por teléfono o por telegrama los triunfos de sus representados desde cualquier punto de provincias donde hayan actuado, aunque el torero haya sido linchado por furiosos espectadores.

Pero aquellas fueron las hazañas colmadas a fuerza de tesón por un cobarde.

Los actos de valor de un cobarde tienen mucha importancia para las novelas psicológicas y gran valor para el hombre que los lleva a cabo. Pero carecen de valor para el público, que temporada tras temporada paga para ver a un torero. A veces, el torero se mete en la iglesia con su traje de luces para rezar antes de la corrida, y, sudando por los sobacos, ruega que el toro embista, es decir, que cargue francamente y que siga bien la tela: «¡Oh, Virgen Santa, dame un toro que embista bien! ¡Virgen Santa, dame ese toro! ¡Virgen Santa, haz que encuentre ese toro en Madrid hoy, con una tarde sin viento!». Y promete alguna cosa de valor o una peregrinación, rogando a la Virgen que le dé suerte, muerto de miedo. Y esa misma tarde puede ocurrir que el toro deseado salga y, con el rostro tenso por el esfuerzo que hace por mantener la apariencia de un valor que le falta, simulando a veces, casi con éxito, la ligereza de corazón de una gran faena, el torero miedoso, por un esfuerzo que lo deja rígido y falto de naturalidad, puede llegar acaso, ahogando su imaginación, a proporcionar un espectáculo espléndido y brillante. Con una sola tarde de este género en Madrid al año y en la primavera, tendrá bastantes contratos para seguir en circulación; pero sus hazañas carecen en realidad de importancia. Si habéis visto una, habéis tenido suerte; pero podéis ir a ver a este matador veinte veces más durante el año y no volver a ver otra semejante.

Para entender todo esto hay que ponerse en el punto de vista del torero o en el del espectador: son dos puntos de vista diferentes, y es la muerte la que crea toda esa confusión. La corrida es el único arte en que el artista está en peligro de muerte constantemente, y en el que la belleza del espectáculo depende del honor del torero. En España, el honor es una cosa muy real. Se lo llama pundonor, y significa honor, probidad, valor, respeto de sí mismo y orgullo, en una sola palabra. El orgullo es la característica más fuerte de la raza, y es cuestión de pundonor el no mostrar cobardía. Desde el momento en que se ha mostrado de una forma clara y sin posible duda, el honor ha desaparecido, y, a partir de entonces, el torero puede dar espectáculos de puro cinismo, dosificando su esfuerzo y no creando peligro más que si tiene económicamente necesidad de afirmar su posición para obtener contratos. No se espera de un torero que sea siempre bueno, pero sí que haga lo que esté a su alcance. Se le perdona un mal trabajo si el toro es difícil, se le perdona que tenga una mala suerte; pero se le exige que haga lo mejor que pueda con el toro que le toque en suerte. Sin embargo, una vez que ha perdido su honor, no es posible estar seguro de que hará todo lo que pueda o de que no se limitará a cumplir técnicamente su tarea, matando al toro de la forma menos peligrosa, más triste y menos honrada que pueda. Habiendo perdido su honor, el torero continúa viviendo de contrato en contrato, odiando al público ante el que lidia y diciéndose a sí mismo que no tiene derecho a abuchearlo ni a afrentarlo, a él, que se encara con la muerte mientras que los espectadores están confortablemente sentados en sus asientos sin correr ningún peligro, y convenciéndose cada vez más de que es capaz de hacer un buen trabajo si quiere, y que los espectadores pueden esperar hasta que a él le dé la gana de hacerlo. Ocurre entonces que, en el espacio de un año, se da cuenta de que no puede hacer ya un buen trabajo, ni siquiera cuando tiene un buen toro delante y ha realizado un gran esfuerzo para dominar sus nervios; y el año siguiente, por lo general, es el de su retirada. Porque un español tiene que conservar siempre una clase de honor; y, desde el momento en que no tiene ya esa especie de fe, la fe de que aún podría hacerlo bien si quisiera, y si fuera necesario para sostenerse, entonces se retira y convierte en cuestión de honor esta decisión. Esta cuestión de honor no es una fantasía que trato de brindarles a ustedes al modo de los autores que escriben sobre la Península, lanzando sus propias teorías sobre el pueblo español. Juro que es verdad.

El honor, para un español, por deshonesto que sea, es algo tan real como el agua, el vino o el aceite de oliva. Hay un honor entre los ladrones, y un honor entre las prostitutas. Difieren, simplemente, los modelos.

El honor del torero es tan necesario en una corrida como los buenos toros. Ahora bien, hay media docena de toreros, algunos de ellos de los de más talento, que no poseen siquiera el mínimo necesario y eso se debe a la explotación precoz del torero y al cinismo que se desprende en consecuencia; o, a veces, a la cobardía crónica causada por las cogidas, que es preciso no confundir con la pérdida temporal del dominio de los nervios, que puede siempre sobrevenir después de una cornada. Así pues, tal vez veáis malas corridas, sin que ello se deba a la actuación de toreros novicios o mal entrenados.

—Y ahora, señora, ¿qué es lo que le preocupa? ¿Qué quiere usted que le explique?

La vieja señora. —He observado que cuando uno de los caballos fue herido por el toro, salió de su vientre una lluvia de serrín. ¿Qué explicación puede darme de esto, caballero?

—Señora, el serrín fue metido en el cuerpo del caballo por una amabilidad del veterinario, para llenar el vacío creado por la pérdida de ciertos órganos.

La vieja señora. —Gracias, caballero; usted hace que comprenda todo. Pero supongo que no siempre se pueden reemplazar esos órganos con serrín, ¿no?

—Señora, es solamente una medida temporal, y nadie la encuentra del todo satisfactoria.

La vieja señora. —Y, sin embargo, encuentro que está muy bien logrado, al menos siempre que el serrín sea fino y limpio.

—Señora, nunca se ha llenado un caballo con serrín más fino y más limpio que el que se emplea en el ruedo de Madrid.

La vieja señora. —Estoy muy contenta de que sea así, caballero. Pero, dígame, ¿quién es ese señor que fuma un habano y que va a comer en este momento?

—Señora, es Dominguín, el gran empresario, ex matador y apoderado de Domingo Ortega, y está comiendo mariscos.

La vieja señora. —¿Qué le parece si los pedimos nosotros también, si no son demasiado difíciles de comer? Ese señor tiene una cara agradable.

—Sí, es cierto; pero no le preste usted dinero. Los mariscos aquí son muy buenos, aunque los de enfrente son todavía más grandes, y se llaman langostinos. Camarero, tres raciones de gambas.

La vieja señora. —¿Cómo las ha llamado usted, caballero?

—Gambas.

La vieja señora. —Esa palabra quiere decir en italiano, si no me equivoco, piernas.

—Hay un restaurante italiano, no lejos de aquí, si quiere usted que vayamos allí a cenar.

La vieja señora. —¿Es un restaurante frecuentado por toreros?

—No, señora; está lleno de políticos, que se convierten rápidamente en hombres de Estado mientras usted los está mirando.

La vieja señora. —Entonces, vayamos a cenar a otra parte. ¿Dónde comen los toreros?

—Comen en pensiones modestas.

La vieja señora. —¿Conoce usted alguna?

—Desde luego.

La vieja señora. —Me gustaría saber más.

—¿De las pensiones modestas?

La vieja señora. —No, caballero, de los toreros.

—Señora, muchos de ellos están fastidiados por raras enfermedades.

La vieja señora. —Hábleme de sus enfermedades, para que pueda juzgar por mí misma. ¿Tienen paperas?

—No, señora, las paperas no hacen muchas víctimas entre ellos.

La vieja señora. —Yo he pasado las paperas, así es que no

tengo miedo de volver a cogerlas. En cuanto a esas otras enfermedades, ¿son tan raras y extrañas como sus costumbres?

—No, son de lo más vulgar. Hablaremos de ello más tarde.

La vieja señora. —Pero dígame ahora, antes de marcharnos, ¿era Maera el torero más valiente que ha conocido?

—Sí, señora; porque, de todos los toreros valerosos por naturaleza, era el más inteligente. Es más fácil ser estúpido y naturalmente bravo que extremadamente inteligente y valeroso al mismo tiempo. Nadie negará que Marcial Lalanda era valiente; pero su bravura estaba hecha de inteligencia, y era adquirida. Ignacio Sánchez Mejías, que se casó con una hermana de Joselito y era un excelente banderillero, aunque de un estilo algo pesado, era muy valeroso; pero aplicaba su valor a paletadas. Era como si estuviese constantemente en actitud de mostrar qué cantidad de pelo tenía en el pecho y cómo estaba hecho en sus partes más íntimas. No es esa la función de la valentía en los toros. El valor tiene que ser una cualidad que permita al torero hacer todas las cosas que se propone sin sentirse dificultado por ninguna aprensión. No hay necesidad de asombrar al público con él.

La vieja señora. —Yo no me he asombrado todavía.

—Señora, se quedaría usted muy asombrada si viese una vez a Sánchez Mejías.

La vieja señora. —¿Cuándo podré verlo?

—Ahora está retirado, pero si perdiera su fortuna lo vería usted aparecer de nuevo.

La vieja señora. —No parece que lo quiera usted mucho.

—Aunque respeto su valor, su habilidad con los palos y su insolencia, no me gusta como torero, ni como banderillero, ni como hombre. Por consiguiente, le consagro poco espacio en este libro.

La vieja señora. —¿No será un prejuicio de usted?

—Señora, encontrará usted raramente un hombre que tenga más prejuicios ni que, según su propio parecer, tenga un espíritu más abierto. Pero ¿no puede ocurrir que, precisamente porque una parte de nuestro espíritu, aquella con la que obramos, adquiere prejuicios por la experiencia, reservamos la otra, enteramente libre, para observar y juzgar?

La vieja señora. —Caballero, no sé de qué me habla.

—Señora, yo tampoco, y es posible que estemos diciendo fruslerías.

La vieja señora. —¡Vaya una palabra extraña, que no he oído nunca!

—Señora, utilizamos este término para explicar la falta de profundidad de una conversación abstracta, o también toda tendencia supermetafísica en la conversación.

La vieja señora. —Me gustaría aprender a emplear esas palabras correctamente.

Capítulo 10

En cada combate con el toro hay tres actos, y estos tres actos se llaman los tres tercios de la lidia. El primer acto, en el que el toro carga contra los picadores, es la suerte de varas o prueba de las picas. La palabra «suerte» es muy importante en español. Significa, según el diccionario, circunstancia, casualidad, estado, condición, hado, género, manera, clase, especie, maniobra afortunada y parte de las tierras de labor separada de una u otras por sus lindes. Así es que la traducción de esta palabra por «prueba» o «maniobra» es completamente arbitraria, como necesariamente lo es toda traducción del español.

La acción de los picadores en la arena y el trabajo de los toreros encargados de protegerlos con su capa cuando son desmontados constituyen el primer acto de la corrida. Cuando el presidente hace la señal al fin de este acto y suena el clarín, los picadores abandonan el ruedo y da comienzo el acto segundo. Ya no hay más caballos en la plaza después del primer acto, excepto los que han quedado muertos en la arena, recubiertos con su peto protector. El primer acto es el acto de las capas, de las picas y de los caballos. En él tiene el toro su mejor oportunidad para mostrar su bravura o su cobardía.

El acto segundo es el de las banderillas. Las banderillas son unos palos de setenta centímetros, para ser exactos, con una punta de acero en forma de arpón en un extremo, de cuatro centímetros de longitud. Hay que colocarlas de dos en dos, en el músculo que sobresale en lo alto de la nuca del toro, mientras embiste al hombre que lleva las banderillas en la mano. Las banderillas están destinadas a completar la obra de hacer más lento al toro y a regular el porte de su cabeza, operación que los picadores han comenzado ya, de manera que su ataque sea más lento, pero más seguro y mejor dirigido. Se ponen, en general, cuatro pares de banderillas. Si son los banderilleros o peones quienes las colocan, tienen que hacerlo, ante todo, rápidamente y en la posición correcta. Pero si es el propio espada quien las pone se puede permitir una preparación que, ordinariamente, es acompañada por la música. Es la parte más pintoresca de la corrida y la que prefieren los espectadores cuando van por vez primera a los toros. La misión del banderillero no consiste solo en forzar al toro a fatigar los músculos de su cuello y a llevar la cabeza más baja, sino, también, al poner las banderillas de un lado o de otro, en corregir cualquier tendencia del toro a derrotar por ese lado. Todo el acto de las banderillas no debe durar más de cinco minutos. Si se prolonga, el toro se descompone y la brega pierde el ritmo que tiene que conservar; y, si es un toro peligroso e incierto, tiene demasiadas ocasiones de ver y de embestir a su gusto a hombres desarmados y de desarrollar así una tendencia a buscar al hombre —el bulto, como lo llaman los españoles— tras la tela, cuando el matador sale en el último acto con la espada y la muleta.

El presidente cambia el tercio cuando se han colocado tres o cuatro pares de banderillas. La tercera y última parte es la muerte. Este tercer acto se compone de tres partes. En primer lugar, el brindis; el matador saluda al presidente y le brinda a este o a otra persona la muerte del toro; enseguida viene el trabajo del espada con la muleta. Esta es una pieza de franela escarlata, enrollada en un bastón que tiene una punta aguda en un extremo y una empuñadura en el otro; la punta pasa a través de la tela, que se halla atada en el otro extremo con un tornillo de mariposa, de manera que queda extendida en pliegues a todo lo largo del palo. El matador se sirve de ella para dominar al toro, prepararlo para matarlo y, finalmente, sosteniéndola con la mano izquierda, hacer que agache la cabeza y que la mantenga baja, mientras lo mata de una estocada alta, colocada entre los omóplatos.

Estos son los tres actos de la tragedia, y es el primero, el de los caballos, el que indica lo que van a ser los otros y el que, en realidad, hace posible el resto. En el primer acto el toro está en plena posesión de todas sus facultades, confiado, rápido, maligno, conquistador. Todas sus victorias las consigue en el primer acto. Al final de este acto, en apariencia, ha ganado la partida. Ha dejado la plaza limpia de hombres montados y se ha quedado solo. En el acto segundo se ve enteramente burlado por un hombre inerme, y cruelmente castigado con las banderillas, de manera que su confianza y su rabia ciega se acrecientan y concentra su odio en un objetivo individual. En el tercer acto no tiene frente a él más que a un hombre que, completamente solo, tiene que dominarlo con un pedazo de tela colocado sobre un bastón, y matarlo de frente, pasando el cuerpo por encima del cuerno derecho para acabar con él de una estocada entre los omóplatos.

Cuando vi por primera vez las corridas de toros, la única parte que no me gustó fue la de las banderillas. Me pareció que operaban en el toro una grande y cruel transformación; el toro se convertía en un animal enteramente distinto una vez que le habían puesto las banderillas, y lamenté la pérdida de aquella libertad salvaje que había traído el toro a la plaza, y que alcanzaba su más alta expresión al cargar sobre los picadores. Cuando se le han puesto las banderillas, el toro ya no tiene escape. Está sentenciado. El primer acto es el proceso, el segundo acto es la sentencia y el tercero es la ejecución. Pero más adelante, cuando comprendí lo peligroso que se hace el toro una vez que pasa a la defensiva, y cómo, cuando las banderillas lo han hecho más reservado y el impulso de las patas se ha ido frenando, comienza a calcular sus cornadas, de la misma manera que un cazador prefiere apuntar a un solo pájaro entre todos los de una bandada, mejor que disparar contra el montón y fallar todos a la vez, y, en fin, cuando me di cuenta de todas las cosas que se podían hacer con él como una propiedad artística una vez que ha sido convenientemente frenado sin que pierda su bravura y su vigor, conservé mi admiración por él, pero no me inspiró más compasión que el lienzo que soporta la pintura, el mármol en que trabaja el escultor o el polvo seco de la nieve que se puede levantar cuando se esquía.

No conozco escultura moderna, excepto la de Brancusi, que iguale en valor escultural a la corrida de toros. Pero los toros son un arte efímero, como el canto y la danza, una de esas artes que Leonardo aconsejaba a los hombres que evitasen; un arte que, cuando el ejecutante ha desaparecido, no existe más que en la memoria de los que lo han visto, y muere con ellos. Mirando fotografías de toros o leyendo las críticas que se han conservado, así como tratando de acordarse con mucha frecuencia de lo que se ha visto, lo único que se consigue es matarlo en la memoria individual, matar la emoción del recuerdo. Si el arte de los toros fuese permanente, podría ser una de las artes mayores, pero no lo es y perece con el ejecutante; mientras que un arte mayor no puede ser juzgado hasta que la insignificante podredumbre física del autor, cualquiera que sea, no esté bien enterrada. El arte de los toros es un arte ligado a la muerte, y la muerte lo barre todo. Pero no se pierde nunca, me diréis, ya que, en todas las artes, los progresos y los descubrimientos lógicos son recogidos por alguno de los sucesores, de modo que nada se pierde en realidad, si no es el hombre. Sí, así es, y, si a la muerte de un pintor todas sus telas desaparecieran con él, sería muy reconfortante saber que sus descubrimientos, los de un Cézanne, por ejemplo, no se perderían, sino que serían utilizados por todos sus imitadores. ¡Al diablo si lo serían!

Suponed que las telas de un pintor desaparecieran con él

y que los libros de un escritor fueran destruidos automáticamente después de su muerte y no quedaran más que en la memoria de quienes los han leído. Eso es lo que sucede con los toros. El arte, el método, los perfeccionamientos, los descubrimientos permanecen; pero el hombre que con su acción los hizo posibles, que era su piedra de toque, que era su original, se pierde y, hasta que aparece otro individuo tan grande como él, el arte se deforma, se estira, se encoge, se debilita y deja de ser arte. Todo arte está hecho exclusivamente por el individuo; el individuo es todo lo que el hombre posee, y todas las escuelas sirven solamente para incluir a sus discípulos en el número de los fracasados. El individuo, el gran artista, cuando aparece, emplea todo lo que han descubierto los otros o lo que se ha llegado a saber en los dominios de su arte hasta ese momento, y es capaz de aceptarlo o de rechazarlo en un lapso de tiempo tan corto que da la impresión de que su conocimiento ha nacido con él, cuando lo que hace es tomar instantáneamente lo que un hombre ordinario necesitaría toda una vida para aprender. El gran artista va entonces más allá de lo que se ha hecho o conocido hasta ese momento, y hace algo propio. Pero entre unas y otras de estas grandes individualidades transcurre mucho tiempo, y quienes han conocido los grandes artistas de otras épocas reconocen raramente a los nuevos cuando llegan. Quieren que todo sea como antes, como ellos lo recuerdan. Son los otros, los contemporáneos, los que primero reconocen a las grandes personalidades nuevas por su disposición para saberlo todo tan rápidamente, y, al fin, los que viven de los recuerdos del pasado hacen lo propio. A estos es preciso excusarlos por no haberlos reconocido inmediatamente, pues han visto tantos grandes falsarios en los períodos de espera que se han hecho prudentes hasta el extremo de no creer ya más en sus propios sentimientos. Confían solo en su memoria. Y la memoria, por supuesto, nunca es verdadera.

Después que se ha conseguido tener un gran torero, se lo

puede perder por enfermedad mucho más fácilmente que por muerte violenta. De los dos únicos grandes que ha habido después de la retirada de Belmonte, ninguno hizo una carrera completa. La tuberculosis atacó a uno y la sífilis deshizo al otro. Estas son las dos enfermedades profesionales del torero. El torero comienza la corrida con un sol ardiente, tan ardiente que hasta las personas que tienen poco dinero pagan a gusto una entrada tres veces más cara con tal de sentarse a la sombra. El torero lleva una pesada chaquetilla bordada en oro, que lo hace sudar al sol como a un boxeador que se entrenara saltando a la cuerda. Con ese calor, cubierto por la transpiración, sin poder tomar una ducha o una fricción con alcohol para cerrar los poros, a medida que el sol desciende y que la sombra del anfiteatro se va extendiendo sobre la plaza, el torero se ve obligado a permanecer de pie, relativamente inactivo, aunque siempre dispuesto a correr en ayuda de los demás cuando sus compañeros matan los últimos toros. Ocurre con frecuencia que, hacia finales del verano o comienzos del otoño, en las altas mesetas de España hace un frío suficiente para que se tenga necesidad de un abrigo a la salida de los toros, en una ciudad donde ha hecho un calor tremendo a primera hora de la tarde, al comienzo de la corrida; un calor tal que uno habría podido coger una insolación si hubiera ido con la cabeza desnuda. España es un país de montañas y, en buena parte, un país africano; en otoño y a finales del verano, cuando el sol se pone, llega rápidamente el frío, y ese frío es mortal para quien se queda traspuesto de sudor y sin poder siquiera enjugárselo. Un boxeador toma toda clase de precauciones para evitar enfriarse cuando está sudando; pero el torero no puede tomar ninguna. Esto bastaría para explicar el número de toreros que contraen la tuberculosis, aun sin considerar la fatiga de los viajes por la noche, del polvo y de las corridas cotidianas durante la temporada de las ferias de agosto y septiembre.

La sífilis es otra cosa. Boxeadores, toreros y militares cogen la sífilis por los mismos motivos que les hacen elegir tales profesiones. En el boxeo, la mayor parte de los cambios repentinos de forma, la mayor parte de los casos de lo que se llama demencia pugilística son producidos por la sífilis. No se pueden dar nombres en un libro, porque sería difamatorio, pero los del oficio podrían citar una docena de casos muy recientes. Siempre hay casos recientes. La sífilis era la enfermedad de los cruzados en la Edad Media. Se supone que fue traída a Europa por ellos y es enfermedad propia de todas las gentes que no se preocupan del porvenir. Es un accidente profesional a que se exponen todos los que llevan una vida sexual irregular y los que, por su manera de pensar, prefieren correr riesgos antes que usar profilácticos; y es el final que pueden esperar todos los fornicadores que prosiguen su camino lo suficientemente lejos. Hace algunos años tuve ocasión de observar los progresos de libertinaje de algunos ciudadanos que en la universidad habían sido grandes moralizadores pero que, una vez en el mundo, descubrieron en él los placeres de la inmoralidad, que nunca se habían permitido durante su juventud estudiosa; y, entregándose a esos placeres, parecía que habían descubierto el acto sexual, si es que no creían haberlo inventado. Pensaban que todo ello era una novedad que acababan de descubrir y se entregaban gozosamente a la promiscuidad, hasta su primer encuentro con la enfermedad, que también creían haber descubierto entonces e inventado. Seguramente nadie podía haber conocido antes una cosa tan terrible, nadie podía haber pasado por esa experiencia, porque no se habría consentido que existiera. Entonces volvían a ser durante algún tiempo predicadores y practicantes de la mayor pureza o, al menos, limitaban sus actividades a un círculo social más restringido. Ha habido muchos cambios en lo que se refiere a lo moral, y muchos que parecían destinados a ser profesores de escuelas parroquiales son ahora notorios aventureros. Como los toreros que pierden su valor con la primera cornada, estos aventureros no sienten en realidad ninguna vocación para ello; pero, de todos modos, es una experiencia divertida oírlos u observarlos mientras están en la fase del descubrimiento de lo que Guy de Maupassant clasificaba entre las enfermedades de la adolescencia y de la que, dicho sea de paso, para justificar su derecho a hablar así, murió. Se dice que es muy fácil reírse de las cicatrices cuando no se ha tenido nunca una herida; pero el que mejor se ríe de las cicatrices es quien está a cubierto de ellas, o, al menos, antes se hacía así; mientras que, hoy por hoy, nuestros bromistas se burlan más fácilmente de lo que le sucede a otro que a ellos mismos, y en el momento en que les ocurre a ellos algo se ponen a gritar «Pero es que no lo entendéis; ¡esto es verdaderamente serio!». Y se hacen grandes moralistas o abandonan todo con algo tan trivial como un suicidio. Realmente, las enfermedades venéreas tienen que existir, como los toros tienen que llevar sus cuernos para mantener en todo las proporciones correctas, ya que, sin ello, el número de los Casanova y de los toreros sería tan grande que, prácticamente, no habría nadie que no lo fuese. Pero yo daría cualquier cosa porque esta enfermedad fuera eliminada de España, por lo que llega a hacer de un gran torero. Es verdad también que, si no la encontráramos en España, se podría adquirir en otros países, o acaso partirían los hombres para una cruzada y la traerían de alguna parte.

No se le puede pedir a un torero que ha triunfado por la tarde gracias a los riesgos que ha corrido, que no corra otros riesgos durante la noche, y «más cornadas dan las mujeres». Tres cosas alejan a los hombres de la promiscuidad sexual: una fe religiosa, la timidez y el miedo a las enfermedades venéreas. Esto último es la advertencia hecha con más frecuencia por la Asociación de Jóvenes Cristianos y otras instituciones que velan por la pureza de las costumbres. Contra todas estas influencias existe la tradición que exige que los toreros tengan numerosas aventuras, y están también sus propias inclinaciones, el hecho de que las mujeres vayan siempre detrás de ellos, unas veces por ellos mismos y otras por su dinero, y la mayoría de ellas por las dos cosas; y, en fin, su desprecio de las enfermedades venéreas como peligro.

—Pero —dice la vieja señora— ¿hay muchos toreros que contraigan esa enfermedad?

—Señora, los toreros contraen esa enfermedad como todos los hombres que van con mujeres, pensando solamente en las mujeres y no en su salud futura.

La vieja señora. —Pero ¿por qué no prestan más atención a su salud?

—Señora, es difícil de decir. Verdaderamente es una idea que no se le pasa a un hombre por la cabeza cuando hace algo que le agrada. Aunque la mujer sea una prostituta, si es una buena prostituta, el hombre piensa bien de ella en ese momento y, a veces, después.

La vieja señora. —¿Y esas enfermedades provienen todas ellas de mujeres profesionales?

—No, señora, proceden a veces también de amigos o amigas o de cualquiera con quien se vaya a la cama en cualquier parte.

La vieja señora. —Debe de resultar muy peligroso ser hombre.

—Lo es, en efecto, señora, y pocos logran sobrevivir. Es un oficio muy duro, y la muerte aguarda al final.

La vieja señora. —¿No sería mejor que los hombres se casaran todos y se acostasen con sus propias mujeres?

—Para el bien de su alma lo sería, y para el de su cuerpo también. Pero muchos se acabarían como toreros si se casaran y si amaran realmente a sus mujeres.

La vieja señora. —Y sus mujeres ¿qué piensan?

—¿Quién puede hablar de lo que piensan esas mujeres si no ha sido uno mujer de un torero? Si el marido no tiene contratos, no gana dinero; pero con cada contrato corre un riesgo mortal. Ningún hombre puede entrar en el ruedo y decir que saldrá vivo. Ser mujer de un torero no es como ser mujer de un militar, ya que el militar se gana la vida incluso cuando no hay guerra, ni como serlo de un marino, que se va para mucho tiempo, pero que va en un barco que lo protege, ni como serlo de un boxeador, que no afronta la muerte. Ser mujer de un torero no puede compararse con nada. Y si yo tuviera una hija no le desearía semejante destino.

La vieja señora. —¿Tiene usted alguna hija, caballero?

—No, señora.

La vieja señora. —Entonces, al menos por ahora, no tenemos que inquietarnos por ella; pero me gustaría que los toreros no contrajesen esas enfermedades.

—¡Ah, señora!, no encontrará usted ningún hombre que sea hombre que no lleve sobre sí alguna huella de infortunios pasados. Tendrá una herida aquí, una fractura allí, esta o la otra enfermedad; pero, en fin, un hombre pasa por muchas cosas y conozco un campeón de golf que no coloca nunca tan bien la pelota como cuando tiene gonorrea.

La vieja señora. —¿No cuentan ustedes, pues, con remedios?

—Señora, no hay remedio para nada en esta vida. La muerte es un remedio soberano pira de todos los males, y haríamos mejor dejando ahora esta conversación y marchándonos a cenar. Puede que mientras tanto los sabios lleguen a acabar con esas enfermedades y podamos ver entonces el fin de la moral. Pero, aunque sucedan esas cosas, me gustaría más cenar cochinillo asado en casa de Botín que seguir hablando aquí de las desgracias ocurridas a mis amigos.

La vieja señora. —Vamos, pues, a cenar, que mañana podrá usted contarme alguna cosa más sobre los toros.

Capítulo 11

El toro de lidia es, con relación al toro doméstico, lo que es el lobo respecto al perro; un toro doméstico puede tener mal carácter y ser maligno, como un perro puede ser maligno y peligroso. Pero no tendrá jamás la rapidez, el vigor, la musculatura y nervios ni la particular estampa del toro de lucha, como el perro no puede tener los nervios del lobo, su astucia ni su avidez. Los toros destinados al ruedo son animales salvajes; proceden de una raza que desciende en línea recta de los toros salvajes que en otro tiempo pastaban por la Península, y se crían en dehesas con miles de acres de pastos, donde viven como animales en completa libertad. Sus contactos con los hombres se reducen al mínimo, hasta que aparecen en el ruedo.

Las características físicas del toro de brega son una cobertura espesa y resistente de pelaje, cabeza pequeña aunque de frente amplia, cuernos duros y curvados, cuello grueso y corto con una giba de músculos que se alza cuando el toro se irrita, amplio lomo, pezuñas pequeñas y rabo largo y delgado. La hembra del toro de lidia no tiene una estampa tan sólida como la del macho; la cabeza es más pequeña, los cuernos más cortos y delgados, el cuello más largo, la papada es menos pronunciada bajo el hocico, el pecho es menos amplio y no tiene ubres visibles. En corridas de aficionados, en Pamplona, he visto con frecuencia a esas vacas embestir como toros y voltear a los que se ponían a su alcance, y he oído invariablemente a los visitantes extranjeros llamarlas bueyes, porque no mostraban ningún distintivo de su condición de hembras ni dejaban que apareciese a la vista nada que lo revelara. Viendo a la hembra del toro de lidia es cuando se percibe con más claridad la diferencia entre el animal salvaje y el animal doméstico.

Una de las afirmaciones que se hacen con más frecuencia, a propósito de los topes, es la de que la vaca es más peligrosa que el toro cuando acomete, porque el toro cierra los ojos, en tanto que la vaca los mantiene abiertos. No sé quién habrá lanzado semejante idea a la circulación, pero no hay en ella ni un solo adarme de verdad. Las hembras que se emplean en las corridas de aficionados embisten casi invariablemente al hombre antes que a la capa; lo achuchan de través, en vez de acometerlo por derecho, y, con frecuencia, la toman con algún hombre o con algún muchacho en particular y lo persiguen en medio de una multitud de quinientas personas; pero no es porque haya en la hembra una inteligencia innata superior, como supondría inmediatamente Virginia Woolf, sino porque, como las becerras no aparecen jamás en las corridas normales y nada se opone, pues, a que sean enteramente educadas en todas las fases de la lidia, los toreros las emplean para entrenarse con la capa o con la muleta. Tanto si se trata de un novillo como si se trata de una ternera, cuando se lo emplea varias veces en ejercicios de capa o de muleta, lo aprende todo enseguida, lo recuerda, y, si es un toro, queda en consecuencia inutilizado para una corrida regular en la que todo está montado sobre el principio de que es el primer encuentro del toro con un hombre a pie. Si el toro no está familiarizado con la capa ni con la muleta y acomete por derecho, el torero puede crear por su cuenta el peligro toreando lo más cerca posible del terreno del toro; y es así como podrá intentar una gran variedad de pases, escogiéndolos él mismo y ordenándolos en secuencias destinadas a producir la emoción que busca, en lugar de verse forzado a emplearlos como recursos defensivos. Pero si el toro se ha batido ya en otras ocasiones, irá constantemente hacia el hombre en derrotes oblicuos y, para encontrarlo, intentará perforar la franela con los cuernos, de modo que será él el que creará el peligro y forzará constantemente al hombre a la retirada y a la defensiva, lo que hará imposible cualquier pase limpio y una lidia brillante.

La corrida está montada sobre la base de que, al entrar en la plaza sin ninguna experiencia de los hombres a pie, el toro tenga el tiempo justo de aprender a desconfiar de todos sus artificios y llegar al sumo del peligro en el momento de entrar a matar. El toro aprende tan rápidamente en el ruedo que, si la corrida transcurre con lentitud, si está mal dirigida o si se prolonga en diez minutos, se hace casi imposible matarlo según los medios prescritos en las reglas del espectáculo. Esta es la razón de que los toreros practiquen y se entrenen siempre con novillas, que, después de algunas sesiones, se vuelven tan listas, dicen los toreros, que son capaces de hablar griego y latín. Una vez bien instruidas, se las suelta en la plaza para los aficionados, unas veces con los cuernos desnudos y otras con las puntas enfundadas en unas pelotas de cuero. Llegan rápidas y ágiles como ciervos, dispuestas a ejercitarse con los capeadores, para derribar, destrozar, atravesar, perseguir e inspirar terror a todos, hasta el momento en que, cuando están fatigadas, se hace entrar en la plaza a los cabestros, que se las llevan a los corrales, donde descansarán hasta su próxima aparición. Las vacas de lidia o vaquillas parecen gustar de semejantes exhibiciones. No se las aguijonea, no se les pone nada sobre el lomo, no se las irrita para hacerlas embestir, y, sin embargo, parece que les gusta embestir y cornear, de la misma manera que a un gallo de riña le gusta pelearse. Desde luego, no reciben ningún castigo, mientras que la bravura del toro se juzga por el modo como se comporta frente al castigo.

El maniobrar con toros de lidia ha sido posible gracias al

espíritu gregario de los toros, que permite conducirlos en grupos de seis o más, mientras que un solo toro, aislado del grupo, embestiría inmediatamente y con insistencia cualquier cosa, hombre, caballo o cualquier objeto moviente, ya fuera un vehículo o cualquier otro bulto que se le pusiera delante, hasta acabar con él. El empleo de bueyes especialmente adiestrados para ello permite agrupar y engañar a los toros de la misma manera que se hace con los elefantes salvajes cuando son capturados y agrupados en manadas por elefantes domesticados. Entre todas las fases de la lidia, una de las más interesantes es ver cómo se comportan los bueyes cuando se procede a cargar a los toros para transportarlos, separándolos, conduciéndolos por pasadizos que llevan hasta las jaulas, y en todas las numerosas operaciones relacionadas con la crianza, el transporte y el desembarco de los toros de lidia.

En otros tiempos, antes de que se los transportase en jaulas por ferrocarril o a veces en camiones, cosa que se hace desde que se construyeron buenas carreteras en España, y que es la manera mejor y menos fatigosa de transportarlos, los toros eran llevados por todos los caminos de España. Los toros de lidia iban rodeados de bueyes, y el conjunto de la manada marchaba vigilado por los mayorales a caballo, provistos de lanzas protectoras semejantes a las de los picadores, levantando una nube de polvo a su paso y haciendo correr a los habitantes de los pueblos, que echaban inmediatamente los cerrojos de sus puertas, y a través de las ventanas miraban pasar por las calles los lomos largos y polvorientos, los largos cuernos, los ojos vivos, los hocicos húmedos, los cuellos con las esquilas de los cabestros, y las chaquetillas cortas, los rostros atezados y los sombreros grises de copa alta de los mayorales. Cuando están juntos y caminan en manada, los toros son tranquilos, porque les da confianza el sentimiento del número, y el instinto gregario les hace seguir al conductor. Todavía se conduce a los toros de esta manera en las provincias alejadas de las vías férreas y se ve algunas veces a alguno de ellos desmandarse, es decir, distanciarse de la manada. Un año que estábamos en España, la cosa sucedió ante la última casa de un pueblecito de la región de Valencia. Un toro tropezó y cayó, y los otros lo habían rebasado ya cuando se puso en pie. Lo primero que vio fue una puerta abierta, donde estaba un hombre; cargó sobre él, lo levantó en vilo y lo lanzó hacia atrás por encima de su cabeza. En la casa no vio a nadie y el toro entró por las buenas. En un dormitorio había una mujer sentada en una mecedora. Era muy vieja y no había oído nada. El toro hizo trizas la mecedora y mató a la vieja en un santiamén. El hombre que había lanzado al aire cuando estaba en la puerta apareció con una carabina para proteger a su mujer, que yacía en un rincón, adonde el toro la había arrojado. Disparó casi a quemarropa pero no hizo más que rozarle el lomo. El toro se lanzó sobre el hombre, lo mató, vio un espejo, se abalanzó sobre el espejo, embistió e hizo trizas un gran armario antiguo y luego salió a la calle. Avanzó un poco, encontró un caballo y una carreta, embistió y mató al caballo, derribando la carreta. El conductor se había quedado dentro. Los mayorales de la manada, mientras tanto, se habían dado cuenta de lo sucedido y volvían por el camino al galope de sus caballos, levantando una nube de polvo. Hicieron adelantarse a dos bueyes, que atraparon al toro, y, tan pronto como se puso un buey a cada uno de sus flancos, la giba de su espalda se bajó, agachó la cabeza y, trotando entre los dos cabestros, se reintegró tranquilamente a la manada.

Se han visto en España toros que embestían a un automóvil e incluso detenían un tren, poniéndose en la vía férrea y negándose a retroceder o a dejar libres los raíles mientras el tren estaba detenido, y cuando, al fin, con gran estridencia de silbato, el tren se ponía en marcha, el toro cargaba a ciegas contra la locomotora. Un toro de lidia verdaderamente bravo no tiene miedo a nada, y en algunas ciudades de España montan espectáculos especiales y bárbaros, tales como un toro acometiendo incansablemente a un elefante; otros toros han matado leones y tigres, contra los que se lanzaban tan alegremente como si fueran picadores. Un verdadero toro de lidia no tiene miedo a nada ni a nadie y, en mi opinión, es el animal más hermoso que pueda verse, ya sea en movimiento o en reposo. Partiendo al mismo tiempo que un caballo, un toro de lidia lo vence en una carrera de veinte kilómetros, aunque un caballo lo vence en una carrera de cuarenta. El toro puede girar sobre sus pies tan rápidamente como un gato y puede dar la vuelta más rápidamente que un poney, y a los cuatro años tiene fuerza suficiente en los músculos del cuello y del lomo para levantar en vilo a un caballo y su jinete y arrojarlos por encima de sus costillas. Muchas veces he visto yo a los toros embestir con los cuernos —o, mejor dicho, con el cuerno, ya que emplean siempre uno u otro— las tablas de la barrera, de dos centímetros y medio de espesor, y hacerlas trizas; y en el museo del ruedo, de Valencia, hay un estribo de hierro que un toro de la ganadería de don Esteban Hernández perforó de una cornada hasta una profundidad de diez centímetros. Y este estribo se conserva, no porque sea un caso único, sino porque, en esta ocasión, el picador, milagrosamente, no resultó herido por la cornada.

Hay un libro, hoy agotado en España, titulado *Toros célebres*, que contiene las crónicas de unos cuantos toros célebres por orden alfabético según los nombres que les dan los ganaderos, con su manera de morir y sus hazañas, en unas trescientas veintidós páginas en total. Hojeándolo al azar, encontraréis a Hechicero, de la ganadería de Concha y Sierra, un toro gris que en 1844 envió en Cádiz al hospital a todos los picadores y a todos los toreros que tomaban parte en la corrida, un mínimo de siete hombres, después de haber matado a siete caballos. Víbora, de la ganadería de don Jesús Bueno, fue un toro negro que, en Vista Alegre, el día 9 de agosto de 1908, nada más entrar en el ruedo, saltó la barrera y embistió al carpintero de la plaza, Luis González, al que abrió una enorme herida en el muslo derecho. El torero encargado de matar a Víbora fue incapaz de hacerlo y el toro fue devuelto a los corrales. La cosa no sería digna de recordarse al cabo de tanto tiempo, excepto, acaso, por lo que se refiere al carpintero, y si Víbora figura en el libro, es, probablemente, porque su acción tenía algo de intempestiva y a causa, sin duda, de la impresión reciente que había hecho sobre los posibles compradores del libro, más que por ningún motivo de verdadero interés permanente. No se hace mención de lo que el matador, llamado Jaqueta, que no aparece en la historia más que en esta ocasión, hizo antes de ser declarado incapaz de matar a Víbora, y el toro pudo haber sido memorable por una razón más importante que el mero hecho, poco excepcional, de haber corneado al carpintero. Yo he visto con mis propios ojos a dos carpinteros corneados en una corrida y no he escrito jamás una línea sobre el particular.

El toro Zaragoza, criado en el cortijo de Lesireas, se escapó cuando lo llevaban a la plaza en Boetia (Portugal) el día 2 de octubre de 1898, e hirió a numerosas personas. Un muchacho, a quien perseguía, entró corriendo en el ayuntamiento y el toro corrió tras él y subió por la escalera hasta el primer piso, donde, según el libro, causó grandes daños. Es muy probable que lo hiciera, en efecto.

Comisario, de la ganadería de don Victoriano Ripamilán, un toro rojo con ojos de perdiz y largos cuernos, fue el tercer toro que había que lidiar el día 14 de abril de 1895, en Barcelona. Comisario saltó la barrera, se lanzó sobre las primeras filas del tendido y, saltando entre los espectadores, según dice el libro, produjo el desorden y los daños que cabe suponer. El guardia civil Isidro Silva le dio un sablazo y el cabo de la Guardia Civil Ubaldo Vigueras disparó con su carabina; la bala atravesó los músculos del cuello del toro y fue a alojarse en el lado izquierdo del pecho de un monosabio, Juan Recasens, que murió inmediatamente. Se acabó atrapando a Comisario con una cuerda y murió a puñaladas.

Ninguno de estos episodios pertenece a los dominios de la tauromaquia pura, salvo el primero, ni tampoco puede incluirse en esta historia el caso de Hurón, un toro de la ganadería de don Antonio López Plata que se batió contra un tigre de Bengala el 24 de julio de 1904, en la plaza de San Sebastián. Combatieron en una jaula de acero, y el toro acometía al tigre; pero en una de las cargas rompió la jaula, y los dos animales salieron al ruedo donde se hallaban los espectadores. La policía, tratando de acabar con el tigre moribundo y con el toro, que estaba muy vivo todavía, disparó varias salvas, «que causaron diversas heridas a varios espectadores». Leyendo la historia de estos variados encuentros entre toros y otros animales, tengo que deducir que eran espectáculos que se debían evitar, o, al menos, que convenía contemplar desde los palcos más altos de la plaza.

El toro Oficial, de la ganadería de los hermanos Arribas, que fue lidiado en Cádiz el día 5 de octubre de 1884, cogió y corneó a un banderillero, saltó la barrera, corneó tres veces al picador Chato, cogió a un guardia civil, rompió una pierna y tres costillas a un guardia municipal y rompió el brazo a un sereno. Habría sido un animal ejemplar para defenderse de la policía cuando esta aporrea a los manifestantes ante el ayuntamiento. De no haber muerto podría haber producido una estirpe de toros que odiaran a la policía y que hubiera devuelto a la multitud las ventajas que ha perdido hoy en día en las luchas callejeras desde la desaparición de los adoquines. Un adoquín, a corta distancia, es más eficaz que una porra o un sable. La desaparición de los adoquines ha hecho más por evitar el derrocamiento de los gobiernos que las ametralladoras, las bombas lacrimógenas y las pistolas automáticas. Porque, cuando un gobierno no quiere matar a los ciudadanos, sino simplemente golpearlos, desbandarlos y obligarlos a someterse con golpes planos de sable, no hay razón para que tal gobierno sea derribado. Todo gobierno que emplea contra sus ciudadanos las ametralladoras, aunque no sea más que una vez, caerá automáticamente. Se mantienen los regímenes con las porras y los golpes planos de los sables, no con las ametralladoras y las bayonetas, y, mientras hubo adoquines, no fue posible nunca aporrear a un populacho desarmado.

El tipo de toro que recordarían los aficionados a la fiesta brava, más bien que los aficionados a los combates con la policía, es Hechicero, que llevó a cabo sus hazañas en la plaza, contra toreros entrenados y desafiando el castigo. Hay en esto la misma diferencia que entre los combates de la calle, de ordinario más apasionantes, prodigiosos y útiles, pero de los cuales no hablamos, y un campeonato de boxeo. Cualquier toro puede matar al escaparse a un gran número de gentes y originar daños considerables, sin recibir castigo. Pero cuando, en su confusión y excitación, el toro salta al tendido, las gentes que están a su alcance corren menos peligro que un torero en el acto de entrar a matar; porque el toro, entonces, carga ciegamente contra la multitud y no trata de asestar contra ella sus cuernos. Un toro que salta la barrera, salvo si da el salto en persecución de un hombre, no es un toro bravo. Es un toro cobarde, que trata sencillamente de escapar del ruedo. El toro realmente bravo acepta el combate y cualquier invitación a la pelea; el toro combate, no porque se vea obligado y arrinconado, sino porque quiere, y ese valor suyo se mide y puede ser medido solo por el número de veces que, libre y voluntariamente, sin pataleos, baladronadas ni amenazas, acude al combate con el picador y por la insistencia que muestra bajo la pica, cuando la punta de acero de la puya ha entrado en los músculos de su cuello o de su lomo y continúa su embestida, y después de haber comenzado a recibir realmente el castigo, con el hierro en el cuerpo, insiste hasta que el hombre y el caballo son derribados. Un toro bravo es aquel que, sin ninguna vacilación y aproximadamente en el mismo sitio de la plaza, carga cuatro veces contra los picadores, sin prestar atención al castigo que recibe, y embiste una y otra vez con el acero dentro de su cuerpo, hasta que ha derribado al jinete y su montura.

Solamente por su comportamiento bajo la pica se puede juzgar y apreciar la bravura de un toro, y la bravura del toro es la raíz primaria de la fiesta brava. La bravura de un toro verdaderamente bravo es algo sobrenatural e increíble. Esa bravura no es simplemente malignidad, mal carácter o impulso de un animal acometido por el pánico y provisto de cuernos. El toro es un animal de combate y, cuando la raza ha permanecido pura gracias a una crianza cuidadosa, ese mismo toro se convierte, cuando no lucha, en el más tranquilo y apacible de todos los animales. No son los toros más difíciles de manejar los que proporcionan los mejores espectáculos; los mejores toros de lidia poseen una cualidad, llamada nobleza por los españoles, que es la cosa más extraordinaria que puede verse. El toro es un animal salvaje cuyo mayor placer consiste en la pelea, y aceptará la que le ofrecen bajo cualquier forma, replicando a todo lo que tome por desafío. Sin embargo, los mejores toros de combate reconocen y saben quién es el mayoral o guardián que los tiene a su cargo y, durante su viaje hasta la plaza, le permiten a veces hasta que los golpee y que los acaricie. He visto un toro que en los corrales dejaba al mayoral que le diera golpecitos en la nariz y lo rascase, como si fuera un caballo, y le dejaba incluso montar sobre sus costillas, y que, cuando entró en la plaza, sin que lo hubieran irritado previamente, cargó contra los picadores, mató cinco caballos y se mostró en el ruedo maligno como una cobra y bravo como una leona.

Por supuesto, no todos los toros son nobles; por uno que quiera hacer amistad con el mayoral, hay cincuenta que serían capaces de embestirlo incluso cuando les lleva de comer, si vieran cualquier movimiento que les hiciera pensar que estaba desafiándolos. Tampoco son bravos todos los toros. Cuando tienen dos años, el ganadero pone a prueba su bravura enfrentándolos con un picador a caballo, ya sea en un corral cerrado o en campo abierto. El año anterior se los ha marcado con hierro candente, y, para hacerlo, los hombres a caballo los han derribado por medio de largas picas emboladas, y cuando, a los dos años, se los enfrenta con la prueba de las picas con punta de acero de los picadores, ya tienen su número y su nombre, y el ganadero anota las manifestaciones de bravura hechas por cada uno. Los que no son bravos, si el ganadero es escrupuloso, son destinados al sacrificio; los otros son consignados en el libro según la bravura de que han dado muestras, de manera que, cuando el ganadero hace un envío de seis toros a la plaza para una corrida, puede dosificar las cualidades de su envío según le apetezca.

El herradero se hace como en los ranchos de cría de ganado del Oeste norteamericano, salvo en lo que se refiere a las precauciones tomadas para separar los novillos de sus madres y a la necesidad de no estropear sus cuernos ni sus ojos, y a las complicaciones mismas del marcaje. Los hierros se calientan en un gran fuego y consisten en la marca del ganadero, que ordinariamente es una combinación de letras o un emblema, y en diez hierros más, que llevan los números 0, 1, 2, 3, 4, 5, 6, 7, 8, 9. Los hierros de marcaje tienen un mango de madera y las extremidades se colocan en el fuego hasta que están al rojo vivo. Los novillos están en un corral, y el fuego con los hierros, en otro; los corrales se comunican por una puerta, y, cuando se abre, los novillos, conducidos por los vaqueros, entran uno por uno en el corral de marcaje, donde son tumbados en tierra y mantenidos en esta posición. Hacen falta de cuatro a cinco hombres para mantener en el suelo a un futuro toro de lidia, novillo todavía, y esos hombres han de tener mucho cuidado de no estropear sus cuernos, que están naciendo, porque un novillo con los cuernos estropeados no se acepta jamás en una corrida de toros importante; el ganadero tendría, entonces, que venderlo para una novillada o para una corrida eventual y así perdería por lo menos dos tercios de su valor probable. También hay que tener mucho cuidado con los ojos, ya que una simple paja en el ojo del toro puede acarrearle un defecto de visión que lo hará inadecuado para la plaza. Mientras marcan al toro, un hombre le sujeta la cabeza, y los otros las patas, el cuerpo y el rabo. La cabeza del novillo se coloca generalmente sobre un saco de paja para protegerla todo lo posible, las patas se atan juntas y el rabo se empuja entre las patas. La marca principal se pone en el muslo posterior derecho, y los números en un flanco. Se marca tanto a los machos como a las hembras. Una vez hechas las marcas, se les hienden las orejas con la marca de la casa y se cortan los pelos de la extremidad del rabo de los machos con unas tijeras, para que vuelvan a crecer más largos y sedosos. Luego se deja libre al novillo, que se levanta furioso y carga contra todo lo que encuentra, sea lo que sea, hasta que, por último, sale por la puerta abierta del corral de marcaje. El herradero o día del marcaje es la operación más ruidosa, polvorienta y desordenada de todas las que se relacionan con la lidia. Y cuando un español quiere pintar la extraordinaria confusión de una mala corrida la compara con un herradero.

La prueba real de la bravura que se hace en un corral cerrado es, en cambio, una operación mucho más tranquila. Se ponen a prueba los toros cuando alcanzan los dos años. Cuando tienen un año son demasiado jóvenes y no serían lo suficientemente fuertes para soportar la prueba, y a los tres años son demasiado poderosos y peligrosos, y, además, se acordarían muy bien de lo que se les ha hecho. Si se los prueba en un corral cerrado, este puede ser cuadrado o redondo, y estará provisto de burladeros o refugios de tablas detrás de los cuales se meterán algunos hombres con capas. Estos son toreros profesionales, o aficionados invitados a la prueba, a los que se les ha prometido una ocasión para que se ejerciten con las novillas, y que aprovechan también la oportunidad para ejercitarse con los novillos.

El corral, por lo común, tiene unos treinta metros de largo, es decir, la mitad de lo que es un ruedo grande; los toros de dos años están en un corral adyacente y entran uno por uno en el corral de prueba. Cuando entran, un picador, que lleva sombrero de cuero y la chaquetilla corta de los mayorales, los espera, con una larga pica de unos tres metros y medio terminada en una punta de acero triangular, ligeramente más corta que la usada en la lidia habitual. El picador coloca su caballo de espaldas a la puerta por donde ha de entrar el toro joven, y aguarda tranquilamente. Nadie en el corral dice una palabra ni el picador hace nada para excitar al toro, ya que lo más importante de la prueba es ver si el toro embiste voluntariamente sin ser acosado ni importunado en manera alguna.

Cuando el toro joven embiste, todo el mundo toma nota de su estilo, observando por ejemplo si ha embestido desde bastante lejos, sin patear el suelo ni mugir antes, y si cuando llega junto al caballo mantiene las patas bien hacia atrás y embiste con toda su fuerza, y sigue en su embestida para alcanzar al hombre y al animal mientras el acero se hunde en su cuerpo, utilizando para ello toda la fuerza de sus patas traseras, que es muy grande, y la de su lomo, que es menor, o si lleva las patas hacia delante y no embiste más que con el cuello para tratar de zafarse de la pica, y luego gira bruscamente y abandona la carga cuando ha sido castigado. Si no embiste de ninguna manera y si el ganadero es escrupuloso, es destinado a la castración y al matadero. Si recibe esa condena, el ganadero grita entonces ¡buey!, en lugar de decir ¡toro!, que es lo que dice cuando el animal es aceptado para la lidia.

Si el toro derriba con su empuje al caballo y al hombre, cosa que hasta un toro de dos años puede hacer a veces, los toreros deben alejarlo con las capas, aunque ordinariamente no se permite que los toros vean capas. Cuando ha embestido al picador una vez, o dos a lo sumo, si no se ha podido juzgar su estilo ni su bravura probable en la primera embestida, se abre la puerta del campo y se lo deja en libertad. El modo como cada toro acoge su libertad, ávidamente o contra su gusto, lanzándose afuera rápidamente o volviéndose a la puerta para mirar hacia atrás, animado por el afán de seguir luchando, proporciona indicaciones útiles sobre su posible comportamiento en la plaza.

La mayor parte de los ganaderos se resisten a que los toros embistan más de una vez. Tienen la convicción de que el toro lleva en sí un determinado número de puyas que puede aceptar, y, si aguanta dos o tres en la tienta, son otras tantas menos las que admitirá en la plaza, de modo que prefieren confiar en la estirpe de los toros y hacen la prueba más a fondo con los toros destinados a sementales y con las novillas. Los ganaderos creen que los vástagos de un toro excepcional y de hembras verdaderamente bravas son, en principio, buenos toros y reconocen como toro a todo el que ha cumplido los dos años y es perfecto de cornamenta y de cuerpo, sin haber hecho ninguna prueba de su bravura.

A las vacas destinadas a la reproducción se les permite a veces embestir al picador, que las prueba hasta doce y quince veces, y los toreros, con pases de capa y de muleta, prueban su capacidad de embestida y su disposición para seguir la tela. Es de la mayor importancia que las vacas sean de mucho valor y sigan bien la tela, ya que estas son cualidades que van a transmitir a sus vástagos. Las vacas tienen que ser vigorosas, bien conformadas y testarudas. Por lo demás, si tienen defectos de cornamenta, no es cosa importante porque, en general, tales defectos no se transmiten. Sí puede transmitirse una tendencia a tener cuernos más cortos, y los ganaderos que se proponen hacer sus productos más atractivos a los toreros, de manera que elijan los toros de ellos, siempre que tengan ocasión de especificar en su contrato la clase de toros que prefieren lidiar, tratan a menudo de acortar la longitud de los cuernos con una selección cuidadosa, y se esfuerzan por mantener la longitud del cuerno en el mínimo autorizado por el delegado del Gobierno y en conseguir cuernos de puntas bajas, que pueden pasar por debajo de la rodilla del torero cuando el toro agacha la cabeza para embestir, mejor que una cornamenta alta, que pasaría peligrosamente más cerca del cuerpo del torero cuando este se echa hacia delante para matar.

Los toros destinados a la reproducción son probados con el mayor rigor. Si, después de haber servido para la reproducción durante algunos años, se los envía al ruedo, resultan fácilmente reconocibles. Parecen saberlo todo sobre los picadores. Embisten a menudo con bravura, pero son capaces de hacer saltar la pica de las manos del hombre con sus cuernos, y yo he visto a uno que, haciendo caso omiso de la pica y el caballo, se alzaba hasta enganchar al hombre y desmontarlo. Si han sido probados con capa y con muleta suelen resultar imposibles de matar, y un torero que ha firmado un contrato para matar dos «toros nuevos» está en su derecho si rechaza tales toros o si mata a estos animales, que lo saben todo, de la mejor manera posible. Según la ley, todo toro que ha aparecido en la plaza tiene que ser sacrificado inmediatamente, para evitar que se lo emplee más de una vez. Pero esta ley se viola a menudo en las provincias y se viola siempre en las capeas o corridas de aficionados, que fueron durante mucho tiempo prohibidas por la ley. Un toro semental que ha sido probado a fondo no tiene la habilidad de esos toros asesinos, pero se ve que ya ha sido lidiado, y cualquier espectador inteligente puede ver la diferencia al primer golpe de vista. En la tienta es importante no confundir la fuerza del toro joven con su bravura. Un toro puede ser lo suficientemente vigoroso para derribar caballero y montura al embestir, si la puya ha resbalado, lo que proporciona un bonito espectáculo, mientras que, si la puya se mantiene firme, puede quedar tranquilo bajo el castigo, negarse a insistir y, al final, volver la cabeza. Se hace la tienta en corrales en Castilla, en la región de Salamanca, en Navarra y en Extremadura; pero en Andalucía suele hacerse la prueba a campo abierto.

Los que preconizan la prueba a campo abierto dicen que la verdadera bravura de un toro no puede revelarse más que así, ya que en el corral se siente arrinconado, y todo animal arrinconado lucha. A campo abierto, sin embargo, se va cabalgando cerca de los toros hasta que los toros se vuelven, y entonces se los derriba con las largas picas que llevan los jinetes o se los excita de alguna otra manera antes de que embistan al picador, mientras que en corral se los deja absolutamente solos y no se los acosa de ninguna manera; así es que las dos pruebas tienen ventajas más o menos igualadas. La prueba en campo abierto, con toda una multitud de invitados a caballo, es más pintoresca, y el método del corral da una idea más precisa de las condiciones reales de la plaza.

Para el que le gusten los toros, todas las operaciones de su crianza son de gran atractivo, y en el curso de las pruebas se come bien, se bebe bien, se hacen amigos, se gastan bromas, se ve el mal trabajo de capa del aficionado de la aristocracia y, con frecuencia, el excelente trabajo de capa hecho por los limpiabotas de visita, que aspiran a ser toreros, y se pasan días estupendos con el olor del aire fresco del otoño, del polvo del cuero y de los caballos ensillados, y con los grandes toros no demasiado lejos, que parecen enormes en los campos, tranquilos, pesados y dominando el paisaje con su confianza.

Se crían toros de lidia en las provincias de Navarra, Burgos, Palencia, Logroño, Zaragoza, Valladolid, Zamora, Segovia, Salamanca, Madrid, Toledo, Albacete, Extremadura y Andalucía; pero las principales regiones son Andalucía, Castilla y Salamanca. Los toros más grandes y los de mejor casta provienen de Andalucía y de Castilla, y los que están más cerca de lo que piden los toreros proceden de Salamanca. Navarra cría muchos toros todavía, pero su forma, su tipo y su bravura han degenerado mucho en los últimos veinte años.

Todos los toros bravos pueden ser divididos en líneas generales en dos clases: los que son criados y seleccionados para los toreros y los que se crían para placer de los ganaderos. Salamanca está en uno de esos dos casos extremos y Andalucía en el otro.

Pero en este momento se estarán diciendo ustedes que hay muy poca conversación en este libro. ¿Por qué no hay más diálogo? Lo que nos gusta, cuando leemos un libro de ese ciudadano, son personas que hablen; es lo único que sabe hacer, y ahora no lo está haciendo. El pobre hombre no es un filósofo ni es un sabio; es un zoólogo incompetente, bebe demasiado, no sabe poner los puntos en su sitio, y, por si fuera poco, ahora ha dejado de escribir diálogos. Alguien tendrá que ponerlo en su sitio. Ha perdido con los toros el poco seso que le quedaba. Ciudadano, tiene usted razón: vamos a dialogar un poco.

—¿Qué pregunta usted, señora? ¿Hay alguna cosa más que le gustaría saber a propósito de los toros?

—Así es, caballero.

—¿Qué es lo que querría saber? Pregúnteme lo que quiera, que yo le contestaré absolutamente a todo.

—Es una cosa muy difícil de preguntar, caballero.

—Vamos, no se deje intimidar; hábleme con franqueza, como hablaría usted a su médico o a otra mujer. No tenga reparos en preguntarme lo que realmente quiera saber.

—Caballero, me gustaría estar informada sobre la vida amorosa de los toros.

—Señora, ha ido usted a parar al sitio más adecuado.

—Entonces, explíquese usted, caballero.

—Sí, señora; es un tema tan importante como pueda serlo cualquier otro. Es un tema que combina la popularidad, un poco de sexualidad, mucho de informaciones útiles y que, por lo mismo, induce al diálogo. Señora, la vida sentimental de estos animales es tremenda.

—No esperaba menos, caballero; pero ¿no podría usted proporcionarme algunas estadísticas?

—Nada más fácil. Los pequeños terneros nacen en los meses del invierno.

—No es de los pequeños terneros de lo que yo querría oír hablar.

—Tenga usted paciencia, señora. Todas las cosas acaban por llevarnos a los pequeños terneros, de manera que es preciso comenzar por ellos. Los ternerillos nacen, pues, en los meses del invierno, y si cuenta usted hacia atrás nueve meses con los dedos, como supongo que toda persona casada ha hecho alguna vez, aunque en otro sentido, se encontrará usted con que si los terneros nacen en diciembre, enero y febrero, los toros han tenido que estar con las vacas en marzo, abril y mayo, y, en efecto, eso es lo que sucede generalmente. En una buena dehesa hay de doscientas a cuatrocientas vacas, y para cada medio centenar de vacas hay un toro. La dehesa corriente cuenta con doscientas vacas y cuatro toros sementales. Esos toros tienen de tres a cinco años, y algunos, más.

»Cuando a un toro se lo deja por vez primera suelto entre las vacas, nadie sabe cómo va a comportarse, aunque un aficionado a las apuestas apostaría a que el toro iba a mostrarse contentísimo con sus compañeras. Pero a veces el toro no quiere saber nada de ellas ni ellas de él, y se pelean salvajemente con los cuernos, formando un escándalo de cuernos que se entrechocan de tal modo que puede oírse de un extremo al otro de la dehesa. A veces, un toro determinado cambia de actitud en favor de una vaca, aunque la cosa es rara, y otras veces los toros se ponen tranquilamente a pastar con las vacas, pero las abandonan para volver con los otros toros, que, por estar destinados a la plaza, no tienen permiso en ningún caso para frecuentar a las vacas. El resultado ordinario es aquel por el que quería apostar el aficionado a las apuestas, y un solo toro puede bastar para cincuenta vacas, aunque si tuviera demasiadas vacas acabaría por fatigarse y quedar impotente. ¿Es este el género de hechos que usted quería conocer, señora, o estoy hablando con excesiva crudeza?

—Nadie se atrevería a decir, caballero, que presenta usted los hechos de otra manera más que con la franqueza y la rectitud que conviene a un cristiano, y encontramos todo esto de lo más instructivo.

—Muy agradecido, señora; voy a tratar de referirle un hecho curioso. El toro, como animal, es polígamo, pero, de cuando en cuando, se encuentra un individuo monógamo. A veces un toro toma un interés especial en la dehesa por una de las cincuenta vacas con que tiene que tratar, y no hace ningún caso a las demás; el tal toro no quiere tratar más que con su vaca y se niega a abandonarla, manteniéndose siempre junto a ella en los pastos. Cuando esto ocurre, se aparta a la vaca de la manada, y, si el toro no vuelve entonces a la poligamia, se lo envía con los otros toros destinados al ruedo.

—Me parece una historia muy triste, caballero.

—Señora, todas las historias, si se las lleva lo bastante lejos, acaban con la muerte, y un narrador de verdaderas historias no lo puede evitar. En especial, todas las historias de monogamia acaban con la muerte y todo hombre que, como monógamo, ha tenido una vida de lo más dichosa muere del modo más solitario. Excepto el suicida, no hay hombre más solo a la hora de la muerte que quien ha vivido muchos años con una buena esposa y la sobrevive. Si dos seres se aman, la cosa no puede tener un fin dichoso.

—Caballero, no sé qué es lo que usted entiende por amor. Esa palabra no suena en sus labios de una manera muy sensata.

—Señora, es una palabra muy antigua y cada cual la toma como nueva y acaba por gastarla. Es una palabra que se llena de significación, como se hincha una vejiga de aire, y el sentido se escapa de ella con la misma velocidad. Se la puede pinchar, como se pincha una vejiga, echarle un remiendo e hincharla de nuevo. Y si usted no ha pasado por esa prueba, es que no existe para usted. Todo el mundo habla del amor, pero todos los que lo han probado llevan la marca, y yo no querría hablar más de esto, porque, de todas las cosas que conozco, es la más ridícula para hablar, y solo los imbéciles se atreven a hablar de ella repetidas veces. Preferiría atrapar la viruela antes que enamorarme de otra mujer, ya que por el momento me gusta la que tengo.

—Pero ¿qué tiene que ver todo eso con los toros, caballero?

—Nada, señora; nada en absoluto. Es solo un poco de conversación, para que reciba usted lo que ha pagado con su dinero.

—Encuentro el asunto interesante. Pero ¿cómo quedan señaladas las personas que han pasado por lo que usted dice? ¿O es solamente una manera de hablar?

—Todos los que han probado el amor, cuando el amor se ha alejado de ellos, llevan una huella de muerte. Lo digo como naturalista, no como romántico.

—¿Sabe usted que eso no me divierte?

—No lo hago por divertirla, señora, sino solamente para que reciba usted lo que ha pagado con su dinero.

—Pero a veces me divierte usted mucho.

—Señora, con un poco de suerte, trataré todavía de seguir divirtiéndola.

Capítulo 12

Nadie podrá decir viendo un toro de lidia en los corrales si será bravo en la plaza o no, aunque, en general, cuanto menos nervioso es un toro, cuanto más tranquilo parece y cuanto más calmoso se presenta, hay más probabilidades de que se revele como bravo. La razón de todo ello es que, cuanto más bravo, más confianza tiene en sí mismo, menos trata de alardear de su bravura. Todos los signos exteriores que da un toro, como patear el suelo, amenazar con sus cuernos y bramar, no son más que baladronadas. Son avisos que da para que la lucha se evite si es posible. El toro verdaderamente bravo no avisa antes de embestir, sino que observa fijamente a su enemigo, alza la cresta muscular de su cuello, agita una oreja y en el momento en que embiste levanta el rabo. Un toro perfectamente bravo, si está en plena forma, no abrirá jamás la boca ni sacará la lengua fuera durante la lidia, y en el momento final, con la espada hundida en su cuerpo, irá hacia el hombre, mientras sus patas se lo permitan, con el hocico enérgicamente cerrado para no perder sangre.

Lo que hace a un toro bravo es, en primer lugar, la sangre guerrera de la casta, que no se puede conservar más que a través de las pruebas concienzudas de las tientas, y, en segundo lugar, su propio estado de salud y su condición o forma. La salud y la forma no podrían reemplazarse con una crianza escrupulosa, pero la falta de una o de otra arruinaría la bravura natural y heredada del animal, haría su cuerpo incapaz de responder a los envites o permitiría que su bravura se consumiera como fuego de paja, después de haber arrojado una llamarada que deja al toro vacío y agotado. Siempre que no haya habido enfermedades en la dehesa, salud y forma están determinadas por los pastos y el agua.

Lo que señala las diferencias son los distintos pastos y aguas en las diversas regiones de España, que dependen de las diferencias del clima, la composición del suelo, las distancias que la manada tiene que recorrer para ir al abrevadero, desde donde pasta. España es más bien un continente que un país, por lo que se refiere a la variación de climas, ya que el clima y la vegetación del norte, de Navarra, por ejemplo, no tienen nada en común con los de Valencia o los de Andalucía, y, salvo en ciertas partes de Navarra, ninguno de ellos se parece en nada a los de las altas mesetas de Castilla. Ocurre, pues, que los toros criados en Navarra, Andalucía y Salamanca se diferencian enormemente, y esta diferencia no se debe a que provengan de razas diferentes. Los toros navarros son casi una raza distinta; son más pequeños y, por lo general, de color rojizo, y cuando los ganaderos de Navarra toman toros sementales y vacas de los cortijos andaluces y tratan de aclimatarlos en Navarra, los andaluces adquieren invariablemente los defectos de los toros del norte, tales como el nerviosismo, la falta de limpieza en el ataque y la falta de verdadera bravura, y pierden su carácter original sin ganar nada de la rapidez, el valor y la velocidad casi de ciervo que caracterizan a las estirpes de Navarra. Los toros de Navarra están a pique de degenerar a causa de los cruces llevados a cabo a expensas de la estirpe original navarra y de la venta de las mejores vacas a Francia, hace algunos años, para emplearlas en lo que allí llaman la *course landaise*, una versión francesa de la corrida, y a causa, en fin, de la ineptitud de las razas andaluzas y castellanas para conservar su tipo y su bravura en los pastos del norte; se han hecho experiencias costosas para lograr una estirpe navarra nueva y bravía, pero nada se ha conseguido. Los mejores toros de lidia provienen de Andalucía, Colmenar, Salamanca y, excepcionalmente, de Portugal. Los toros de más casta son de Andalucía. Las razas andaluzas han sido llevadas a Salamanca y pervertidas por una crianza encaminada a menguar su talla y la largura de sus cuernos al objeto de complacer a los toreros. Salamanca es la provincia ideal para la crianza de toros. Los pastos y las aguas son buenos y los toros que proceden de esta región son vendidos cuando tienen menos de cuatro años; pero, con frecuencia, para que parezcan más grandes y viejos, se los alimenta durante algún tiempo con grano, lo que proporciona una capa de grasa que les cubre los músculos, y una buena falsa apariencia así como una engañosa salud, cuando, en realidad, lo que sucede es que se fatigan muy deprisa y tienen el resuello corto. Muchos toros de Salamanca, si los llevaran a la lucha a los cuatro años y medio o a los cinco, cuando están en su talla natural y no tienen necesidad de ser hinchados con grano para alcanzar el peso exigido por las leyes, serían toros ideales si no fuese por la inclinación que tienen a perder su franqueza y su bravura en cuanto pasan del cuarto año. Solo de vez en cuando veréis en Madrid una corrida de semejantes toros; pero, gracias a la publicidad que les proporciona tan espléndido lote y la ayuda y la connivencia que les prestan los toreros, los mismos ganaderos que envían una corrida tan estupenda a la capital venden a las provincias en una sola temporada quince o veinte corridas compuestas de toros que no llegan a la edad exigida, inflados de grano para que parezcan muy gordos, y que ofrecen el mínimo de peligro a causa de su inexperiencia en el uso de los cuernos, todo lo cual priva al espectáculo de lo que le da su sentido y contribuye a favorecer la decadencia de la fiesta.

En efecto, el tercer factor que hace al toro, después de la raza y las condiciones físicas, es su edad. Cuando falta alguno de esos tres factores no se puede tener un toro de lidia completo. Es verdad que, después de los tres años, el toro parece adulto, pero no lo es. La madurez aporta vigor, resistencia y, sobre todo, sabiduría. La sabiduría de un toro consiste principalmente en la memoria que tiene de las experiencias que ha corrido; porque el toro no olvida nada, en el conocimiento que tiene de sus cuernos y en su habilidad para valerse de ellos. Es el cuerno el que hace la lidia, y el toro ideal es aquel cuya memoria está limpia de toda posible experiencia de lucha, de modo que todo lo que sea capaz de aprender lo aprenda en la misma plaza, dominado, si el torero lo lidia como tiene que hacerlo, o dominador, si el torero se muestra inhábil o cobarde. Y para que haga el peligro más real y ponga a prueba la destreza del torero para manejar un toro convenientemente, el toro debe saber servirse de sus cuernos. A los cuatro años el toro posee ya esa habilidad, que ha adquirido luchando en la dehesa, único sitio donde puede adquirirla. Ver a dos toros batirse en una dehesa es un espectáculo magnífico. Se sirven de sus cuernos como el esgrimidor se sirve del florete. Atacan, paran el golpe del adversario, hacen fintas, bloquean y tienen una puntería que resulta asombrosa. Cuando los dos combatientes saben servirse igualmente de sus cuernos, el combate acaba generalmente como acaba el combate entre dos boxeadores realmente diestros, una vez que todos los golpes peligrosos han sido rechazados, sin efusión de sangre y con un respeto mutuo. No han tenido necesidad de matarse uno a otro para decidir el combate y el toro que pierde es el primero que abandona el campo, reconociendo la superioridad de su rival. Los he visto batirse una y otra vez por motivos pequeños que no llegaba a adivinar; ponían cabeza contra cabeza, hacían fintas con su cuerno favorito, entrechocaban los cuernos con gran ruido, paraban los golpes y volvían a atacar, hasta que, de repente, uno de los toros giraba sobre sí mismo y salía al galope. Una vez, sin embargo, después de una de esas luchas en que uno de los toros había resuelto marcharse, reconociendo su derrota, el otro lo persiguió, lo embistió, le hincó el cuerno en el flanco y lo derribó. Antes que el toro vencido pudiera ponerse en pie, el otro volvió a lanzarse sobre él y empezó a cornearlo con grandes embestidas de la cabeza y el cuello. El toro vencido logró ponerse una vez en pie, giró sobre sí mismo para hacerle frente; pero en el primer intercambio de golpes recibió una cornada en un ojo y fue derribado de una nueva embestida. Después de eso su adversario lo mató, sin haberlo dejado ponerse siquiera en pie. Antes de la corrida a que estaba destinado dos días más tarde, ese mismo toro mató a otro en los corrales, pero cuando llegó al ruedo fue uno de los mejores toros que he visto, tanto para los toreros como para el público. Había adquirido, como se sabe, una gran destreza en la cornada, pero no era maligno en el empleo de sus cuernos, sino que, simplemente, sabía servirse de ellos; el espada, Félix Rodríguez, lo dominó, hizo un trabajo espléndido con la capa y con la muleta y lo mató de una manera perfecta.

Puede ocurrir que un toro de tres años sepa valerse de sus cuernos, pero el caso es excepcional. A esa edad el toro no cuenta con la suficiente experiencia. Los toros de más de cinco años saben servirse bien de su cornamenta y tienen tal experiencia y habilidad que el afán de triunfar y defenderse al mismo tiempo impide al torero hacer nada brillante. Estos toros proporcionan una lidia interesante, pero es necesario un conocimiento muy profundo de la lidia para apreciar el trabajo del espada. Casi todos los toros tienen un cuerno que prefieren emplear mejor que el otro, y ese es el que se llama cuerno maestro. A veces son zurdos o diestros con el cuerno, de la misma manera que las personas son zurdas o diestras con las manos; pero, a diferencia de estas, no muestran una preferencia señalada por el cuerno derecho. Cualquier cuerno puede ser el cuerno maestro. Se conoce qué cuerno es el maestro cuando los banderilleros hacen correr al toro con la capa, al comienzo de la lidia, pero a veces puede también conocerse de otra manera. Por ejemplo, cuando el toro va a embestir o cuando está furioso, sacude una de las orejas y a veces las dos; la oreja que agita, ordinariamente, está en el mismo lado que el cuerno que emplea con frecuencia.

Los toros se distinguen mucho unos de otros por la manera que tienen de valerse de sus cuernos, y algunos son llamados asesinos por el modo de atacar a los picadores; esos toros no embisten hasta estar seguros de que van a alcanzar el bulto y entonces, cuando están a la distancia precisa, hincan el cuerno en la parte vulnerable del caballo, con la misma seguridad que si fuera un puñal. Son toros que, en general, durante la crianza atacaron al mayoral o mataron a un caballo, se acuerdan de cómo lo hicieron y, en lugar de embestir desde cierta distancia y tratar de derribar al caballo y al hombre, buscan solamente alcanzar al picador por debajo, de una manera o de otra, y, a veces, golpean con los cuernos el palo de la puya para quitárselo de encima y colocar el cuerno donde quieren. Por esta razón, el número de caballos muertos por un toro puede no ser una indicación de su bravura ni de su fuerza, porque un toro de cuerno asesino matará caballos en circunstancias en que un toro más bravo y más fuerte se contentaría acaso con derribar al caballo y al jinete y, en su cólera, se olvidaría incluso de atacar con el cuerno.

El toro que ha dado una cornada a un hombre tratará, probablemente, de repetir la hazaña. Un gran número de toreros que fueron heridos y murieron en la plaza habían sido antes golpeados y derribados por el toro que al final los mató. Desde luego, esa repetición de cornadas en el curso de una misma corrida es debida con frecuencia a que el hombre se queda aturdido o privado de su agilidad, o ha perdido el sentido de la distancia a causa del primer golpe; pero también es verdad que el toro que ha cogido al hombre detrás de la tela, o cuando acaba de ponerle un par de banderillas, intentará repetir el proceso por el que ha logrado alcanzarlo; dará un envite en el momento en que pasa cerca del hombre siguiendo la capa o la muleta, o bien se detendrá en seco en medio de la embestida, o abandonará bruscamente la tela para dirigir su cuerno hacia el hombre, intentando, en fin, por todos los medios rehacer la maniobra por la que el hombre fue alcanzado la primera vez. Hay, incluso, ciertos linajes de toros en los que la disposición para aprender rápidamente en el ruedo está extremadamente desarrollada. Estos toros tienen que ser lidiados y matados lo más rápidamente posible, con la menor exposición por parte del torero, ya que si la lidia normal no progresa adecuadamente aprenden enseguida y se hacen exageradamente difíciles de lidiar y de matar.

Toros de esta clase son los de la vieja casta de toros de lidia criada por los hijos de don Eduardo Miura, de Sevilla, aunque los hijos de este ganadero, que fue uno de los más escrupulosos que ha habido, hayan intentado conseguir toros menos peligrosos y más aceptables para los toreros, cruzándolos con toros de la casa de Vista Hermosa, que es la casta más noble, más brava y más franca de todas las castas, y hayan obtenido toros que tienen el aspecto imponente, los cuernos y el resto de la apariencia de los antiguos y mortales Miuras, sin tener su inteligencia feroz y rápida, que los hacía ser maldecidos por todos los toreros. Hay un linaje de toros que tienen la casta, la sangre, la talla, la fuerza y la fiereza de los antiguos miuras y que son criados en Portugal por don José Palha, y, si habéis visto alguna vez una corrida con esos toros, habréis visto lo que son toros en el más alto grado de salvajismo, fortaleza y peligro. Se dice que las praderas de Palha, donde pastan los toros maduros, están a doce kilómetros del agua, cosa que yo no garantizo porque no lo he visto, y que los toros desarrollan su gran vigor, su impulso y su resistencia porque tienen que ir tan lejos para beber. Fue un primo de Palha quien me lo dijo, aunque yo no he tenido ocasión de comprobarlo nunca.

Hay castas de toros de lidia que son particularmente estúpidas y bravas y hay otras que son inteligentes y bravas; y hay castas también que tienen características distintas, que son características individuales y que, sin embargo, persisten en la mayor parte de los toros de la estirpe. Los toros que criaba y poseía en otro tiempo el duque de Veragua eran buen ejemplo de ello. Estos toros, al comienzo del siglo y durante muchos años después, fueron considerados como los más bravos, los más poderosos, los más rápidos y los más hermosos de todos los toros de la Península; pero lo que veinte años antes eran solo características secundarias acabaron por convertirse en caracteres dominantes de toda la estirpe, arruinándola. Cuando eran toros casi perfectos, una de sus características más acusadas era su gran rapidez al correr en el primer tercio de la lidia, cosa que dejaba al toro sin aliento y sin fuerzas al final. Otra característica suya era que, una vez que un Veragua había alcanzado y corneado a un hombre o a un caballo, no lo dejaba sino que lo atacaba una y otra vez, como si quisiera destruir por completo a su víctima; pero eran muy bravos, embestían fácilmente y seguían bien la capa y la muleta. Al cabo de veinte años no quedaba nada o casi nada de las buenas cualidades originales, excepto la rapidez en las primeras embestidas, mientras que la tendencia del toro a hacerse pesado y lento a medida que la lidia avanzaba se fue acentuando de tal forma que un toro de Veragua estaba casi muerto de pie antes de ponerse en contacto con los picadores. La tendencia a encarnizarse con la víctima persistía enormemente exagerada, pero la rapidez, la energía y la bravura habían quedado reducidas al mínimo. Así es como las grandes castas de toros pueden perder su valor, a despecho de los cuidados escrupulosos del ganadero, que intentará hacer cruces con otras castas, cosa que es el único remedio, y a veces logrará obtener una nueva casta de buenos toros, aunque, por lo común, lo único que consigue es degenerar la raza todavía más deprisa y hacerle perder todas las cualidades que tenía.

Un ganadero sin escrúpulos puede comprar toros de buena casta y, aprovechándose de su reputación, su buena presencia y su bravura, vender como toro todo lo que tiene cuernos y no es vaca, con lo que acabará por destruir el buen nombre de la ganadería aunque reúna cierta cantidad de dinero en pocos años. No destruirá el valor de la casta, mientras la sangre permanezca y los toros tengan los pastos y el agua que les hacen falta, pero destruirá su reputación. Un ganadero concienzudo, en cambio, cogerá los mismos toros y, probándolos cuidadosamente, sin vender para las corridas más que los que sean realmente bravos, logrará el restablecimiento de la ganadería en poco tiempo. Pero cuando la sangre que ha hecho la reputación de una casta se empobrece y los defectos que no eran más que características secundarias se hacen dominantes, entonces la raza está acabada, con excepción de algún buen toro que salga de cuando en cuando, a menos que se revivifique con algún cruce feliz y arriesgado. Yo he visto los últimos toros buenos de la raza de la casa de Veragua, su rápida degeneración y su fin, y era triste el verlo. El actual duque ha acabado por vender su ganadería, y sus nuevos propietarios intentan ahora revivir la casta.

Los toros de media raza, o toros que tienen un poco de sangre de lidia y que se llaman moruchos, son a veces muy bravos cuando todavía son novillos, y muestran las mejores cualidades de la raza de lidia; pero cuando llegan a la edad adulta pierden su bravura y todo su estilo, y son completamente impropios para la plaza. Este declive de la bravura y del estilo al alcanzar la completa madurez es característica de todos los toros en que la raza de lidia está mezclada con sangre ordinaria, y es la principal dificultad con que tienen que enfrentarse los ganaderos de Salamanca. Esto no es resultado de la mezcla de razas sino de una característica, al parecer, peculiar de los toros criados y alimentados en esta región. De donde resulta que si el ganadero de Salamanca quiere que sus toros salgan con el máximo de bravura, tiene que venderlos jóvenes. Estos toros, todavía inmaduros, han hecho más daño a la lidia, en todos los aspectos, que cualquier otra cosa.

Las principales ganaderías de donde proceden los mejores tipos de toros de hoy, directamente o por diversos cruces, son las de Vázquez, Cabrera, Vista Hermosa, Saavedra, Lesaca e Ibarra.

Los ganaderos que crían en estos momentos los mejores toros son los hijos de Pablo Romero, de Sevilla; el conde de Santa Coloma, de Madrid; el conde de la Corte, de Badajoz; doña Concepción de la Concha y Sierra, de Sevilla, hija de la famosa viuda de Concha y Sierra; doña Carmen de Federico, de Madrid, propietaria actual de la raza Murube; los hijos de don Eduardo Miura, de Sevilla; el marqués de Villamarta, de Sevilla; don Argimiro Pérez Tabernero, don Graciliano Pérez Tabernero y don Antonio Pérez Tabernero, de Salamanca; don Francisco Sánchez de Coquilla, de la provincia de Salamanca; don Florentino Sotomayor, de Córdoba; don José Pereira Palha, de Villafranca de Xira, Portugal; la viuda de don Félix Gómez, de Colmenar Viejo; doña Enriqueta de la Cova, de Sevilla; don Félix Moreno Ardanuy, de Sevilla; el marqués de Albayda, de Madrid, y don Julián Fernández Martínez, de Colmenar Viejo, que posee la vieja casta de don Vicente Martínez.

—No hay una palabra de conversación en este capítulo, señora, y, sin embargo, hemos llegado al final. Lo lamento mucho.

—Más lo lamento yo, caballero.

—¿Qué le gustaría? ¿Más historias sobre pasiones de casta? ¿Una diatriba contra las enfermedades venéreas? ¿Algunas frases brillantes sobre la muerte y la descomposición? ¿O le gustaría conocer la aventura que le ocurrió al autor con un puerco espín durante los años juveniles que pasó en los condados de Emmett y de Charlevoix, en el estado de Michigan?

—Se lo ruego, caballero; basta de animales por ahora.

—¿Qué le parecería entonces una de esas homilías sobre la vida y sobre la muerte, que son una verdadera delicia de escribir para todo autor?

—Realmente, no puedo decir que tenga muchos deseos de oírlas. ¿No tiene usted nada de un género que nunca haya leído, divertido pero instructivo? No me siento muy en forma hoy.

—Señora, tengo exactamente lo que le hace falta. No se trata de animales salvajes ni de toros; está escrito en estilo popular y podría considerarse como el *Snow Bound* del Whittier de nuestro tiempo, y al final está lleno de conversación.

—Si hay diálogo me gustaría leerlo.

—Léalo, pues; la historia se llama así: «Historia natural de la muerte».

—No me gusta el título.

—Yo no he dicho que fuese a gustarle. Puede ocurrir que no le guste nada de nada en este relato. Pero aquí está.

HISTORIA NATURAL DE LA MUERTE

Me ha parecido siempre que no se tiene en cuenta suficientemente la guerra como campo de observación para los naturalistas. Tenemos encantadores y serios estudios sobre la flora y la fauna de la Patagonia de W. H. Hudson; el reverendo Gilbert White ha escrito cosas de mucho interés sobre la abubilla con motivo de sus visitas ocasionales y nada vulgares a Selborne, y el obispo Stanley nos ha brindado una *Historia de los pájaros* de gran valor, de carácter divulgatorio. ¿No podríamos intentar ofrecerle al lector algunos hechos interesantes en relación con la muerte? Yo creo que sí.

Cuando el incansable viajero Mungo Park se encontraba, en cierto momento de su incursión, desfallecido en la inmensidad salvaje del desierto africano, desnudo y solo, convencido de que sus días estaban contados y de que no le quedaba sino dejarse caer en tierra y morir, llamó su atención una pequeña flor de extraordinaria hermosura: «Aunque la planta no era más grande que uno de mis dedos, no pude menos de contemplar con admiración la delicada estructura de sus raíces, de sus hojas y de sus botones. ¿Podía el Ser que había plantado, regado y conducido a tal perfección una cosa que parecía de tan poca importancia, en aquella parte tan oscura del mundo, contemplar con indiferencia la suerte y los sufrimientos de criaturas formadas a su imagen y semejanza? Seguramente no. Tales meditaciones no permitieron que desesperara; me levanté y, sin acordarme del hambre y la fatiga, seguí adelante, convencido de que hallaría pronto alguna solución; y no me engañé».

Si se tiene tal inclinación a admirar y adorar, como dice el obispo Stanley, ¿es que hay alguna rama de la historia natural que pudiera estudiarse sin reforzar esta fe, ese amor y esa esperanza que cada uno de nosotros necesita en ese viaje a través de la extensión salvaje de la vida? Veamos qué inspiración se puede sacar de los muertos.

En la guerra, los muertos son, en general, machos de la especie humana; esto no es, por lo demás, absolutamente cierto en lo que se refiere a los animales, ya que he visto a menudo yeguas muertas junto a los caballos. Otro aspecto interesante de la guerra es el de que solamente en ella los naturalistas tienen ocasión de observar la muerte de los mulos. En veinte años de experiencia de la vida civil, no había visto jamás mulos muertos, y había comenzado a abrigar algunas dudas sobre la mortalidad de esos animales. En algunas ocasiones vi lo que se me antojaban mulos muertos; pero, al acercarme, resultaba que eran criaturas vivas que parecían muertas a causa de su estado de perfecto reposo. Pero, en la guerra, estos animales sucumben de una manera muy análoga a como perecen los caballos más corrientes y menos endurecidos.

La vieja señora. —Creí que había dicho usted que no iba a hablar de animales.

—No será por mucho tiempo. Un poco de paciencia, señora. Es muy difícil escribir lo que estoy escribiendo.

La mayor parte de los mulos que yo he visto muertos

estaban a lo largo de caminos escarpados o al pie de declives pronunciados, por donde habían sido empujados para desembarazar el camino de estorbos. Este espectáculo parecía que tuviera su lugar adecuado en las montañas, donde se está acostumbrado a su presencia, y parecían menos incongruentes de lo que me parecieron más tarde en Esmirna, cuando los griegos rompían las patas de todos sus animales de carga y los arrojaban desde el muelle a las aguas bajas, para que se ahogasen. Todos aquellos mulos y caballos con las patas tronchadas, que se ahogaban en las aguas bajas, estaban pidiendo un Goya que los pintara. Es verdad que, hablando escrupulosamente, no se puede decir tampoco que reclamasen un Goya, puesto que solo ha habido un Goya en el mundo, que murió hace mucho tiempo, y es más que dudoso que si esos animales hubiesen sido capaces de reclamar algo hubieran reclamado una representación pictórica de su situación; de haber poseído la capacidad de decir algo, habrían reclamado seguramente a alguien que hubiera mitigado un poco su suerte.

La vieja señora. —Ya ha escrito usted de esos mulos en otra ocasión.

—Ya lo sé, y lo lamento mucho; pero no me interrumpa. Le prometo que no volveré a escribir sobre ellos.

Por lo que toca al sexo de los muertos, es un hecho que se está acostumbrado de tal modo a que los muertos sean hombres, que la vista de una mujer muerta resulta sorprendente. La primera vez que vi una inversión del sexo habitual de los muertos fue después de la explosión de una fábrica de municiones, que estaba situada en los alrededores de Milán, en Italia. Nos encaminamos al lugar del desastre en camiones, a lo largo de carreteras sombreadas de álamos y bordeadas de fosos que contenían una vida animal abundante y diminuta, aunque ya no podía observarla claramente por culpa de las grandes nubes de polvo levantadas por los camiones. Al llegar al sitio donde estaba la fábrica de municiones, algunos de nosotros fueron enviados en patrulla a los polvorines que, por algún motivo, no habían estallado aún, mientras que otros se encargaban de apagar el fuego que se había extendido a la hierba de un campo adyacente. Una vez llevada a cabo esta tarea, se nos ordenó que explorásemos los alrededores inmediatos y los campos vecinos para recoger los cadáveres. Encontramos un buen número de ellos y los llevamos a un depósito improvisado, y tengo que reconocer francamente que fue una sorpresa ver que esos cadáveres eran por lo general de mujeres, más que de hombres. Por entonces, las mujeres no habían empezado todavía a cortarse los cabellos, como hicieron luego durante varios años en Europa y en Estados Unidos, y la cosa más perturbadora, quizá porque era la más insólita, era la presencia de aquellas largas cabelleras, y a veces la ausencia, lo que aún era más turbador. Recuerdo que, después de haber buscado los cuerpos completos, se recogieron los pedazos. Muchos de estos se encontraron en la ancha alambrada de espino que rodeaba la fábrica y entre lo que quedaba de ella, y aquellos pedazos dispersos ilustraban demasiado bien la formidable energía de los poderosos explosivos. Encontramos también muchos pedazos a una distancia considerable en los campos, hasta donde su propio peso los había llevado. A nuestro regreso a Milán, me acuerdo de que uno o dos de nosotros discutimos el acontecimiento y coincidimos en la opinión de que la atmósfera de irrealidad del suceso y la ausencia de heridos habían contribuido en gran parte a quitar horror al desastre, que habría podido ser mucho mayor. Además, la rapidez de los sucesos y el hecho de que, en consecuencia, manejar y transportar los muertos resultara lo menos desagradable que cabía hacían de todo ello algo muy distante de la experiencia habitual del campo de batalla. El camino a través de la magnífica campiña lombarda, placentero aunque polvoriento, había sido una compensación de lo poco grato de la tarea; a nuestro regreso, al cambiar impresiones, convinimos en que había sido una suerte también que el fuego que había estallado poco antes de nuestra llegada hubiera podido ser dominado tan rápidamente, antes de haber alcanzado ninguno de los depósitos, aparentemente enormes, de municiones intactas. También convinimos en que la recogida de los fragmentos había sido algo extraordinario; era realmente asombroso ver cómo puede el cuerpo humano estallar en pedazos, que se separan, no según las líneas anatómicas, sino tan caprichosamente como un obús de gran potencia explosiva se fragmenta cuando estalla.

La vieja señora. —Yo no encuentro eso nada divertido.

—Deje de leer entonces, señora. Nadie la obliga a seguir leyendo. Pero, se lo ruego, no me interrumpa más.

Un naturalista puede limitar sus investigaciones a un período definido, con objeto de llevar a cabo una indagación más precisa, y yo quiero considerar, en principio, el que siguió a la ofensiva austríaca del mes de junio de 1918, en Italia, porque es uno de los períodos en que los muertos se presentaron en mayor cantidad. Después de una retirada forzosa, se había hecho un avance para recuperar el terreno perdido, de manera que, tras la batalla, las posiciones eran las mismas de antes, salvo en lo que se refiere a la presencia de los muertos. Hasta que se procede a su entierro, los muertos cambian de aspecto todos los días. El color pasa, en las razas caucásicas, del blanco al amarillo verdoso y al negro. Cuando se los deja un tiempo suficiente expuestos al calor, la carne acaba por parecerse al alquitrán, sobre todo en las partes donde ha quedado abierta o destrozada, y tiene visiblemente la iridiscencia del alquitrán. Los muertos crecen de día en día hasta hacerse demasiado grandes para sus uniformes, que les quedan tan justos que parece que van a reventar. Los miembros, separadamente, pueden aumentar de volumen hasta un punto increíble, y los rostros se hinchan y toman la forma tersa y redonda de un balón. Lo que más sorprende en esta corpulencia tumefacta es la cantidad de papeles que aparecen diseminados en torno a un muerto. Su última posición, antes que se los disponga para los funerales, depende del emplazamiento de los bolsillos del uniforme. En el ejército austríaco, los bolsillos estaban detrás del pantalón, y, en consecuencia, al cabo de poco tiempo los muertos se encontraban todos boca abajo, con los dos bolsillos de atrás con el forro vuelto y todos los papeles que los bolsillos habían guardado diseminados sobre la hierba. El calor, las moscas, la postura de los cuerpos en la hierba y aquella cantidad de papeles dispersos son las impresiones que uno conserva. El olor de un campo de batalla en tiempo caluroso no se puede evocar. Se puede uno acordar de que había tal olor, pero nada podrá jamás hacerlo revivir. No es como el olor de un regimiento, que puede surgir de pronto en la imaginación cuando va uno en el tranvía, por ejemplo, mira a un hombre uniformado y se da uno cuenta de que ese hombre es el que lo ha hecho recordar. Pero el otro olor desaparece de una forma tan completa como cuando se ha estado haciendo el amor. Uno se acuerda de lo que ha sucedido, pero no puede revivir la sensación misma.

La vieja señora. —Me gusta mucho siempre que usted escribe sobre el amor, caballero.

—Muchas gracias, señora.

Uno se pregunta qué es lo que el perseverante viajero Mungo Park habría podido ver en un campo de batalla en tiempo caluroso para que le devolviera la confianza. Había, desde luego, amapolas entre los trigos porque era a finales de junio o julio. Los zarzales estaban en flor y se podían ver olas de calor elevarse del cañón de los fusiles, cuando el sol los alumbraba a través de la pantalla de las hojas; la tierra se había puesto de un amarillo brillante al borde de los agujeros abiertos por los obuses de gas mostaza, y una casa en ruinas es más hermosa de contemplar que la que no ha sido jamás bombardeada. Pero pocos viajeros habrían sido capaces de respirar a todo pulmón el aire de aquel comienzo de verano o de concebir pensamientos del género de los de Mungo Park sobre los que habían sido formados a imagen de Dios.

Lo primero que llamaba la atención sobre los muertos era que, cuando habían sido heridos con suficiente gravedad, morían como animales. Unos habían muerto muy deprisa, de una pequeña herida que uno habría imaginado que no habría podido matar a un conejo. Morían de pequeñas heridas, como mueren a veces los conejos por dos o tres pequeños fragmentos de metralla que apenas parecen haber perforado la piel. Otros morían como gatos, con el cráneo abierto y un trozo de metralla en el cerebro, y habían estado agonizando durante dos días, como los gatos que se arrastran por la carbonera con una bala en el cerebro y no mueren hasta que no se les corta la cabeza. Quizá los gatos no mueran tampoco, porque se dice que tienen siete vidas. No lo sé; pero la mayoría de los hombres mueren como animales, no como hombres. Yo nunca había visto lo que se llama una muerte natural, así es que acusaba de todo a la guerra y, como el perseverante viajero Mungo Park, comprendí que había algo distinto, ese algo distinto que está siempre ausente, hasta que vi realmente una muerte natural. La única muerte natural que he visto en mi vida, aparte de la muerte por pérdida de sangre, que no es terrible, fue una muerte de gripe española. En esa muerte se queda uno ahogado de mocos, atragantado, y así es como se sabe que el enfermo se ha muerto. Al final, el enfermo mancha toda la cama. Y así querría yo ver morir a uno de esos que se llaman a sí mismos «humanistas», porque un perseverante viajero como Mungo Park o yo seguiremos viviendo, y quizá sigamos viviendo lo suficiente para ver más de cerca la muerte de los miembros de esa secta literaria y para poder contemplar los nobles mutis que harán. En mis meditaciones de naturalista, me ha acudido a la imaginación algunas veces que, si bien el decoro es una cosa excelente, es preciso que algunas personas sean indecorosas de vez en cuando para que la raza se perpetúe, ya que la postura prescrita para la procreación es indecorosa, eminentemente indecorosa en extremo. Y me ha venido a la imaginación que tal vez eso es lo que son —o eran— dichas personas: hijos de una cohabitación decorosa. Pero, al margen de cómo empezaron, quiero ver acabar a unos pocos y quiero imaginar cómo intentarán los gusanos atacar aquella preservada esterilidad y cómo acabarán sus raros panfletos convertidos en polvo y toda su lujuria reducida a simples pies de notas.

La vieja señora. —Es muy bonito lo que ha dicho de la lujuria.

—Sí; lo he tomado de Andrew Marvell. Aprendí a hacerlo leyendo a T. S. Eliot.

La vieja señora. —Los Eliot eran viejos amigos de mi familia. Creo que eran todos quincalleros.

—Mi tío se casó con una muchacha cuyo padre era quincallero.

La vieja señora. —¡Qué interesante!

Es quizá legítimo ocuparse de los que se tienen a sí mismos por personajes en una historia natural de la muerte, aunque esta designación pueda no significar nada en la época en que se publique este libro. Pero es injusto respecto de los otros muertos, que no eligieron morir en su juventud, que nunca poseyeron revistas y entre los cuales hay algunos que incluso jamás han leído una revista, verlos un buen día de calor, cuando un buen puñado de gusanos trabajaban afanosamente en el lugar donde había estado su boca. No siempre hacía un tiempo caluroso para los muertos; por lo general, era la lluvia la que los lavaba y la que, una vez enterrados, ablandaba la tierra y a veces la seguía ablandando hasta que la convertía en barro, el barro resbalaba y era menester enterrarlos de nuevo. O bien en invierno, en la montaña, había que enterrarlos en la nieve, y, cuando la nieve se fundía en primavera, alguien tenía también que volver a enterrarlos. Por lo demás, tenían magníficos cementerios en las montañas; la guerra en las montañas es la más hermosa de todas las guerras, y en uno de esos lugares, llamado Pocol, enterramos a un general que había muerto de un balazo en la cabeza, en una trinchera. Ahí es donde se engañan los escritores que publican libros titulados «Los generales mueren en la cama». Porque aquel general murió en una trinchera llena de nieve, en lo más alto de las montañas, con un sombrero alpino de plumas de águila en la cabeza, con un agujero en la frente en el que se habría podido meter un dedo meñique, y un agujero en la espalda donde se habría podido meter un puño, si alguien tenía un puño lo bastante pequeño y hubiera querido meterlo, y con mucha sangre sobre la nieve. Aquel había sido un general condenadamente bueno; y era también un general condenadamente bueno el general Von Behr, que mandaba las tropas del *Alpenkorps* bávaro en la batalla de Caporetto, y al que mató, en su coche de Estado Mayor, la retaguardia italiana cuando él se disponía a entrar en Udine a la cabeza de sus tropas. De manera que todos esos libros deberían tener por título «Los generales mueren por lo común en la cama», si queremos ser un tanto precisos en esta clase de asuntos.

La vieja señora. —Pero ¿cuándo comienza la historia, caballero?

—Ahora, señora. Va a oírla usted inmediatamente.

Sucedía también en las montañas que la nieve caía sobre los muertos fuera del puesto sanitario, instalado en el lado protegido de los obuses por la montaña. Se los llevaba a una cueva que se había abierto en el flanco de la montaña, antes de que se helase la nieve. En esta cueva había un hombre con la cabeza rota como una maceta, aunque todos sus pedazos seguían unidos, gracias a membranas y a un vendaje muy bien hecho que se había mojado y endurecido. Dicho hombre tenía un trozo de metralla que le trastornaba el cerebro y llevaba ya en la cueva una noche y un día. Los camilleros pidieron a los médicos que fueran a echarle un vistazo. Ellos lo veían cada vez que hacían una salida y, aunque no lo vieran, lo oían respirar. El médico tenía los ojos rojos y los párpados inflamados y casi cerrados por los gases lacrimógenos, y fue dos veces a ver al hombre; una vez en pleno día y otra vez con una linterna. Esto habría sido también un bonito grabado de Goya; me refiero a la visita con la linterna. Después de verlo por segunda vez, el médico pensó que los camilleros tenían razón cuando decían que el soldado estaba todavía vivo.

—¿Qué quieren que haga con él? —preguntó.

Los camilleros no sabían qué podía hacerse; pero, después de pensarlo un momento, pidieron permiso para sacarlo de la cueva y ponerlo con los heridos graves.

—No, no, no —dijo el médico, que estaba muy ocupado—. Pero ¿qué os pasa? ¿Es que tenéis miedo de él?

—No nos gusta oírlo cuando vamos allí dentro a llevar a los muertos, capitán.

—No lo escuchéis. Si lo sacáis de allí tendréis que volver a llevarlo enseguida.

—Eso no nos importa, capitán.

—No —dijo el médico—. No, no y no, he dicho que no. ¿Es que no me habéis oído?

—¿Por qué no le da una dosis fuerte de morfina? —preguntó un oficial de artillería, que esperaba que le vendasen una herida en el brazo.

—¿Cree usted que eso es lo único que tengo que hacer con la morfina? ¿Querría usted que operase sin morfina? Usted tiene un revólver; vaya y péguele un tiro.

—Ya le han pegado un tiro —dijo el oficial—. Si le hubieran disparado a uno de ustedes, los médicos, actuarían de otro modo.

—Muchas gracias —dijo el médico, agitando un par de pinzas en el aire—. ¿Y qué me dice de estos ojos? —Y los señaló con las pinzas—. ¿Qué es lo que me dice?

—Gases lacrimógenos. Nosotros decimos que tenemos suerte cuando se trata solamente de eso.

—Porque eso les permite abandonar las líneas —dijo el médico—. Porque vienen corriendo con sus gases lacrimógenos para que los evacuen. Se frotan los ojos con cebolla.

—No sabe usted lo que dice; yo no hago caso de sus insultos. Es usted un loco.

Los camilleros entraron en esos momentos.

—Mi capitán —dijo uno de ellos.

—Lárgate ahora mismo —dijo el médico.

Los camilleros se marcharon.

—Le metería una bala a ese pobre diablo —dijo el oficial de artillería—. Soy un ser humano. No lo dejaría sufrir.

—Mátelo —dijo el médico—. Mátelo, entonces. Asuma esa responsabilidad. Yo haré el informe inmediatamente: «Un herido muerto por un teniente de artillería en un puesto de socorro». Mátelo, vamos, mátelo.

—Es usted inhumano.

—Mi obligación es cuidar de los heridos, no matarlos. Eso se queda para los distinguidos artilleros como usted.

—¿Por qué no se ocupa, entonces, de él?

—Ya me he ocupado; he hecho todo lo que se podía hacer.

—¿Y por qué no manda que lo bajen por el teleférico?

—Pero ¿quién es usted para hacerme preguntas? ¿Es usted mi oficial superior? ¿Tiene usted el mando de este puesto sanitario? Hágame el favor de contestar.

El teniente de artillería no dijo nada. Los otros que estaban en la sala eran simples soldados y no había más oficiales por allí.

—Respóndame —insistió el médico, cogiendo una aguja con sus pinzas—. Déme una respuesta.

—Me c... en usted —dijo el oficial de artillería.

—¡Ah! —exclamó el médico—. Ahora me insulta. Muy bien, muy bien. Ya veremos.

El teniente de artillería se levantó y caminó hacia él.

—Me c... en usted —dijo—. Me c... en su madre. Me c... en su abuela.

El médico le arrojó un frasco de tintura de yodo a la cara. El teniente se abalanzó sobre él, ciego, buscando su revólver a tientas. El médico se escurrió rápidamente por detrás, le echó la zancadilla y, mientras caía al suelo, le dio varios puntapiés y recogió el revólver con sus guantes de caucho. El teniente se sentó en el suelo y se llevó la mano buena a los ojos.

—Lo mataré —dijo—. Lo mataré en cuanto pueda ver.

—Yo soy el jefe —dijo el médico—. Todo queda perdonado desde el momento en que usted sabe que yo soy el jefe. Usted no puede matarme, porque tengo su revólver. ¡Sargento! ¡Ayudante, ayudante!

—El ayudante está en el teleférico —dijo el sargento.

—Lave los ojos de este oficial con alcohol y agua. Tiene en ellos tintura de yodo. Tráigame una palangana para lavarme las manos. Me ocuparé de este oficial inmediatamente.

—Usted no me tocará ni un pelo.

—Sujétenlo; delira.

Uno de los camilleros entró.

—Mi capitán...

—¿Qué quiere usted?

—El hombre del depósito de cadáveres...

—¡Largo de aquí!

—Ha muerto, mi capitán. Creí que le gustaría que le informasen.

—Ahí tiene usted, teniente; estábamos discutiendo por nada. Estamos en guerra y discutimos por nada.

—Me c... en usted —dijo el teniente de artillería, que seguía sin ver—. Me ha dejado ciego.

—No es nada —dijo el médico—. Sus ojos se pondrán enseguida bien. No es nada. Una disputa a propósito de nada.

—¡Ay, ay, ay! —gritó de pronto el teniente—. ¡Me ha dejado ciego! ¡Me ha dejado ciego!

—Sujétenlo —dijo el médico—. Padece mucho. Sujétenlo bien.

La vieja señora. —¿Y esto es todo? Creía haberle oído decir que era como el *Snow Bound* de John Greenleaf Whittier.

—Señora, he vuelto a equivocarme. Apuntamos tan alto, que erramos el tiro.

La vieja señora. —Me está gustando usted cada vez menos a medida que voy conociéndolo.

—Señora, es siempre una desgracia conocer al autor.

Capítulo 13

Toda la lidia está fundada en la bravura del toro, en su simplicidad y en su falta de experiencia. Hay varios modos de lidiar a los toros perezosos, a los toros experimentados y a los toros inteligentes; pero el principio de la lidia, la lidia ideal, supone en el toro bravura y un cerebro virgen de todo trabajo anterior en el redondel. Un toro cobarde es difícil de lidiar, porque se niega a embestir a los picadores más de una vez si ha recibido el castigo; de manera que su velocidad no ha sido frenada por los puyazos que debería haber recibido y por el esfuerzo que tendría que haber hecho para replicar, y, en consecuencia, el plan regular de la lidia no puede seguirse, ya que el toro llega intacto y en plena posesión de su velocidad al tercer tercio de la lucha, cuando, en realidad, debería haber llegado con un ritmo moderado. Nadie puede saber con certeza en qué momento embestirá un toro cobarde. El toro cobarde, por lo general, huye del hombre, en lugar de ir hacia él; pero tampoco se puede contar siempre con esto, y es imposible con él toda faena brillante, a menos que el torero tenga la habilidad y el coraje suficientes para arrimarse al toro tan de cerca que le inspire confianza y para apelar a sus instintos, más que a sus inclinaciones; y luego, cuando ha conseguido hacerlo acometer algunas veces, dominarlo y casi hipnotizarlo con la muleta.

El toro cobarde trastorna el orden de la lidia, porque viola las reglas de los tres estadios por los que un toro debe pasar en su encuentro con el torero, los tres estadios que han establecido el orden de la fiesta brava. Cada episodio de la corrida es tanto un resultado como un remedio en relación con cada una de las fases en que se encuentra el toro, y, cuanto más se acerca a su estado normal y menos aparece su condición exagerada, la corrida será más brillante.

Las tres fases por las que pasa el toro se llaman levantado, parado y aplomado. Se llama levantado cuando acaba de salir a la arena, lleva la cabeza alta, achucha sin fijarse especialmente en nada y de una manera general intenta limpiar de enemigos el redondel. Es entonces cuando el toro se muestra menos peligroso, y el torero puede intentar con la capa lances como ponerse de rodillas en el suelo y provocar al bicho con el capote ampliamente desplegado en su mano izquierda, y luego, cuando el toro llega a la capa y agacha la cabeza para acometer, balancear el capote de la mano izquierda a la derecha sin cambiar la postura y hacer que el toro, que se disponía a pasar a la izquierda del hombre arrodillado, siga el movimiento giratorio del capote y vaya a pasar por la derecha. Este pase se llama cambio de rodillas y sería imposible intentarlo, o al menos un suicidio, cuando el toro, a causa de los castigos recibidos y de la precisión de sus acometidas, precisión que aumenta a medida que pierde sus ilusiones y su poder, pasa del levantado al parado.

Cuando el toro está parado, ha reducido su velocidad y está acorralado. En ese momento ya no carga libre y salvajemente de una manera general contra todo lo que se mueve o lo perturba; está desilusionado de su poder para destruir o arrojar de la arena todas las cosas que puedan desafiarlo y, una vez calmado su ardor inicial, reconoce a su enemigo o ve el señuelo que le ofrece, en lugar de ofrecerle su cuerpo, y carga sobre él con la firme resolución de matarlo o destruirlo. Pero entonces se fija cuidadosamente antes de embestir y carga con una arrancada rápida. Este cambio puede compararse a la diferencia que hay entre una carga de caballería, en que toda la confianza está depositada en el choque, la impetuosidad y la dirección total del ataque, dejando el efecto individual al acaso, y una acción defensiva de la infantería, en que cada individuo tiene que hacer fuego, por ejemplo, sobre un objeto determinado. Cuando el toro está parado o moderado, pero todavía en posesión de su vigor y de sus intenciones, es cuando el matador puede hacer con él su trabajo más brillante. El torero puede entonces intentar y conseguir toda clase de suertes con un toro que está moderado, entendiendo por suerte cualquier acción decidida libremente por el hombre (por oposición a las que se ve forzado a llevar a cabo para defenderse o por accidente), y que sería imposible consumar con un toro todavía levantado. Porque un toro que no ha sido moderado por los castigos no presta la atención necesaria, hallándose aún en plena posesión de sus fuerzas y de la confianza en sí mismo, y no concederá importancia ni réplica sostenida a las maniobras del torero. Entre un toro levantado y uno aplomado hay la misma diferencia que entre una partida de naipes con alguien que, no concediendo ninguna importancia al juego por no haber apostado nada, no pone atención en las reglas y resta interés al juego, o con una persona que, habiendo aprendido las reglas del juego, porque se ha visto obligada a ello y porque ha perdido en otras ocasiones, pone en las cartas su fortuna y su vida, concede una grande importancia al juego y a sus reglas, por la precisa razón de que tales reglas le han sido impuestas, y hace todo lo que está en su mano con el mayor interés. Es el matador quien tiene que forzar al toro a entrar en el juego y el que tiene que imponerle sus reglas. El toro no siente ningún deseo de entrar en el juego; solo quiere matar.

El toro aplomado marca el tercero y último estadio por que pasa en la lidia. Cuando está aplomado, se hace pesado, como de plomo; por lo general ha perdido el resuello, y, aunque su fuerza está todavía intacta, ha desaparecido su rapidez.

Ya no lleva la cabeza alta; cargará cuando se lo provoque, pero el que lo incite ha de encontrarse cada vez más cerca. Porque, en esta fase, el toro no quiere cargar si no está seguro de dar en el blanco, ya que se ha visto evidentemente derrotado, tanto ante sí mismo como ante los espectadores, en todas las cosas que ha hecho hasta ese momento. Pero es aún enormemente peligroso.

Es cuando está aplomado el toro cuando se lo mata, particularmente en la corrida de toros moderna. Su grado de agotamiento, pesadez y fatiga depende de la cantidad de embestidas que haya hecho y de los castigos que haya recibido de los picadores, del número de veces que haya seguido las capas y de la medida en que su vigor haya sido mermado por las banderillas, así como del efecto que haya ejercido sobre él el trabajo del matador con la muleta.

Estas distintas fases tienen el fin práctico de regular el porte de la cabeza, de disminuir la rapidez del toro y de corregir cualquier tendencia que tuviese a derrotar de uno u otro lado. Si las fases se han dirigido convenientemente, el toro llega al estadio final de la brega con los recios músculos del cuello fatigados, de manera que no lleva la cabeza demasiado alta ni demasiado baja; su rapidez se ha reducido a menos de la mitad de lo que era al comienzo de la lidia, su atención se fija en el objeto que se le presenta y se ha corregido en él cualquier tendencia a derrotar oblicuamente, de uno u otro lado, pero especialmente con el cuerno derecho.

Estos son los tres estadios principales por los que pasa el toro durante la lidia; tales estadios señalan el progreso natural de su fatiga, si ha sido provocada de manera conveniente. Si el toro no fue lidiado adecuadamente, puede ocurrir que llegue al trance de la suerte final incierto, con la cabeza vacilante, que resulte imposible fijarlo en un sitio y que se mantenga solo a la defensiva. Su impulso combativo, que es tan necesario para una buena corrida, se ha derrochado inútilmente. El toro no siente deseos de embestir y no está dispuesto a proporcionar al torero la ocasión de lucirse. El toro ha podido ser estropeado durante la lidia por un picador que le haya clavado la pica en un omóplato o que se la haya hundido demasiado atrás, en medio de la espina dorsal, en vez de hincársela en el morrillo, estropeando así o dañando gravemente su columna vertebral. También ha podido estropear al toro un banderillero que planta las banderillas en una herida hecha por el picador, clavándoselas tan profundamente que los palos quedan enhiestos, en lugar de pender a los flancos del animal, si, como debe ser, las puntas hubieran sido clavadas simplemente a flor de piel. En fin, también puede quedar el toro incapaz para todo trabajo de lucimiento por el modo como los peones hayan manejado las capas; haciéndolo volverse o revolverse sobre sí mismo, pueden hacer que se tuerza la columna vertebral, que se fatiguen los tendones y los músculos de las patas, que el saco del escroto quede a veces atrapado entre las patas de atrás, y así se puede deshacer su fuerza y mucha de su bravura. También pueden arruinarlo obligándolo a dar vueltas y a que se doble, en vez de obligarlo limpiamente a fatigarse por su propio esfuerzo, haciéndolo acometer por derecho. Pero, si el toro ha sido lidiado convenientemente, pasará por los tres estadios, su fuerza y su temperamento individual irán modificándose y llegará moderado pero intacto al último tercio de la lidia, de forma que el torero pueda doblegarlo con la muleta hasta el punto requerido antes de matarlo.

La primera razón por la que se debe moderar al toro es con el fin de que permita un juego conveniente de muleta, para que el matador pueda calcular y dominar los pases y acrecentar el peligro por su propia voluntad, esto es, tomar él mismo la ofensiva en lugar de verse simplemente obligado a defenderse contra el toro; y la segunda razón es para que se lo pueda matar como es debido con el estoque. La única manera de producir esa moderación de un modo normal, sin pérdida de bravura ni daños en la musculatura del toro causados por los engaños continuos y bruscos de las capas, es hacerlo embestir a los caballos; entonces el toro se agota por su propio esfuerzo al atacar un objeto que puede alcanzar, lo que le produce la impresión de que su bravura queda recompensada y no la de que es engañado continuamente. Un toro que ha embestido a los caballos con éxito, y que ha matado o herido a uno o a varios de sus enemigos, continúa durante el resto de la lidia creyendo que sus acometidas pueden tener éxito y que, si continúa embistiendo, acabará por hundir el cuerno en alguna cosa que merezca la pena. Con un toro así, el espada puede desplegar todas sus capacidades artísticas, de la misma manera que un organista puede pulsar un órgano al que se ha insuflado aire de manera conveniente. El órgano de tubos y, digamos, el órgano de vapor, si el simbolismo es demasiado delicado, son, creo yo, los únicos instrumentos de música en que el ejecutante utiliza una fuerza que estos tenían ya; lo único que tiene que hacer es liberar esa fuerza en las direcciones elegidas por él para producir música, sin necesidad de hacer fuerza él mismo para cambiar los sonidos. Así, pues, el órgano de aire y el órgano de vapor son los únicos instrumentos de música cuyos ejecutantes pueden ser comparados con el torero. Un toro que no embiste es como un órgano cuyo fuelle no tiene aire, o como un órgano de vapor sin vapor, y el juego que puede llevar a cabo el matador con un toro semejante es comparable, en brillo y lucidez, al que haría un organista que tuviese que tocar y, al mismo tiempo, cargar de aire su instrumento, o calentar la caldera de un órgano de vapor.

Aparte los estadios físicos y mentales por que atraviesa el toro sobre la arena, cada toro en particular cambia de moral durante la lidia. El fenómeno más común y, para mí, el más interesante que tiene lugar en el cerebro del toro es el desarrollo de las querencias. Una querencia es un lugar del ruedo hacia el que el toro se siente inclinado a irse, el lugar de su predilección. Esto es una querencia natural, las cuales son muy conocidas e invariables. Pero una querencia accidental es algo más que eso. Es un lugar que, en el curso de la lidia, pasa a ser para el toro «su hogar». Ordinariamente la cosa no se le aparece de golpe, sino que va precisándose en su cerebro a medida que la lidia progresa. En ese lugar, el toro se siente como si tuviera cubiertas las espaldas, y cuando está en su querencia es incomparablemente más peligroso que en cualquier otro momento y casi imposible de matar. Si un torero se encamina a la querencia del toro para matarlo allí, en vez de sacarlo antes de ella, es casi segura la cornada. Y la razón es que el toro, cuando está en la querencia, se halla enteramente a la defensiva; su cornada es una respuesta más que un ataque. Está dispuesto para responder en vez de tomar la delantera para atacar, y, como la rapidez de su vista y de su cuerpo siguen siendo las mismas, la respuesta es más rápida que el ataque, porque lo ve venir, lo detiene y lo vence en el acto. El que ataca tiene que descubrirse, y el que contraataca tiene éxito si es tan rápido como el atacante ya que este está desprotegido, mientras que el que ataca tiene que tratar de forzar esa desprotección. En el boxeo, Gene Tunney fue ejemplo de contraatacador modelo, y los boxeadores que se han mantenido más y que han recibido menos golpes fueron todos contraatacadores excelentes. Cuando el toro está en la querencia, contraataca con el cuerno al ver la espada que se le acerca, como el boxeador responde a un ataque con un golpe; y muchos hombres han pagado con su vida o con graves heridas el no haber querido desalojar al toro de su querencia antes de prepararse para matarlo.

Las querencias naturales de todos los toros son la puerta por donde han entrado en el anillo y la barrera. La puerta, porque les es familiar, y la segunda, porque les proporciona algo contra lo que adosarse, de manera que se sienten al abrigo de un ataque por detrás. Estas son las querencias conocidas, y el torero las utiliza de diversas maneras. Sabe que un toro, por ejemplo, al final de un pase o de una serie de pases, tendrá probablemente inclinación a dirigirse a la querencia natural y, haciéndolo así, prestará poca o ninguna atención a lo que encuentre en su camino. Entonces, el torero puede situar un pase muy bien preparado y muy escultural en el momento en que el toro pasa cerca de él para irse a su refugio. Estos pases pueden ser muy brillantes; el torero se mantiene firme, con los pies juntos y parece que no concede ninguna importancia a la embestida del toro; lo deja que se lance con toda su mole hacia él, sin hacer el más ligero movimiento de retroceso, y los cuernos pasan algunas veces a un centímetro de su pecho; pero, para las personas que conocen la lidia, estos pases no tienen más valor que el de trucos hábiles. Parecen peligrosos, pero no lo son, porque el toro va realmente preocupado por llegar a su querencia, y el espada se contenta con ponerse en su camino. Es el toro el que determina la dirección, la velocidad y el objetivo, de manera que para el verdadero aficionado todo ello carece de valor, ya que en la verdadera lidia, que nada tiene que ver con la corrida de circo, es el hombre quien debe forzar al toro a embestir como al torero le place, haciéndolo describir más bien curvas que líneas rectas; es él quien debe fijar su dirección, y no aprovecharse simplemente de las embestidas del toro cuando pasa cerca de él para hacer filigranas. Los españoles dicen: «Torear es parar, templar y mandar»; es decir, que en la verdadera corrida el matador tiene que permanecer tranquilo, tiene que regular la velocidad del toro con el movimiento de las muñecas y de los brazos que sostienen la tela, y dominar y dirigir la lidia. Cualquier otra manera de combatir o de dar pases esculturales en el trayecto natural del toro, por brillantes que resulten, están fuera de la verdadera lidia, porque entonces es el animal el que manda, y no el torero.

Las querencias accidentales que le vienen al toro durante la corrida pueden ser y son con frecuencia los lugares en que ha tenido algún éxito: donde ha matado a un caballo, por ejemplo. Esta es la querencia más corriente en un toro bravo; pero otra querencia, muy frecuente también en un día caluroso, es cualquier sitio de la plaza donde la arena haya sido regada y refrescada, como, por ejemplo, una boca de riego en que se haya fijado una manguera durante el entreacto para quitar el polvo levantado en la plaza; esto es, un lugar donde el toro siente la arena fresca bajo sus pezuñas. El toro puede también tomar como querencia un lugar donde un caballo murió en una corrida precedente y donde olisquea la sangre, o el lugar donde ha derribado a un torero, o cualquier punto del redondel, sin ninguna razón aparente, nada más que porque se encuentra a su gusto en él. Puede verse cómo la idea de la querencia va abriéndose paso en su cerebro a lo largo de la lidia. Al comienzo, el toro irá a ese sitio para ensayarse; luego, con más confianza y, por último, si el matador no ha advertido esa querencia y no ha apartado al toro de su lugar predilecto, el animal se instalará allí, volviendo el espinazo a la barrera, y se negará a marcharse. Si las cosas suceden así, el torero empezará a sudar de lo lindo. Es preciso desalojar al toro, desde luego, pero este se ha puesto de tal modo a la defensiva, que no responderá a la capa y alejará a todo el mundo con sus cuernos, negándose en redondo a embestir. La única manera de desalojarlo entonces consiste en acercársele lo más posible, de forma que se sienta absolutamente seguro de que va a alcanzar al torero, y entonces, con movimientos bruscos de la capa, o dejándola caer bajo su hocico y tirando de ella poco a poco, se lo hace avanzar unos pasos fuera de su querencia. No es nada divertido este espectáculo, pero es muy peligroso y, en general, durante todo ese tiempo, los quince minutos concedidos al torero para matar al toro se esfuman y el matador se pone más nervioso a cada instante, los peones trabajan cada vez con más peligro y el toro se obstina cada vez más en su refugio. Pero si el torero, impaciente, dice «Muy bien, si quiere morir ahí, que muera», y se acerca para matarlo, será seguramente la última cosa de que se acuerde antes de aterrizar de un pequeño viaje aéreo, con herida de cuerno o sin ella. Porque el toro, que está observándolo mientras se acerca, le arrancará de las manos la muleta y la espada y lo cogerá en un santiamén. Cuando las capas son incapaces de sacar a un toro de su querencia, se le ponen a veces banderillas de fuego, que se colocan en la grupa del toro, por encima de la barrera; estas arden sin llama y luego estallan con un olor de pólvora negra y cartón quemado. Pero yo he visto un toro con banderillas de fuego en su carne, que se alejaba de la querencia como unos veinte pasos, asustado por el ruido, volvía luego y a partir de entonces no prestaba ninguna atención a cualquiera otra tentativa para desalojarlo. En estos casos, el espada puede legítimamente matar al toro de la manera que sea menos arriesgada. Puede atacarlo por un lado, correr en semicírculo delante de su cabeza y darle la estocada mientras un peón atrae su atención con la capa en el momento en que el matador pasa. O bien puede matarlo de cualquier otra forma, de una forma que, si lo intentase con un toro bravo, se arriesgaría a que la multitud lo linchase. Lo que hace falta es matarlo enseguida, aunque no sea bien; porque un toro que sabe valerse de sus cuernos y al que no se puede desalojar de su querencia es tan peligroso para el hombre que se pone a su alcance como una serpiente cascabel y tan poco adecuado como ella para formar parte de una corrida. Otra cosa es que el espada no debería haber permitido al toro que se forjase una querencia tan firme. Tendría que haber comenzado por alejarlo, arrastrarlo hacia el centro de la plaza, quitarle ese sentimiento de seguridad de tener un muro al que puede adosarse y llevarlo hacia otros lugares del redondel, mucho antes de que escogiera una posición precisa y definitiva y se instalara allí. Un día, hace ahora diez años de ello, vi una corrida en la que los seis toros, uno tras otro, tomaron posiciones sólidas, se negaron a abandonarlas y murieron allí. Era una corrida de toros Miura en Pamplona, toros enormes, roanos, altos de patas, largos, con músculos enormes, con lomo y morrillo enormes y con cuernos formidables. Eran los toros más hermosos de aspecto que he visto y, uno tras otro, se pusieron a la defensiva desde el mismo momento en que pisaron la arena. No se puede decir que fueran cobardes, porque defendían su vida seriamente, desesperada, sabia y ferozmente, pero elegían querencia en cuanto entraban en el redondel y se negaban a abandonarla. Aquella corrida duró hasta que se hizo de noche y no hubo en ella un solo momento atractivo ni artístico; fue una tarde, y un comienzo de noche, en que los toros se defendieron contra los toreros y los toreros intentaron matar a los toros en condiciones de peligro y dificultades extremas. En fin, fue todo tan brillante, sobre poco más o menos, como pudo serlo la batalla de Passchendaele, y pido perdón por comparar un espectáculo comercial con una batalla. Habían ido a aquella corrida por vez primera en su vida algunas personas a las que yo había hablado con gran entusiasmo del atractivo, el arte y los méritos de la lidia. Yo había discurseado largo rato, incitado a la elocuencia por dos o tres ajenjos en el café Kutz, y me había dado tan buena maña que había conseguido que mis amigos tuviesen verdaderos deseos de ver los toros, y particularmente de ver aquella corrida. Pues bien, ninguna de esas personas volvió a hablarme después de la corrida y dos de mis interlocutores, entre los que yo esperaba que uno al menos sacara buena impresión, se pusieron malos. Por lo que hace a mí, la corrida me gustó mucho, porque aprendí más sobre la mentalidad de los toros que sin ser cobardes no quieren embestir, cosa rara en las corridas, de lo que podría haber aprendido en una temporada; pero la próxima vez que vaya a un espectáculo de ese género confío en que iré solo. Y confío en no tener ningún amigo ni favorito entre los toreros comprometidos en la lidia.

Aparte de los cambios destructores producidos por el aumento natural de la fatiga y por los abusos del capote, por banderillas colocadas de manera antirreglamentaria o por un puyazo malo, torpe o voluntario, que le ha dañado la espina dorsal o los omóplatos, el toro puede quedarse impotente para el resto de la brega por el empleo deliberadamente abusivo de la pica que haga el picador por orden del espada. Hay tres maneras principales de estropear un toro y hacer que se desplome su vigor: abusar de la capa, hacer que el animal sangre abriéndole una herida profunda con la pica, o colocarle un puyazo muy atrás, para que llegue a la espina dorsal, o en un flanco, para que lo alcance en lo alto del omóplato. Estas tres maneras de demoler a un toro son practicadas deliberadamente por los peones por orden del espada con todos los toros que le inspiran miedo al jefe de la cuadrilla. Los toreros pueden tener miedo del toro porque esté demasiado gordo o porque sea demasiado rápido o demasiado poderoso. Y, si sienten ese temor, mandan a los picadores y a los banderilleros que lo revienten. A veces la orden no es necesaria siquiera, y los picadores, como si fuera algo sobreentendido, lo destrozan, a menos que el torero se sienta confiado con el toro y quiera guardarlo intacto al objeto de que pueda dar lustre a su trabajo y obtener con él el aplauso, en cuyo caso dice a los de su cuadrilla: «Tened cuidado con ese toro; no lo estropeéis». Pero, con mucha frecuencia, los picadores y los banderilleros están ya de acuerdo antes de la corrida en que deben hacer todo lo que esté en su mano para estropear al toro, y no hacen ningún caso de las órdenes contrarias que les dé el torero en el ruedo, ya que estas órdenes, expresadas en general de una forma vehemente y acompañadas de blasfemias, no son más que para que las oigan los espectadores y causen buen efecto.

Además de los daños físicos deliberados que pueden causarse a un toro, haciéndolo impropio para una lidia brillante con el único fin de entregárselo al matador lo más adelantado posible en el camino de la muerte, puede ocasionarse al toro un perjuicio moral incalculable con el trabajo torpe de los banderilleros. Cuando estos se encaran con el toro para ponerle las banderillas, su deber consiste en ponérselas lo más rápidamente posible, ya que todos los retrasos provocados por intentos fallidos —y el ochenta por ciento son fallidos por cobardía— desconciertan al toro, lo ponen nervioso y vacilante, rompen el ritmo de la brega y dan al toro la ocasión de perseguir al hombre sin arma ni montura, con lo que se pierde la ventaja, hasta entonces cuidadosamente mantenida, de su falta de experiencia anterior.

El hombre que fracasa habitualmente de esta manera en el tercio de banderillas tiene casi siempre de cuarenta a cincuenta años. El matador lo mantiene en su cuadrilla como peón de confianza. Está allí por su conocimiento de los toros, su probidad y la prudencia que los años le han dado. Representa al matador cuando se sortea y se hacen lotes con los toros, y es su consejero de confianza en todas las cuestiones técnicas. Pero, como cuenta más de cuarenta años, de ordinario sus piernas no le obedecen ni tiene confianza en ellas para encomendarles su salvación si el toro corre tras él; de modo que, cuando llega el momento de colocar un par de banderillas a un toro difícil, el banderillero viejo se vale de una prudencia tan exagerada que es difícil distinguirla de la cobardía. Con esa manera tan deplorable de poner los palitroques destruye el efecto que había producido con la capa, como conocedor y hábil peón que es. La lidia ganaría mucho si estas viejas y sabias reliquias paternales, con las articulaciones anquilosadas, no estuviesen autorizadas para poner banderillas, sino que permanecieran en la cuadrilla solamente para un capotazo oportuno y por su bagaje de conocimientos.

La suerte de banderillas es la parte de la lidia que exige más condiciones físicas. Un hombre incapaz de atravesar la arena corriendo podría colocar uno o dos pares si alguien le preparase el toro y si pudiera esperar a que el toro fuese hacia él. Pero colocarlas como es debido, es decir, yendo a buscar al toro, preparándolo y clavándole en la piel las puntas agudas de la manera conveniente, exige buenas piernas y buenas condiciones físicas. Por otra parte, un hombre puede ser torero y no colocar banderillas, pero ser capaz de bregar convenientemente con la capa y la muleta y matar moderadamente bien, aunque tenga las piernas tan estropeadas y deformadas por las cornadas que no pueda atravesar corriendo el redondel o aunque esté tuberculoso en último grado. Un espada no debe correr jamás, salvo cuando pone las banderillas; tiene que ser capaz de hacer que el toro realice todo el trabajo, incluso el de lanzarse contra la espada en el momento de matar. Cuando el Gallo tenía más de cuarenta años, alguien le preguntó si hacía ejercicios de entrenamiento y él dijo que sí: fumando habanos.

—¿Qué necesidad tengo yo de ejercicios, hombre? ¿Para qué me sirve la fuerza? Ya hace bastante ejercicio el toro; ya tiene bastante fuerza él. Ahora tengo yo cuarenta años, pero todos los años los toros tienen cuatro y medio, o cinco, todo lo más.

El Gallo era un gran torero y fue el primero en reconocer que tenía miedo. Antes se consideraba una vergüenza inconfesable decir que uno estaba asustado. Pero cuando el Gallo sentía miedo, dejaba caer la muleta y la espada y saltaba de cabeza por encima de la barrera. Se supone que un matador no corre jamás, pero el Gallo era capaz de correr si el toro lo miraba con un aire «inteligente». Fue él quien inventó el negarse a matar si el toro lo miraba de cierto modo, y, cuando lo conducían a la cárcel por ello, decía que «así era mucho mejor».

—Nosotros, los artistas, tenemos días malos. Ya me perdonarán la próxima vez que tenga un día bueno.

Se despidió más veces que la Patti, y ahora, que anda por los cincuenta, sigue despidiéndose todavía. Sus primeros adioses oficiales y definitivos los hizo en Sevilla. Fue una jornada memorable. El Gallo estaba muy emocionado, y, cuando llegó el momento de brindar el último toro que iba a matar en su vida de torero, decidió brindárselo a su amigo el señor don Fulano de Tal. Se quitó la montera y, con su cabeza bronceada y calva, que brillaba como una bola, se acercó y le dijo:

—A usted, don Fulano de mi alma, amigo de mi infancia, protector de mis comienzos, príncipe de los aficionados, brindo este último toro de mi vida de torero.

Pero, al acabar de decir estas palabras, vio la cara de otro viejo amigo, un compositor, y corrió a lo largo de la barrera hasta ponerse enfrente de él. Levantó hacia él sus ojos húmedos y le dijo:

—A ti, excelente amigo, que eres una de las glorias del cielo de la música española, te brindo este último toro que mataré en mi vida de torero.

Pero, cuando iba a marcharse, vio a Algabeño padre, uno de los mejores espadas que ha dado Andalucía, sentado no lejos de la barrera y, volviéndose para estar frente a él, le dijo:

—A ti, viejo compañero mío, que has matado siempre con el corazón; a ti, el mejor matador que ha habido nunca, te brindo el último toro de mi vida de torero y confío en que mi trabajo será digno de ti.

Después de esto, se volvió con aire muy digno y se fue hacia el toro, que se había quedado contemplándolo; miró al toro, se volvió a su hermano Joselito y le dijo:

—Mátalo por mí, José. Mátalo en mi lugar; no me gusta nada la manera que tiene de mirarme.

Y así, en su primera y más grandiosa de todas las corridas de despedida, el último toro de su vida de torero fue muerto por su hermano Joselito.

La última vez que vi al Gallo fue en Valencia, antes de que saliera para América del Sur. Se parecía a una vieja mariposa. Tenía más gracia, más expresión y más elegancia a los cuarenta y tres años que cualquier otro torero que yo haya visto de cualquier edad. Sus rasgos no eran de los que se prestan a la fotografía. El Gallo no era fotogénico. No tenía la gracia de la juventud; pero poseía algo más importante, más duradero, y, viéndolo con un gran toro gris Concha y Sierra, al que toreaba con tanta delicadeza como si tocase el clavicémbalo, se tenía la impresión de que, si alguna vez un toro lo alcanzaba y lo mataba estando uno presente, sería mejor no volver jamás a una plaza. Joselito tuvo que morir en la plaza para probar que nadie está seguro en ella y, además, porque se había puesto gordo. Belmonte acabará por morir, porque anda siempre a dos pasos de la tragedia, y no podrá echar a nadie la culpa más que a sí mismo de lo que le suceda. Los novilleros que habéis visto morir son todos víctima de sus condiciones económicas, y los amigos que tenéis en el oficio mueren de enfermedades profesionales, comprensibles y lógicas. Pero, para Rafael el Gallo morir en la arena no sería ni ironía ni tragedia, ya que no habría dignidad. El Gallo se sentiría demasiado asustado ante una cosa así. Nunca ha admitido la idea de la muerte, y no quiso entrar en la capilla ardiente donde estaba Joselito después de morir. El Gallo muerto en el ruedo sería cosa de mal gusto y solo probaría que la corrida es una cosa condenable, no moralmente, sino estéticamente. El Gallo ha hecho algo muy importante por los toros, como ha hecho algo por todos los que lo hemos admirado. Ha corrompido la lidia, pero no tanto como la corrompió Guerrita. El Gallo es el abuelo del estilo moderno, como Belmonte es su padre. El Gallo no tenía la falta absoluta de honor de Cagancho; únicamente le faltaba valor y era un poco simple de espíritu. Pero ¡qué gran lidiador era y qué gran seguridad tenía realmente! Cuando se arrojaba de cabeza por encima de la barrera, lo hacía en accesos de pánico, una vez que el peligro había pasado; nunca por necesidad. Y el Gallo, aún presa del pánico, seguía más cerca del toro que la mayor parte de los toreros que se las dan de trágicos, y la gracia y la excelencia de su trabajo tenían la delicadeza de ese admirable trabajo antiguo de plumas mexicano que se conserva en El Escorial. ¿Saben ustedes el pecado que sería arrancar las plumas, admirablemente dispuestas, del cuello de un halcón, y no poder nunca volver a colocarlas como estaban? Pues bien, un pecado semejante sería matar al Gallo.

Capítulo 14

El toro ideal para el torero, el que el torero espera siempre ver salir del toril y pisar la arena, es un toro que embiste por derecho, que gira sobre sí mismo después de cada embestida y carga de nuevo perfectamente por derecho; es un toro en suma que embiste tal como si fuera sobre raíles. El torero espera siempre que se le presente un toro así, pero esto ocurre acaso una vez solamente cada treinta o cuarenta. Los toreros los llaman toros de tiovivo, de vaivén o de carril, y los que no han conseguido jamás dominar a los toros difíciles ni corregir sus faltas se contentan con defenderse contra las embestidas de un animal ordinario y confían en que les toque uno de esos toros que embisten por derecho para llevar a cabo un trabajo de lucimiento. Esos toreros son los que no han aprendido a lidiar los toros como es menester, los que no han completado el aprendizaje porque se los ha ascendido a matadores después de alguna tarde brillante en Madrid o una bonita serie de corridas en provincias, donde lidiaron toros que embestían bien. Esos toreros poseen arte, personalidad —cuando su personalidad no ha desaparecido a fuerza de sustos—, pero no tienen oficio; y, como el valor proviene de la confianza, sienten miedo porque no conocen suficientemente su profesión. Esos toreros no son cobardes por naturaleza, porque entonces nunca habrían sido toreros, pero se hacen cobardes a fuerza de encontrarse con toros difíciles sin tener el conocimiento necesario, la experiencia ni el entrenamiento conveniente para manejarlos, y, como de cada diez toros que lidian puede ocurrir que no haya más que uno solo que sea el animal ideal, aquel con el que ellos pueden lucirse la mayor parte del tiempo, cuando acertéis a verlos, su trabajo será pesado, a la defensiva, torpe, cobarde e insatisfactorio. Si los veis con el bicho que a ellos les gusta, creeréis que son maravillosos, exquisitos, valerosos, artísticos y, algunas veces, hasta increíbles por la manera en que trabajan cerca del toro, conservando la calma. Pero si los veis día tras día, incapaces de proporcionar un espectáculo aceptable con un toro que ofrezca alguna dificultad, añoraréis los viejos tiempos de los toreros competentes y entrenados, y mandaréis al diablo a los fenómenos y a los artistas del momento.

Todo el mal de la técnica moderna de la lidia consiste en que se la ha hecho demasiado perfecta. Se practica la lidia tan cerca del toro, con tanta lentitud y con tal ausencia de defensas o de movimientos por parte del matador que no puede ejecutarse más que con un toro hecho a la medida. Solo de dos maneras puede llevarse a cabo la lidia según las reglas. En primer lugar, puede ser practicada por genios como Joselito y Belmonte, capaces de dominar a los toros por su conocimiento, de defenderse gracias a sus reflejos extraordinarios y de aplicar su técnica siempre que sea posible. De no ser así, el torero tiene que contentarse con aguardar que le salga un toro perfecto o encargarse los toros a la medida. Y eso es lo que hacen los toreros modernos, a excepción quizá de tres: esperan a que salga el toro ideal para lucirse o, rechazando las castas dificultosas, acaban por conseguir que les hagan los toros para ellos.

Me acuerdo de una corrida de toros de la ganadería de Villar, en Pamplona, en 1923. Eran toros ideales, bravos como no los he visto nunca, rápidos, malignos, pero que embestían siempre, sin pasar nunca a la defensiva. Eran todos grandes aunque no tanto como para ser pesados, y tenían magníficos cuernos. Villar criaba toros espléndidos, pero a los toreros no les gustaban, pues tenían un tanto en exceso todas las buenas cualidades. Ocurrió, pues, que todos los ejemplares de la raza fueron vendidos a otro hombre, que trató de mermar esas cualidades para hacer sus toros aceptables a los toreros. En 1927 vi los primeros productos. Los toros se parecían a los viejos Villar, pero eran más pequeños y su cornamenta más reducida, si bien todavía se mostraban bravos. Un año más tarde, eran aún más pequeños, los cuernos habían disminuido más y ya no eran bravos. El año pasado eran un poco más pequeños, otro tanto ocurría con los cuernos y ya no eran tan bravos. A través de una crianza que trataba de desarrollar los defectos o, mejor dicho, las debilidades, para conseguir una nueva casta que gustase a los toreros y pudiera rivalizar con los toros de Salamanca hechos a medida, se había destruido o estropeado la espléndida casta original.

Tras haber asistido a algunas corridas lo suficiente para entender de qué se trata, si los toros empiezan a significar algo para usted, tarde o temprano se verá obligado a mantener una posición definida en relación con ellos. O le gustan a usted los verdaderos toros, la verdadera lidia, y espera que se formen buenos toreros que sepan lidiar, como sabe hacerlo, por ejemplo, Marcial Lalanda, o que aparezca un buen torero que se pueda permitir el romper todas las reglas, como las rompió Belmonte; o bien acepta usted la fiesta en su estado actual, se hace usted amigo de los toreros, conoce su punto de vista —hay siempre en la vida buenas y válidas excusas para todas las debilidades—, se pone usted en su lugar, echa a los toros la culpa de sus desastres y aguarda a que salga el toro que ellos quieren ver salir al ruedo. En cuanto usted haya hecho todo esto, se hará tan culpable como todos los que viven de la lidia arruinándola, y será usted todavía más culpable que ellos, porque paga para arruinarla. Muy bien, pero ¿qué se puede hacer?, me dirá. ¿Quedarse al margen? ¿No ir a los toros? Se puede uno quedar al margen, pero sería como escupir al cielo. Mientras la fiesta le inspire algún placer, tiene usted derecho a asistir. Puede usted protestar, puede usted hablar, puede usted convencer a los otros de su imbecilidad, aunque todo eso sea inútil, si bien las protestas sean necesarias y útiles a su debido tiempo en el ruedo. Pero hay otra cosa que también puede hacer, y es distinguir lo que está bien de lo que está mal, saber juzgar lo que es nuevo, sin dejar que nada turbe sus criterios de valor. Puede seguir asistiendo a las corridas, aunque sean malas, siempre que no aplauda lo que no es bueno. Porque, como espectador, tiene el deber de mostrar que aprecia las cosas buenas y valiosas, aun reducidas a lo esencial y desprovistas de brillo. Debe apreciar el trabajo bien hecho y la manera correcta de entrar a matar a un toro con el que es imposible hacer un trabajo más lucido. Porque un torero no será durante mucho tiempo mejor que su público. Si el público prefiere los trucos a la sinceridad, el torero hará trucos. Para que un espada realmente bueno siga siendo honrado, sincero, sin trucos ni engaños, necesita contar con un núcleo de espectadores para los que pueda trabajar. Y si esto suena un poco como un programa de «esfuerzo cristiano», añadiré que creo firmemente en el lanzamiento de almohadillas de cualquier tamaño, de mendrugos de pan, de naranjas, de patatas, de animalitos muertos de todas clases, incluso de pescado podrido y, si es necesario, de botellas, siempre que no se arrojen a la cabeza de los toreros, y hasta justifico, en ocasiones, el incendio de la plaza, si una protesta hecha en forma correcta no ha tenido efecto.

Uno de los grandes males de la lidia en España se debe, no a la venalidad de los críticos, que pueden, al menos temporalmente, convertir a alguien en torero con sus críticas en los diarios de Madrid, sino al hecho de que esos críticos, que viven sobre todo del dinero que reciben de los toreros, compartan por entero sus puntos de vista. En Madrid es difícil deformar de una manera favorable la reseña de una corrida, como lo hacen los corresponsales provincianos cuando envían sus reseñas, porque entre el público que lee la reseña de la corrida de Madrid hay siempre un núcleo importante que la ha visto. Pero, cuando los críticos ejercen su influencia, cuando dan su interpretación y cuando publican sus críticas de los toros y los toreros, están condicionados por el punto de vista del torero, que les ha enviado con su mozo de estoques un sobre que contiene un billete de cien o doscientas pesetas, o más, y una tarjeta. Estos sobres son llevados por el mozo de estoques a cada uno de los críticos de los distintos periódicos de Madrid, y la suma varía según la importancia del público y de la crítica. Los críticos más honrados y los mejores aceptan el sobre y no puede esperarse de ellos que muden en triunfos los desastres del torero ni que deformen las reseñas en su favor. Es simplemente un cumplido que les hace el torero. Estamos en el país del honor, no lo olvidemos. Pero, dado que sus ingresos provienen en su mayor parte de los toreros, los críticos deben tener muy en cuenta sus puntos de vista y sus intereses. Dichos puntos de vista son comprensibles y bastante justos, puesto que es el torero el que arriesga la vida, y no el espectador. No obstante, si el espectador no impusiera sus normas, si no mantuviera sus criterios de valor, si no previniera el abuso y no pagara por ir a las corridas, no tardarían en desaparecer en poco tiempo la lidia y los toreros.

El toro es en la fiesta el elemento que determina el estado saludable o no de esta. Si el público, en la persona del espectador individual que paga, pide buenos toros, toros suficientemente grandes para hacer seria la lidia, toros que tengan de cuatro a cinco años, de manera que sean maduros y lo bastante poderosos para aguantar durante las tres fases de la lidia, no necesariamente toros enormes, o toros gordos o toros con cuernos desmesurados, sino, simplemente, bichos en pleno vigor y madurez, los ganaderos se verán obligados a retenerlos en los pastos el tiempo requerido antes de venderlos, y los toreros tendrán que aceptarlos como vienen y aprender a lidiarlos. Se seguirán viendo malas corridas hasta que los matadores incompletos acaben por ser eliminados a causa de los fracasos sufridos con estos animales; pero, al final, la fiesta mejorará. El toro es el elemento principal de la fiesta, pero los toreros bien pagados tratan constantemente de sabotear a los toros, exigiendo una cría que amengüe su talla y su cornamenta, y lidiándolos cuando todavía son jóvenes. Solo los toreros de cartel pueden imponer condiciones, desde luego. Los toreros sin éxito y los aprendices tienen que aceptar los toros grandes que los genios rechazan. Y esto es lo que da origen al creciente número de muertos entre los torerillos. Son los talentos mediocres, los principiantes y los artistas frustrados quienes con más frecuencia son cogidos y mueren. Y mueren porque, tal como pide el público, intentan lidiar toros empleando la técnica de los grandes toreros, y para ganarse la vida se ven forzados a seguir esta técnica con bichos que los grandes toreros rechazan o que ni siquiera les ofrecen ya que los rechazarían por ser demasiado peligrosos e incapaces de prestarse a lucimiento alguno. Es esto lo que explica las cornadas, a menudo funestas, que aniquilan a muchos novilleros que prometían; aunque todo ello acabe, sin embargo, por producir algunos grandes toreros si el período de aprendizaje tiene la duración conveniente y el aprendiz un poco de suerte. Un joven torero que ha aprendido a torear con novillos de un año, que ha sido protegido cuidadosamente de todo peligro durante su carrera y al que no se permite torear más que toros jovencitos, puede fracasar por completo con toros grandes. Hay entre ellos la misma diferencia que entre el tiro al blanco y el tiro sobre un animal peligroso o frente a un enemigo que dispara también sobre uno. Pero un aprendiz que ha estudiado la lidia con novillos, que ha adquirido un estilo correcto y puro, y que perfecciona su técnica y su conocimiento de los toros afrontando la prueba infernal de los toros grandes, los rechazados, a veces defectuosos y peligrosos en extremo, los toros que encontrará en las novilladas si no se ve protegido por el empresario de la plaza de Madrid, tendrá el adiestramiento perfecto que necesita un torero siempre que su entusiasmo y su valor no se vean menguados por las cornadas.

Manuel Mejías, Bienvenida, un torero de la escuela antigua, adiestró a sus tres hijos para la lidia de novillos con toritos de un año e hizo de ellos toreros en miniatura tan hábiles, tan perfectamente acabados, que los dos mayores tuvieron un éxito enorme como niños prodigio lidiando solamente novillos en las plazas de México, del mediodía de Francia y de América del Sur, porque en España una ley sobre el trabajo de los niños les impedía presentarse en público. El padre lanzó enseguida al mayor como espada, haciéndolo saltar de la lidia de novillos a la verdadera lidia de toros, sin que pasara por el infierno del novillero. Creía el padre con mucha razón que, como matador, su hijo no tendría que lidiar toros tan grandes ni tan peligrosos como los que habría tenido que lidiar como novillero, que ganaría más dinero como espada y que, si su pasión y su valor iban a disiparse al trabajar con toros adultos, era preferible que estuviese lo mejor pagado mientras durase en el oficio.

El primer año fue un desastre. El paso de los toros jóvenes a los toros adultos, la diferencia de la velocidad en la embestida, la responsabilidad, la irrupción del peligro constante de muerte en su vida difuminaron su estilo y su elegancia de adolescente. El muchacho, visiblemente, estaba demasiado ocupado resolviendo problemas y demasiado impresionado con la responsabilidad que sentía sobre sí, para dar una buena tarde de toros. Pero al segundo año, con un sólido adiestramiento de torero tras de sí (un aprendizaje comenzado a la edad de cuatro años) y un conocimiento perfecto de la ejecución de todas las suertes, tenía resuelto el problema de los toros adultos. Triunfó en Madrid en tres ocasiones sucesivas y triunfó en provincias, en todas partes donde estuvo, con toros de todas las castas, tallas y edades. No parecía tener ningún miedo de los toros por su tamaño, sabía la manera de corregir sus defectos y de dominarlos y hacía con toros muy grandes una labor extremadamente lucida, que los mejores toreros de entre los toreros de la decadencia no eran capaces de hacer o que solo intentaban hacer con toros deficientes de talla, vigor, años y cuernos. No hubo nada que no hiciese, salvo matar convenientemente. Pero todo lo demás lo hacía bien. Bienvenida fue el mesías anunciado por una vasta publicidad el año de 1930; aunque todavía nos falta un elemento para juzgarlo: su primera cornada grave.

Más pronto o más tarde, todos los matadores reciben cornadas dolorosas, peligrosas y algunas fatales en algún momento de su carrera. Y, mientras un torero no ha recibido su primera herida grave, no se puede decir cuál va a ser su valor permanente. Porque, aun cuando conserve el valor, tampoco puede decirse cómo quedarán afectados sus reflejos. Un hombre puede ser valiente ante cualquier peligro, tan valiente como el mismo toro, y, sin embargo, a causa de sus nervios, ser incapaz de afrontar ese peligro fríamente. Cuando un torero no puede estar tranquilo ni ahuyentar la idea del peligro desde el comienzo de la lidia, cuando no puede ver con calma cómo se le acerca el toro, sin tener que reunir valor, no tiene nada que hacer en la plaza. Un trabajo forzado es muy triste de ver; los espectadores no lo quieren. Pagan por ver la tragedia del toro, no la del hombre. Joselito no había recibido más que tres cornadas serias y había matado mil quinientos cincuenta y siete toros; pero murió de la cuarta. Belmonte resultaba herido varias veces todas las temporadas, pero ninguna de sus heridas tuvo el menor efecto sobre su valor, su pasión por los toros ni sus reflejos. Espero que el joven Bienvenida no sea cogido jamás, pero, si lo ha sido en el momento en que aparezca este libro, y si la herida no lo ha cambiado en nada, habrá llegado el tiempo entonces de hablar de la sucesión de Joselito. Personalmente, no creo que sea jamás el sucesor de Joselito. A pesar de su estilo acabado, de su facilidad para todo, salvo para matar, conserva para mí, cuando lo veo manos a la obra, cierto aire teatral. En gran parte, su trabajo es un truco, más sutil que cualquier otro truco de los que yo he visto y muy lindo de ver; alegre, al parecer, y de una amable ligereza. Pero tengo mucho miedo de que la primera cornada le quite esa ligereza y de que el truco se haga entonces más visible. Bienvenida padre se desinfló de golpe, como le ocurrió al Niño de la Palma, después de su primera cornada, pero es posible que con la crianza de los toreros suceda como con la cría de los toros, y que el valor provenga de la madre y el tipo del padre. Sería poco amable de mi parte predecir un fallo en su valor; pero, la última vez que lo vi, la sonrisa tan elogiada de Bienvenida era una sonrisa forzada, y todo lo que puedo decir es que no creo que sea el mesías que tanto esperábamos.

En 1930, Manolo Bienvenida era el redentor nacional de la fiesta brava; pero en 1931 apareció otro: Domingo López Ortega. Los críticos de Barcelona, que era donde más dinero se había gastado para su lanzamiento, dijeron que Ortega comenzaba donde Belmonte se había detenido, que combinaba lo mejor de Belmonte y lo mejor de Joselito y que en toda la historia de la lidia no había habido un caso parecido al de Ortega ni un hombre que reuniera en una sola persona el artista, el dominador y el espada. El propio Ortega no producía al verlo tanta impresión como los elogios que se hacían de él. Tiene ahora veintitrés años y ha toreado durante unos años en algunos pueblos de Castilla, y sobre todo en los alrededores de Toledo. Procede de Borox, un pueblo de menos de quinientos habitantes situado en la árida comarca que se extiende entre Toledo y Aranjuez, y se lo apoda por eso el Diamante de Borox. En el otoño de 1930 tuvo una buena tarde en Madrid, en la plaza de Tetuán de las Victorias, plaza de segunda categoría que regentaba y animaba entonces Domingo González Dominguín, un antiguo torero. Dominguín lo llevó a Barcelona, donde alquiló la plaza, después de la clausura de la temporada, para celebrar allí una corrida con su protegido y un mexicano llamado Carnicerito de México. Lidiando toros jóvenes, lograron los dos buenas corridas y llenaron tres veces seguidas la plaza de Barcelona. Certeramente lanzado por Domínguín durante los meses de invierno, gracias a una hábil campaña de prensa y mucho alboroto, Ortega fue ascendido a matador de toros en los comienzos de la temporada de 1931, en Barcelona. Yo llegué a España inmediatamente después de la revolución y me encontré con que en los cafés se hablaba tanto de él como de política. Aún no había aparecido en Madrid, pero todas las noches los periódicos de la capital publicaban reseñas de sus triunfos en provincias. Domínguín gastaba mucho dinero en su publicidad, y Ortega cortaba rabos y orejas todos los días en los periódicos de la noche. Lo más cerca de Madrid donde había llegado a torear había sido en Toledo. Interrogué a buenos aficionados que lo habían visto allí, y no estaban de acuerdo en los juicios sobre él. Todos reconocían que ciertos pormenores de su juego los ejecutaba bien, pero los aficionados más inteligentes decían que su trabajo no los convencía. El día 30 de mayo fui a Aranjuez a ver al fenómeno, en compañía de Sydney Franklin, que acababa de llegar a Madrid después de una gira por México. Estuvo lamentable. Marcial Lalanda se rió de él y Vicente Barrera también.

Aquel día Domingo Ortega hizo gala de sangre fría y de una disposición para mover el capote con lentitud y estilo, sosteniéndolo bajo, siempre que el toro siguiera lo que se le señalaba. Mostró cierta habilidad para frenar la marcha natural del toro y hacer que se doblara por medio de un pase de muleta con las dos manos, fue muy eficaz para castigar al animal, y estuvo asimismo bien con un pase de la mano derecha. Con la espada, mataba deprisa, valiéndose de trucos, y se perfilaba astutamente con gran estilo, pero no mantenía la promesa a la hora de tirarse a matar. Todo lo demás en él era ignorancia, torpeza, falta de habilidad con la mano izquierda, vanidad y presunción. Sin duda alguna, había leído y se había tragado toda la propaganda hecha sobre él por los periódicos.

Por lo que se refiere a su apariencia, tenía uno de los rostros más feos que se pudieran encontrar fuera de una jaula de monos, una figura bastante bien proporcionada, varonil, pero basta, y el aire satisfecho de sí mismo de un actor de moda. Sidney, que se sentía capaz de lidiar una corrida mucho mejor, a la vuelta no dejó de maldecirlo en el coche que nos llevaba a casa. Yo quería juzgarlo imparcialmente, y, sabiendo que no se puede calificar a un torero por una sola tarde, anoté sus cualidades y sus defectos y me reservé el juicio para más adelante.

Aquella noche, cuando llegamos al hotel, habían salido ya los periódicos y, una vez más, leímos la reseña de un gran triunfo de Ortega. En realidad, había sido silbado e insultado en su último toro, pero en el *Heraldo de Madrid* leímos que había cortado la oreja del toro, tras un gran triunfo, y que había salido de la plaza a hombros de la multitud.

Lo vi enseguida en Madrid, la tarde de su presentación oficial como matador. Se mostró exactamente como lo habíamos visto en Aranjuez, salvo que ya no tenía el truco para matar rápidamente. Dos veces más apareció en Madrid, sin que revelase nada que justificara su publicidad, y, por si fuera poco, empezó a tener accesos de cobardía. En Pamplona estuvo tan mal que resultó repulsivo. Había cobrado veintitrés mil pesetas por corrida y no hizo absolutamente nada que no fuera torpe, vulgar y bajo.

Juanito Quintana, que es uno de los mejores aficionados que hay en el norte, me había escrito a Madrid a propósito de Ortega, diciéndome que estaban muy contentos por haber conseguido que fuese a Pamplona, y hablándome del precio que su apoderado pedía por él. Juanito ardía de impaciencia por verlo, y mi relato de sus pésimas exhibiciones en Madrid y en sus alrededores no le había hecho perder sus esperanzas. Cuando lo vimos la primera vez se quedó muy decepcionado, y después de verlo tres veces más no podía aguantar que se pronunciara delante de él el nombre de Ortega.

Durante el verano lo vi varias veces todavía, y solamente una vez se mostró bueno, a su manera. Fue en Toledo, con toros muy seleccionados, tan pequeños e inofensivos que nada de lo que hacía era como para tomarlo en cuenta. Lo que tiene Ortega en sus buenos instantes es una falta de movimiento y una serenidad fenomenales. El mejor pase que da es el pase con las dos manos, destinado a interrumpir la trayectoria del toro y a hacerlo doblarse bruscamente sobre sí mismo; pero, como es lo que mejor hace, lo hace y vuelve a hacer con todos los toros, tenga o no tenga el bicho necesidad de ese castigo y, en consecuencia, deja al animal incapaz de cualquier otra cosa. Da muy bien el pase de muleta con la mano derecha, inclinando el cuerpo hacia el toro; pero no lo encadena con los otros pases y sigue siendo incapaz de hacer de manera eficiente con la mano izquierda los pases llamados naturales. Es muy bueno haciendo la peonza entre los cuernos del toro, una hazaña realmente estúpida, y es pródigo en todas las vulgaridades que substituyen las maniobras verdaderamente peligrosas cuando el torero sabe que el público es lo bastante necio para aceptarlas. Tiene mucho valor, fuerza y salud, y algunos amigos que me inspiran confianza me dicen que estuvo muy bien realmente en Valencia. Si fuera más joven y menos vanidoso llegaría a ser, sin duda alguna, un excelente matador, siempre que pudiera aprender a usar la mano izquierda; puede ocurrir también que, como Robert Fitzsimmons, rompa con todas las tradiciones de su época y siga haciéndolo; pero como mesías es inexistente. Yo no habría querido consagrarle tanto espacio; pero, con los miles de columnas de publicidad pagada que lo han alabado, en algunos casos de forma muy hábil, sé que, de haber estado yo fuera de España y de haber seguido las corridas por los periódicos, lo habría tomado tal vez demasiado en serio.

Hubo un torero que heredó las cualidades de Joselito y que perdió semejante herencia como resultado de una enfermedad venérea. Un segundo murió de otra enfermedad propia de toreros y un tercero se convirtió en un cobarde con la primera cornada que le llegó para probar su valor. De los dos nuevos mesías, Ortega no logra convencerme, ni tampoco Bienvenida; pero le deseo a Bienvenida mucha suerte. Es un muchacho educado, agradable, nada fanfarrón y está en un momento muy difícil en la historia de la lidia.

La vieja señora. —Usted desea a todo el mundo buena suerte, caballero; pero no hace más que hablar de sus defectos, y me parece que los critica usted con mucha aspereza. ¿Cómo se explica, jovencito, que pueda hablar tanto y que escriba usted tanto sobre las corridas, si no es usted torero? ¿Por qué no ha elegido esa profesión, si tanto le gusta, y por qué cree usted que sabe tanto sobre ella?

—Señora, he probado el oficio en sus fases más sencillas, pero sin éxito. Era demasiado viejo, demasiado pesado y demasiado torpe cuando me puse. Y, además, mi cuerpo está mal conformado, pues es grueso en los lugares en que tiene que ser flexible, y en la plaza solo lograba servir de blanco o *punching ball* para los toros.

La vieja señora. —¿Llegaron a cornearlo de una manera horrible? ¿Cómo es que sigue viviendo todavía?

—Señora, tenían las puntas de los cuernos emboladas o afeitadas; de lo contrario, me habrían hecho tantos agujeros como a un cesto.

La vieja señora. —¿De manera que lidiaba usted toros embolados? Tenía mejor opinión de usted.

—Lidiar, señora, es una exageración. Yo no los lidiaba, sino que eran ellos los que me lidiaban a mí.

La vieja señora. —¿Ha hecho usted alguna vez esa experiencia con toros de cuernos sin embolar? ¿No llegaron a herirlo gravemente?

—Estuve en la plaza con esos toros y salí indemne, aunque hecho polvo, porque todas las veces que, por torpeza, me veía en situación comprometedora, me dejaba caer sobre el hocico del toro y me agarraba a sus cuernos desesperadamente. Esto producía gran hilaridad entre los espectadores.

La vieja señora. —¿Y qué hacía entonces el toro?

—Si tenía fuerza suficiente, me lanzaba a alguna distancia, y si no, yo hacía una pequeña cabalgata sobre su cabeza y el toro no dejaba de sacudirme, hasta que los otros aficionados le tiraban del rabo.

La vieja señora. —¿Puede presentarme testigos de esas hazañas que usted me cuenta? ¿O es su imaginación de escritor la que las inventa?

—Señora, puedo presentarle millares de testigos, aunque algunos de ellos tal vez hayan muerto a consecuencia de las perturbaciones producidas en su diafragma o en otros órganos internos por una risa incontenible.

La vieja señora. —¿Es eso lo que lo ha alejado de los toros como profesión?

—Señora, mi decisión estaba fundada en el convencimiento de mi ineptitud física, en el consejo de mis amigos y en el hecho de que me era cada vez más difícil, a medida que envejecía, entrar en la plaza alegremente sin haberme bebido tres o cuatro ajenjos, que, aunque inflamaban mi valor, falseaban ligeramente mis reflejos.

La vieja señora. —Debo entender, entonces, que ha abandonado usted la plaza, incluso como aficionado.

—Señora, ninguna decisión es irrevocable; pero, a medida que tengo más años, comprendo que debo consagrarme más y más al ejercicio de las letras. Mis agentes literarios me aseguran que, gracias al notable esfuerzo de William Faulkner, los editores de hoy publican todo lo que se les presenta, sin intentar que los autores supriman las mejores porciones de sus obras, y estoy pensando en escribir algún día el relato de aquellos días de mi juventud que pasé en las más hermosas casas de prostitución del país entre la sociedad más brillante que pueda imaginarse. Pero he reservado este asunto para escribir en mi vejez, cuando, con la ayuda de la distancia, pueda examinarlo más claramente.

La vieja señora. —¿Ha escrito el señor William Faulkner cosas interesantes sobre esos lugares?

—Ha escrito cosas espléndidas, señora. El señor Faulkner ha escrito admirablemente sobre todo; ha escrito las mejores cosas que he leído desde hace mucho tiempo.

La vieja señora. —Tengo que comprar sus obras.

—Señora, con Faulkner no corre usted el riesgo de equivocarse. Y, además, es muy prolífero. Cuando vaya usted a pedir un libro, ya habrá publicado otros.

La vieja señora. —Si son como usted me dice, nunca serán demasiados.

—Señora, es usted el portavoz de mi propia opinión.

Capítulo 15

La capa era en la lidia primitiva un medio de defensa manual contra una bestia peligrosa. Más tarde, cuando la fiesta se formalizó, la capa empezó a servir para hacer correr al toro cuando acababa de salir al ruedo, para alejarlo del picador derribado y llevarlo ante el picador siguiente, dispuesto a recibir la embestida, para colocar al toro en la posición conveniente en el tercio de banderillas, para ponérselo de manera adecuada al matador y para llamar su atención cuando un torero se hallaba en una situación crítica. El fin y el momento culminante de la corrida era la estocada final, el momento de la verdad, y, en principio, la capa no era más que un accesorio que servía para hacer correr al toro y para ayudar a la preparación de ese momento culminante.

En la corrida de toros moderna la capa ha ido tomando importancia creciente y su empleo se ha hecho cada vez más peligroso, de modo que lo que fue originalmente la hora de la verdad o de la realidad, el momento de la muerte, se ha convertido en un truco. Los matadores, por turno, asumen la responsabilidad de alejar al toro del picador y de su montura y de proteger al hombre y al caballo de la embestida del toro. Esta acción de alejar al toro del picador y del caballo, llevándoselo por el anillo para colocarlo, por ejemplo, en posición de cargar contra el picador siguiente, se llama quite. Los matadores se sitúan en fila, a la izquierda del caballo y del jinete, y el que tiene que apartar al toro del picador y del caballo derribado se coloca al final de la fila cuando acaba de hacer el quite. El quite, que era al principio un acto de protección del picador y que tenía que ser hecho lo más rápida, valerosa y graciosamente que se pudiera, se ha convertido ahora en una obligación para el torero, que debe ejecutarlo después de haber recibido al toro en el turno que le corresponde. Con la ayuda de la capa, el torero hace pasar al bicho a su lado en el estilo que ha elegido, aunque generalmente en el de verónicas, cuatro por lo menos, y debe hacerlo pasar tan cerca, tan calmosamente y con tanto peligro como pueda. Se juzga y se paga hoy a un torero mucho más por su habilidad para hacer los pases con calma, con elegancia y de cerca, que por su habilidad con la espada. La importancia y la demanda creciente en el estilo del trabajo de capa y de muleta, que fue inventado o perfeccionado por Juan Belmonte, el hecho de que se espere y se exija de cada matador que ejecute los quites para conseguir un espectáculo completo, y el perdón que se otorga a una estocada mediocre, si el matador es un artista con la capa y la muleta, son los principales cambios que se han producido en la corrida moderna.

Hoy por hoy, el quite se ha convertido, en rigor, en «la hora de la verdad», casi con el mismo derecho que el tirarse a matar. El peligro es real, dominado y elegido por el torero, y tan visible que el más ligero truco o simulación de peligro se delata claramente. Los toreros rivalizan en invención, pureza de líneas, lentitud, y luchan por ver quién hará que pasen los cuernos del toro más cerca de su pecho, manteniendo al animal bajo su dominio y moderando la fuerza de su impulso con el balanceo de la capa, controlada por sus muñecas. La enorme mole del toro pasa junto al matador, que mira tranquilamente cómo los cuernos casi le rozan la taleguilla, y a veces la rozan realmente, mientras el espinazo del toro pasa rozándole el pecho, sin hacer más gesto para defenderse del animal y sin otro recurso contra la muerte cercana de los cuernos que el lento movimiento de sus brazos y su justa apreciación de la distancia. Estos pases modernos son más hermosos que lo que fue el trabajo con la espada en otros tiempos, y no hay nada más conmovedor. Pero para tener un animal con el que se pueda hacer esto y torear cada vez más cerca, hasta que las astas les pasan rozando realmente, los toreros desean que les toque en suerte un toro que embista por derecho, y es el trabajo moderno de la capa, bello en manera superlativa, superlativamente peligroso y superlativamente arrogante, lo que ha mantenido a la fiesta su popularidad y su prosperidad crecientes, en una época en que todo era decadencia y en que la capa era el único momento de la verdad. Se ve hoy en día a los matadores torear con la capa como no se vio jamás en otros tiempos; los que tenían valor han adoptado la invención de Belmonte y, a ejemplo suyo, torean muy cerca del toro, en su propio terreno, manteniendo el capote bajo y no sirviéndose más que de los brazos; y algunos han conseguido hacerlo mejor que el propio Belmonte, cuando encuentran los toros que les convienen. No ha habido, pues, decadencia por lo que hace a la capa. Ha habido, no un renacimiento, sino un progreso constante, duradero y total.

No voy a describir las diferentes maneras de emplear la capa, tales como la gaonera, la mariposa, el farol o los estilos antiguos, los cambios de rodillas, los galleos, las serpentinas con el mismo detalle que he descrito la verónica, porque, si no lo habéis visto hacer, las palabras no pueden daros una idea ni os permitirían identificarlo como puede hacerlo la fotografía. La fotografía instantánea ha llegado a tal punto de perfección que sería estúpido el intento de describir una cosa que puede mostrarse, y estudiarse, al instante en una imagen. Pero la verónica es la piedra de toque de todo el trabajo de capa. Es en ella donde puede encontrarse el máximo peligro, la máxima belleza y la máxima pureza de líneas; es en la verónica donde el toro, al embestir, pasa completamente pegado al torero, y es en esta maniobra cuando el torero tiene más mérito. Casi todos los otros lances consumados con el capote son variantes pintorescas del mismo principio, y, si no es así, son más o menos trucos. La única excepción es el quite de la mariposa, inventado por Marcial Lalanda. Este lance, según lo he visto yo hacer por Marcial, participa más del principio de la muleta que del de la capa; su mérito estriba en hacerlo lentamente, de forma que los pliegues del capote, que corresponden a las alas de la mariposa, se alejen del toro con una lenta oscilación, con un movimiento suave, y no como una sacudida, en tanto que el torero retrocede despacio de uno y otro lado. Cuando esta suerte se ha hecho como tiene que hacerse, moviendo suavemente hacia atrás los pliegues de la capa, es como un pase natural de muleta y tan peligroso como él. No he visto a nadie que lo haga tan bien como Marcial Lalanda. Sus imitadores, en particular Vicente Barrera, de Valencia, con sus tendones de acero, sus piernas ágiles y su nariz de aguilucho, hacen el quite de la mariposa sacudiendo la capa por debajo de las narices del toro con la brusquedad de una descarga eléctrica. Hay una buena razón para que no lo hagan tan despacio; si lo hacen despacio, corren peligro de muerte.

En su origen, los quites se ejecutaban empleando con preferencia las largas. En estos lances, la capa se desplegaba completamente, se ofrecía al toro un extremo del capote, y se lo atraía haciéndole seguir el capote desplegado; luego se hacía girar al animal sobre sí mismo y se lo detenía de golpe con un movimiento del matador, que lanzaba la capa por encima de su hombro y se iba. Se podía ejecutar este lance con una gran elegancia, y eran posibles numerosas variaciones. El torero podía realizarlas de rodillas y lanzar el capote de modo que este se desplegase en el aire como una serpiente, ejecutando así los pases llamados serpentinas y otras fantasías, que Rafael el Gallo hacía tan bien. Pero, en todas las largas, el principio era que el toro debía seguir el capote arrastrado en toda su longitud y que tenía que verse obligado a doblarse sobre sí mismo y a inmovilizarse por un movimiento dado a la extremidad del capote por el torero, que lo sostenía por la otra punta. La ventaja de estos lances consistía en que hacían girar al toro menos bruscamente que los de capa con las dos manos, lo que dejaba al animal en mejores condiciones para embestir en el tercio final.

La cantidad de trabajo de capa que hoy se hace es, desde luego, muy nefasto para el toro. Si el fin de la lidia hubiera seguido siendo, como al principio, simplemente el de poner al toro en las condiciones más favorables para entrar a matarlo, sería indefendible el extenso uso que hacen los espadas del capote con las dos manos. Pero, con el progreso o la decadencia de la corrida, la preparación para la estocada no es ahora más que un tercio de la corrida, no el fin único, y el trabajo de la capa y la muleta son los otros dos tercios, de manera que el tipo del torero ha cambiado también. Rara vez, muy rara vez, se ve a un matador que sea al mismo tiempo un gran matador y un gran artista con la capa y con la muleta, tan raro como encontrar un boxeador que fuese también pintor de primera magnitud. Para ser un artista de la capa y servirse de ella todo lo mejor posible, es menester un sentido estético que sería un grave inconveniente para un gran matador. Un gran matador debe ser un torero al que le guste matar. Debe tener un valor y un talento extraordinarios para llevar a cabo al mismo tiempo dos actos muy diferentes con las dos manos, una operación mucho más difícil que la de golpearse la cabeza con una mano, frotándose el vientre con la otra. Además un matador debe tener de manera innata y predominante el sentido del honor, ya que hay numerosas maneras de trucar la entrada a matar a un toro y de no matarlo francamente. Pero, por encima de todo, a un gran matador debe gustarle matar. A la mayoría de los toreros artistas, comenzando con Rafael el Gallo y pasando por Chicuelo, la necesidad de matar les parece lamentable. Estos toreros no son matadores, sino toreros muy finos, hábiles en el manejo de la capa y de la muleta. No les gusta matar, tienen miedo de matar, y el ochenta por ciento de las veces matan mal. La lidia ha ganado mucho con el arte que han aportado ellos, y uno de esos grandes artistas, Juan Belmonte, aprendió incluso bastante bien a matar. Porque, aunque nunca fue un gran matador, había en él una raíz desgarrada y ponía tal pundonor en hacerlo todo perfectamente que acabó por convertirse en un matador seguro y aceptable, después de haber sido un matador inmaduro durante mucho tiempo. Pero en la mirada de Belmonte había algo como de lobo, y no hay nada de lobo entre los otros estetas que se han revelado después de él. Y debido a que esos estetas no pueden matar convenientemente, como debieran hacerlo, y a que los expulsarían de la plaza si tuvieran que matar los toros como han de matarse, el público ha tomado el partido de esperar y reclamar de ellos el máximo que pueden dar con la capa y la muleta, sin reparar en si todo ello sirve o no finalmente para la preparación del toro, con lo cual la estructura de la corrida se ha visto modificada.

—Señora, ¿la aburren estas disertaciones sobre los toros?
La vieja señora. —No, caballero; no me atrevería a decir que me aburren, pero me cuesta trabajo entenderlas todas al mismo tiempo.
—Me hago cargo; cualquier explicación técnica es difícil de entender. Es como las sencillas instrucciones que acompañan a los juguetes mecánicos y que resultan incomprensibles.
La vieja señora. —Yo no trataba de decir que su libro fuese tan malo, caballero.
—Gracias; me da usted mucho ánimo. Pero ¿no puedo hacer algo para impedir que decaiga su interés?
La vieja señora. —No es que decaiga; solo que, a veces, me fatigo.
—¿Qué podría hacer para divertirla?

La vieja señora. —Usted me divierte siempre.

—Gracias, señora; pero quiero decir cómo podría hacer para divertirla con mi lectura o con mi conversación.

La vieja señora. —Pues, bien, puesto que hoy hemos terminado tan pronto, ¿por qué no me cuenta usted alguna historia?

—¿A propósito de qué, señora?

La vieja señora. —A propósito de lo que más le agrade, caballero, aunque no me gustaría oír otra historia de muertos. Estoy un poco cansada de los muertos.

—¡Ay, señora! Los muertos también están un poco cansados.

La vieja señora. —No más cansados que yo de oír hablar de ellos, y al menos yo puedo expresar mis sentimientos. ¿Conoce usted historias del género de esas que escribe el señor Faulkner?

—Conozco algunas, señora; pero, si las contara con crudeza, podrían desagradarle.

La vieja señora. —Entonces, no me las cuente usted con demasiada crudeza.

—Señora, voy a referirle dos, y trataré de que sean tan breves y poco crudas como esté en mi mano. ¿Qué clase de historia le gustaría a usted para empezar?

La vieja señora. —¿Conoce usted historias auténticas sobre esos pobres desgraciados?

—Conozco algunas; pero, en general, les falta el elemento dramático, como pasa con todos los relatos de gentes anormales. Con gentes normales, nadie sabe cómo pueden terminar las cosas; mientras que, con anormales, todas las historias acaban poco más o menos de la misma manera.

La vieja señora. —No me importa; me gustaría oír alguna. He leído en otro tiempo varias cosas sobre esos desgraciados, y me interesan mucho.

—Muy bien, pues he aquí una, muy corta, pero que bien escrita podría ser trágica. Claro que no trataré de escribirla, sino de referirla rápidamente. Fue en el banquete que la Anglo-American Press Association ofrecía en París cuando mi vecino de mesa me hizo este relato. Mi vecino de mesa era un periodista, algo tonto aunque buen amigo; hombre encantador y excelente compañero que vivía por entonces en un hotel demasiado caro para lo que él ganaba. En aquella época tenía todavía un empleo bueno, porque las circunstancias que iban a mostrar más tarde hasta qué punto era un pobre periodista no se habían producido aún. Este amigo mío me contó durante el almuerzo que había dormido muy mal la noche anterior a causa de una pelea en el cuarto próximo de su hotel. Hacia las dos de la madrugada, alguien llamó a su puerta, rogándole que lo dejase entrar. El periodista abrió la puerta y un joven como de unos veinte años, moreno, vestido con un pijama y una bata de aspecto nuevo, entró en la habitación llorando. Al principio, el joven estaba tan nervioso que era difícil entenderle, salvo que, al parecer, alguna cosa horrible acababa de ser evitada hacía poco. El joven, por lo que se veía, acababa de llegar a París con un amigo en el ferry de aquella misma mañana. Su amigo era algo mayor, y se habían conocido poco antes, pero se habían hecho grandes amigos enseguida y él había aceptado su invitación para viajar con él. Su amigo tenía mucho dinero y él no tenía nada. Su amistad había sido una cosa hermosa hasta aquella noche. Pero todo en el mundo había acabado para él. Estaba sin dinero y no podría ver Europa (en aquel momento volvió a sollozar), aunque nada en el mundo lo haría volver a aquella habitación. Sobre este punto era inquebrantable. Antes se quitaría la vida. Estaba realmente decidido a hacerlo. En aquel momento alguien llamó a la puerta y el amigo, que era también un muchacho norteamericano, guapo y de buen porte y que llevaba una bata tan nueva y costosa como la del primer visitante, entró en la habitación. Al preguntarle el periodista qué había sucedido, contestó que no era nada; su amigo estaba un poco cansado a causa del viaje. Al oírlo, el primer muchacho rompió a llorar y dijo que por nada del mundo volvería a aquella habitación. Se mataría, aseguró; estaba resuelto a matarse. Volvió, sin embargo, después de algunas palabras sensatas y consoladoras del amigo de más edad y después que el periodista les hubo dado al uno y al otro un coñac con soda y aconsejado que pusieran fin a la pelea y se fueran a dormir. El periodista no podía imaginar de qué se trataba, aunque sospechaba que era algo divertido y, en todo caso, se fue a la cama y se durmió. Pronto lo despertó un ruido que parecía el de una lucha en la habitación vecina y una voz que decía: «Yo no sabía que era así. ¡Oh, yo no sabía que era así! No quiero; no quiero», seguido, según la descripción del periodista, de un grito de desesperación. Golpeó violentamente en la pared y el ruido cesó, pero todavía pudo oír sollozar a uno de los amigos y le pareció que era el mismo que había sollozado antes.

—¿Necesita usted ayuda? —preguntó el periodista—. ¿Quiere que avise a alguien? ¿Qué pasa ahí?

No obtuvo respuesta, salvo los sollozos de uno de los amigos. Hasta que el otro amigo dijo, de manera clara y distinta:

—Haga usted el favor de ocuparse en sus propios asuntos.

Esto irritó tanto al periodista que pensó llamar a la dirección y hacer que los expulsaran; y lo habría hecho, dijo, si hubiesen dicho todavía algo más. Pero no volvió a oír ningún rumor y regresó a la cama. No pudo dormir bien, porque el primero de los amigos siguió sollozando durante mucho tiempo, hasta que, al fin, calló. A la mañana siguiente, mi amigo los vio desayunándose en la terraza del café de la Paix; charlaban alegremente y tenían en las manos sendos ejemplares del *New York Herald* de París. Uno o dos días más tarde me los enseñó circulando juntos en un taxi descubierto, y luego los vi sentados con frecuencia en el café des Deux-Magots.

La vieja señora. —¿Es eso todo? ¿No hay, para terminar, lo que llamaban en mi juventud un golpe de efecto?

—¡Ah, señora! Hace años que no añado ningún efecto al final de una historia. ¿Está usted segura de que no se queda contenta si me guardo la moraleja?

La vieja señora. —Francamente, caballero, preferiría la moraleja.

—Entonces, señora, no quiero privarla de ella. La última vez que vi a la pareja estaban sentados en la terraza del café des Deux-Magots, llevaban trajes de buen corte y tenían mejor aspecto que nunca, salvo que el más joven, el que decía que estaba resuelto a matarse antes que volver a la habitación, se había teñido los cabellos de rubio platino.

La vieja señora. —No me gusta la moraleja.

—Señora, el asunto es endeble y un efecto demasiado vigoroso llegaría a aplastarlo. ¿Quiere que le cuente otra historia?

La vieja señora. —Gracias, caballero; pero creo que ya tengo bastante por hoy.

Capítulo 16

Habréis leído en alguna parte que los toros de antes eran capaces de recibir treinta, cuarenta, cincuenta y hasta sesenta varas de los picadores, mientras que hoy un toro que soporta siete es un animal extraordinario. Parece, pues, que las cosas eran muy distintas en aquellos tiempos y que los toreros debían de ser gigantes parecidos a lo que eran los jugadores de fútbol del equipo del instituto cuando nosotros estábamos aún en las clases de párvulos. Los tiempos han cambiado mucho; en lugar de los grandes atletas, no hay ahora más que niños que juegan en los equipos de los institutos, y los viejos, en los cafés, explican que tampoco hay ahora buenos toreros, que todos son niños sin honor, talento ni valentía, semejantes a esos niños que hoy juegan al fútbol en los equipos de los institutos, niños que en nada se parecen a aquellos atletas adultos, aguerridos, con jersey, con codos de cuero, oliendo a sobacos sudados, con protectores de cuero en la cabeza, con perneras de cuero llenas de barro y zapatos sujetos con tiras de cuero, que dejaban una huella visible en la tierra cuando paseaban por las calles, una vez terminado el partido.

Había siempre gigantes en aquellos tiempos y los toros, es cierto, aguantaban numerosas varas, como prueban las reseñas de la época; pero las puyas eran diferentes. En los tiempos más antiguos la pica tenía una pequeña punta de acero triangular, envuelta y protegida de tal modo que solamente esta corta extremidad podía hincarse en la piel del toro. El picador recibía al toro poniendo su caballo de frente, le hincaba la puya, luego hacía girar al caballo a la izquierda, lo ponía al abrigo de la embestida y dejaba al toro que pasara de lado. Un toro, incluso de la clase de los toros modernos, podía en tales condiciones aceptar un gran número de varas, porque el acero no penetraba profundamente en él, siendo un ejercicio de habilidad del picador más que un encuentro deliberadamente dañoso y punitivo.

Hoy en día, después de muchas modificaciones, se discute aún entre ganaderos y picadores sobre la forma de la pica, ya que esta forma determina su agresividad y el número de veces que el toro puede cargar contra ella sin arruinar su fortaleza y su valentía.

La pica actual es muy dañina, aun colocada convenientemente. Lo es, sobre todo, porque el picador no la coloca, no «lanza la vara», como se dice, hasta que el toro ha alcanzado al caballo. El toro, entonces, tiene que hacer un esfuerzo para levantar en vilo al caballo, y el hombre, haciendo fuerza con todo su peso sobre la vara, le hinca el acero en el músculo del cuello o en la cruz. Si todos los picadores fuesen tan hábiles como lo son algunos, no sería necesario dejar que el toro alcanzase al caballo antes de lanzar la vara; pero la mayoría de los picadores, por ser la suya una profesión mal pagada que solo conduce a la conmoción cerebral, no son capaces de colocar la pica adecuadamente. Confían entonces en un golpe de suerte y en el esfuerzo que el toro tiene que hacer cuando levanta en vilo al caballo y al jinete, para fatigar los músculos del bicho y hacer el trabajo que un verdadero picador podría llevar a cabo sin dejarse no ya desmontar, sino ni siquiera mover de su montura. Los petos protectores que hoy llevan los caballos han hecho el trabajo del picador mucho más difícil y azaroso. Sin esos petos, el cuerno puede penetrar en el flanco del caballo y el toro puede levantarlo o, a veces, satisfecho del daño que ha causado con su cuerno, es posible mantenerlo a distancia solo con la pica. Con los petos, en cambio, se lanza contra el caballo, no encuentra nada donde meter el cuerno y derriba en tierra al caballo y al picador. El empleo de los petos protectores ha conducido, además, a otro abuso. Como muchos caballos ya no mueren en la plaza, el contratista puede presentarlos una y otra vez como nuevos. Los animales tienen tal miedo de los toros, se ven acometidos de tal pánico solo con olerlos, que es casi imposible manejarlos. El nuevo reglamento oficial prevé que los picadores puedan rechazar semejantes caballos y que se marque a estos caballos de modo que no se utilicen ni se ofrezcan por ningún tratante; pero, como el picador está tan mal pagado, el efecto de este reglamento se disipa con la propina, que constituye una parte regular de los ingresos del picador y que este acepta del tratante por montar sus bestias, cuando tendría el derecho y el deber de rehusarlas en nombre de los reglamentos oficiales.

La propina es responsable de casi todos los horrores de la corrida. Los reglamentos fijan la talla y el grado de fuerza y de salud de los caballos que hayan de ser empleados en la plaza; si se emplearan caballos apropiados, y si los picadores estuvieran bien entrenados, no habría ninguna razón para que los caballos muriesen más que por accidente y contra la voluntad de sus jinetes, como sucede, por ejemplo, en las carreras de obstáculos. Pero la vigencia de estos reglamentos que los protegen se ha confiado al propio picador, como parte más interesada en el asunto, y el picador está tan mal pagado por el peligro que corre que, por un pequeño suplemento, está dispuesto a montar caballos que hacen su faena todavía más difícil y peligrosa. El tratante debe poner a su disposición treinta y seis caballos en cada corrida. Recibe, a cambio, una suma fija, ocurra lo que ocurra a los caballos, y está muy interesado en proporcionar los animales menos caros que pueda conseguir y en utilizar el menor número posible de ellos.

He aquí cómo suceden las cosas, más o menos. Los picadores llegan la víspera o por la mañana del día de la corrida a los corrales de la plaza para escoger y ensayar los caballos que han de montar. Una placa de hierro, pegada a la pared de piedra del corral, marca el mínimo de altura hasta el lomo que un caballo debe tener para que lo acepten. El picador llega, manda que pongan la montura sobre el caballo, monta en él, prueba sus reacciones con el bocado y la espuela, recula, gira y, dirigiendo su montura hacia la pared del corral, apoya la punta de la vara en ella para ver si el caballo es firme y se mantiene sobre sus pies. Desciende entonces de la montura y dice al tratante:

—No arriesgaría mi vida con semejante jamelgo ni por mil dólares.

—Pero ¿qué le pasa al caballo? —pregunta el tratante—. Mucho tendría usted que correr antes de dar con un caballo como este.

—Mucho —dice el picador.

—Pero ¿qué es lo que le pasa al caballo? Es un caballito muy lindo.

—No siente el bocado —dice el picador—. No quiere recular. Y, además, es pequeño.

—Tiene la talla justa; mírelo, tiene la talla justa.

—La talla justa ¿para qué?

—La talla justa para montarlo.

—No seré yo quien lo monte —dice el picador, haciendo gesto de marcharse.

—No encontrará usted un caballo mejor, se lo juro.

—Desde luego —dice el picador.

—Pero ¿qué es lo que le encuentra realmente al caballo?

—Tiene muermo.

—¡Qué tontería! No es muermo, es solamente un poco de caspa.

—Lo mejor es que le diera un poco de insecticida con el pulverizador —dice el picador—. Eso acabaría con él.

—Pero, de verdad, ¿qué es lo que le encuentra?

—Tengo mujer y tres hijos. No lo montaría ni por diez mil duros.

—Sea usted un poco sensato —dice el tratante.

Hablan en voz baja. El tratante da al picador quince pesetas.

—Acepto —dice el picador—. Márqueme el caballito.

Y así, por la tarde, veréis a ese picador llegar en su caballito, y si el caballito queda desgarrado y, en lugar de matarlo, el muchacho vestido de rojo lo lleva corriendo hacia la puerta de los caballos para hacer que lo vuelvan a coser de modo que el tratante pueda volver a utilizarlo, podéis estar seguros también de que se ha dado o se ha prometido al muchacho una propina por cada caballo que pueda llevarse vivo del redondel, en lugar de matarlo cuando está herido, como ordenan la piedad y la decencia.

He conocido a algunos buenos picadores, gente honesta, honorable, valerosa, desempeñar este oficio de muerte admirablemente, pero os regalaría con gusto todos los tratantes que he visto, aunque algunos eran buenos chicos desde luego, y os regalo también, si los queréis tomar, a todos los mozos de servicio del ruedo. Son las únicas personas que he encontrado en el mundo de los toros embrutecidas por el oficio; y son las únicas que toman parte activa en él sin correr ningún peligro. He conocido a muchos, a dos en particular, un padre y un hijo, a los que pegaría con gusto un par de tiros, si pudiera. Si llegara alguna vez el momento en que, por unos días, se pudiera disparar sobre quien nos plazca, creo que antes de dar caza a algunos policías, a algunos políticos italianos, a algunos funcionarios del gobierno, a algunos jueces de Massachusetts y a un par de amigos de mi infancia, montaría una trampa en lugar seguro para esos dos mozos de la plaza. No quiero dar más detalles sobre su identidad, porque, si tengo que acabar con ellos algún día, estos datos se tomarían como prueba de premeditación. Pero, de todos los ejemplos de crueldad gratuita y sórdida que he visto, han sido ellos los que me han proporcionado más. Por lo general se ve crueldad gratuita entre los policías brutales, al menos en todos los países que yo he visitado, incluyendo en particular el mío. Pero esos dos monosabios de Pamplona y de San Sebastián debieran ser, por derecho propio, agentes de policía o, mejor aún, formar parte de la escuadra móvil, aunque es bien cierto que emplean lo mejor que pueden su talento en la plaza. Estos tipos llevan colgadas de la cintura puntillas, esto es, cuchillos de mango largo, con los que podrían dar el golpe de gracia a todo caballo gravemente herido; pero no los he visto jamás matar un caballo que todavía esperasen poder poner en pie y llevarlo a los corrales. No se trata solamente del dinero que pueden ganar evitando rematar a caballos a los que se va a remendar vivos para reintroducirlos luego en la arena, sino que los he visto negarse a matar a un caballo que no podía ponerse en pie ni ser sacado del redondel, hasta que se vieron forzados por el público, y todo por el mero placer de ejercitar al máximo su poder de negarse a cumplir un acto de piedad. La mayor parte de los mozos del ruedo son pobres diablos que llevan a cabo un trabajo miserable por un sueldo no menos miserable, y tienen derecho a la piedad, si no a la compasión. Si salvan un caballo o dos que habrían debido matar, lo hacen con un miedo que mitiga cualquier placer que consigan con ello, y se ganan su dinero tan bien como, por ejemplo, los hombres que recogen colillas por las calles. Pero esos dos de que hablo son dos tipos gordos, bien nutridos y arrogantes. He logrado una vez largar una gran almohadilla de cuero, alquilada por una peseta y cincuenta céntimos, al rostro del más joven durante una protesta escandalosa en una plaza del norte de España, y no voy jamás a la plaza sin una botella de manzanilla, que espero siempre tener ocasión de arrojar, vacía, contra el uno o el otro, en un momento en que el escándalo se haga tan general que un simple botellazo pueda pasar inadvertido para las autoridades. Cuando, a través de numerosos contactos con sus representantes, se ha llegado a no sentir respeto por la ley, como remedio de los abusos la botella se convierte en un medio soberano de acción directa. Y, en todo caso, si no es posible usarla como proyectil, siempre puede utilizarse como bebida.

En las corridas de hoy, el buen juego de varas no es aquel en que el picador, girando, coloca su caballo enteramente al abrigo. Eso es lo que debiera hacerse, pero podrá pasar mucho tiempo sin que veáis un solo ejemplo de ello. Todo lo que hoy puede esperarse de un buen picador es que coloque la vara correctamente, es decir, que hinque la punta en el morrillo o giba muscular que se yergue tras la nuca del toro, en la parte delantera del lomo, que trate de mantener el toro a distancia y que no busque con un movimiento de la pica hacer al toro una gran herida para que pierda sangre y se debilite, de manera que el peligro sea menor para el espada.

Un mal picador coloca la vara en cualquier parte menos en el morrillo, y la coloca de tal modo que abre una gran herida o deja que el toro alcance al caballo y, cuando el cuerno ha penetrado, lanza la vara, imprime un giro a la pica, cuyo acero está ya hincado en la carne del toro, y trata de dar la impresión de que protege al caballo, cuando lo que hace realmente es estropear al toro con un propósito poco justificable.

Si los picadores fuesen propietarios de sus caballos y estuviesen bien pagados, los protegerían y, en la lidia, la parte en que aparece el caballo se convertiría en una de las más brillantes y en la que más habilidad se desplegaría, en lugar de ser un mal necesario. Por mi parte, si los caballos tienen que morir, cuanto peores sean será mejor. Para los picadores, un viejo caballo de grandes cascos es más útil, según manejan ahora la pica, que un purasangre en plena forma. Para hacer su trabajo en la plaza es preciso que un caballo sea viejo o que esté muy fatigado. Y es para fatigar a los animales, más que para proveer de un medio de transporte a los picadores, para lo que se hace ir a los caballos montados desde la plaza hasta la pensión de los picadores y se vuelve a la plaza, atravesando la ciudad.

En provincias, los mozos del ruedo montan los caballos por la mañana para fatigarlos. El papel del caballo no es más que el de proporcionar al toro alguna cosa para embestir, de modo que fatigue los músculos del cuello y, además, ofrecer un soporte al hombre que aguanta la embestida y que coloca la pica de manera que fuerce al toro a fatigar esos músculos. Su deber consiste en cansar al toro y no en debilitarlo con heridas. La herida hecha con la pica es un accidente, más que un fin, y siempre que se convierte en fin es condenable.

Usados con este propósito, los peores caballos, es decir, los que ya no sirven para otro empleo, aunque se mantienen todavía sobre sus patas y son suficientemente manejables, son los mejores. Yo he visto a purasangres muertos en su primera juventud, en otros lugares que no eran el ruedo, y es siempre un espectáculo triste y angustioso. El ruedo, para los caballos, es la muerte y, para la plaza, los peores caballos son los mejores.

Como he dicho ya, si los picadores fueran propietarios de sus caballos, cambiaría todo el espectáculo; pero prefiero ver una docena de viejos caballos fuera de servicio muertos a propósito, a un solo caballo bueno muerto por accidente.

¿Y la vieja señora? Se ha largado. La hemos expulsado del libro. Un poco tarde, dirán ustedes. Sí, quizá un poco tarde. ¿Y los caballos? Es de ellos de lo que la gente quiere hablar siempre que se trata de las corridas. ¿Hemos hablado bastante de los caballos? Ya hemos hablado bastante, dirán ustedes. Les ha gustado todo, salvo los pobres caballos. ¿Tenemos que intentar un tono más elevado?, ¿levantar un poco la moral? ¿O debemos pasar a temas más elevados?

Aldous Huxley comienza así un ensayo, titulado *Foreheads Villainous Low*: «Míster Hemingway, en el libro tal y tal [y aquí el título de un libro del autor de estas líneas], se arriesga una vez a nombrar a un viejo maestro. Hay una frase admirablemente expresiva [aquí míster Huxley inserta un cumplido a mi favor], una frase sencilla, sin más, sobre las «llagas amargas» de los Cristos de Mantegna; pero luego, muy rápidamente, asustado de su propia audacia, el autor pasa a otra cosa —como la señora Gaskell* trataría de hacer con gran premura si, por descuido, se hubiese visto obligada a nombrar un sitio excusado—, y, avergonzado, se pone a hablar de asuntos inferiores».

«Hubo una época, no hace mucho tiempo —prosigue Huxley—, en que las gentes estúpidas e incultas aspiraban a pasar por cultas e inteligentes. Esta corriente de aspiraciones ha cambiado de dirección. No es raro hoy encontrar a gentes inteligentes y cultivadas que hacen todo lo posible por simular estupidez y ocultar que han recibido una buena educación...» Y así sucesivamente, en la mejor vena del señor Huxley, que, sin duda alguna, es una vena muy elevada.

¿Y qué?, dirán ustedes. El señor Huxley ha dado en el blanco. ¿Qué es lo que tiene usted que decir? Permítanme responderles francamente. Después de leer este pasaje del libro del señor Huxley fui a comprar un ejemplar del libro que cita; lo leí de cabo a rabo y no pude encontrar la cita. Debe de estar en el libro, pero no tuve la paciencia de buscarla a fondo, ni tampoco demasiado interés, ya que el libro estaba ya escrito y no podía hacerse nada por cambiarlo. La cita se parece mucho a ese género de frases que un autor trata de eliminar cuando relee su manuscrito. Pero creo que se trata de algo más que de evitar o simular apariencia de cultura. Cuando un autor escribe una novela tiene que crear gentes que vivan; gentes, no personajes. Un personaje es una caricatura. Si el autor puede hacer que vivan las gentes, es posible que en su libro no haya grandes personajes. Pero es posible que su libro quede como una totalidad, una entidad, una novela. Si las gentes que trae a cuento el escritor hablan en su vida diaria de

---

* Escritora inglesa, biógrafa de Charlotte Brontë. *(N. del T.)*

los viejos maestros, de la música, de la pintura moderna, de la literatura o de la ciencia, tienen que hablar de esos temas en la novela. Pero si no hablan de todo eso y el escritor los hace hablar, es un impostor, y, si habla él por boca de esos personajes para revelar todo lo que sabe, es un vanidoso. Por perfecta que sea la frase o la comparación que haya encontrado, si la coloca donde no es absolutamente necesaria e irremplazable, estropea toda su obra por egotismo. Prosa es arquitectura, y no decoración interior, y la época del barroco está acabada. Para un escritor, poner sus propios ensueños intelectuales —que habrían podido vender a bajo precio en forma de ensayos— en boca de personajes artificialmente construidos, que son más provechosos cuando se los presenta como gentes verdaderas en una novela, es económicamente hábil, pero no es literatura. Los personajes de una novela tienen que ser, no caracteres hábilmente construidos, sino criaturas tomadas de la experiencia asimilada por el escritor, tomadas de su experiencia, de su cabeza y de su corazón, y de todo lo que nace de él. Con un poco de suerte y trabajando seriamente, si el autor consigue sacarlos enteramente de sí mismo, tendrán más de una dimensión y durarán mucho tiempo. Un buen escritor debe conocer todas las cosas lo más de cerca posible. Naturalmente, no lo conseguirá. Un gran autor parece que ha nacido conociéndolas. Pero no es así: ha nacido solamente con la aptitud para aprender más deprisa que los demás y sin que se empeñe en ello conscientemente, y con una inteligencia que le permite aceptar o rechazar lo que se le presenta como saber adquirido. Hay ciertas cosas que no se pueden aprender rápidamente, y para aprenderlas tenemos que pagarlas muy caras con nuestro tiempo, que es todo lo que poseemos. Estas son las cosas más sencillas, y, como hace falta toda una vida humana para conocerlas, el pequeño conocimiento nuevo que cada hombre extrae de la vida le resulta muy costoso, y es la única herencia que puede dejar. Toda novela verdaderamente escrita contribuye al total de conocimientos que quedan a disposición del escritor que le sigue; pero el escritor que le sigue tiene que pagar siempre con cierto porcentaje de su propia experiencia para poder entender y asimilar lo que le llega por derecho de nacimiento y que es para él punto de partida. Si un escritor en prosa conoce lo suficientemente bien aquello sobre lo que escribe, puede silenciar cosas que conoce, y el lector, si el escritor escribe con suficiente verdad, tendrá de estas cosas una impresión tan fuerte como si el escritor las hubiera expresado. La dignidad de movimientos de un iceberg se debe a que solamente un octavo de su masa aparece sobre el agua. Un escritor que omite ciertas cosas porque no las conoce, no hace más que dejar lagunas en lo que escribe. Un escritor que se da tan poca cuenta de la gravedad de su arte, que se inquieta por mostrar a las gentes que ha recibido una buena educación, que es culto o instruido, es, simplemente, un papagayo. Y acordaos también de esto: no hace falta confundir al escritor serio con el escritor solemne. Un escritor serio puede ser un halcón, un zopilote e incluso un papagayo; pero un escritor solemne no es nunca más que una condenada lechuza.

Capítulo 17

Ninguna de las partes de la fiesta atrae tanto al espectador que ve por vez primera una corrida como la colocación de las banderillas. Los ojos de una persona no familiarizada con la fiesta brava no pueden seguir realmente el trabajo de la capa; se está bajo la impresión de ver al caballo acometido por el toro y, cualquiera que sea la manera como este episodio afecte al espectador, lo más probable es que este siga mirando al caballo y que se le escape así el quite que el espada acaba de hacer. El trabajo con la muleta es confuso para el espectador; el espectador no sabe qué pases son más difíciles de ejecutar y, como todo es nuevo para él, sus ojos son incapaces de distinguir un movimiento de otro. Observa la muleta como algo pintoresco, y la muerte del toro puede ser una cosa consumada con tal rapidez que, a menos que el espectador tenga unos ojos muy adiestrados, es probable que no sea capaz de descomponer las diferentes figuras ni de ver en realidad lo que ha sucedido en tan pocos segundos. Con frecuencia también, la muerte del toro se produce sin estilo ni sinceridad y el matador disminuye la importancia del episodio haciendo lo menos que puede, de modo que el espectador no se hará ninguna idea de la emoción ni del espectáculo que puede proporcionar un toro muerto como mandan los cánones. Pero ve en cambio, claramente, la colocación de las banderillas, la sigue fácilmente en todos sus pormenores y casi invariablemente, cuando está bien hecha, le produce satisfacción.

En el tercio de banderillas, el espectador ve salir a un hombre llevando dos palitroques en la mano con puntos de hierro, y ese es el primer hombre que ve en el ruedo adelantarse hacia el toro sin la capa en las manos. El hombre atrae la atención del toro —describo el modo más sencillo de poner banderillas—, corre hacia él cuando el toro carga y, en el momento en que el toro y el hombre van a encontrarse, y el toro agacha la cabeza para engancharlo, el hombre junta los pies, levanta los brazos y hunde las puntas de los palos en la nuca del toro.

Esto es todo lo que el ojo del espectador puede seguir del espectáculo.

¿Por qué no le coge el toro?, preguntan algunos al asistir a su primera corrida o incluso después de haber asistido a varias. La respuesta es que el toro no puede dar la vuelta en un espacio más pequeño que la longitud de su cuerpo. Por lo tanto, si el toro embiste, el hombre, una vez que ha pasado el cuerno, está a salvo. El banderillero puede rebasar el cuerno tomando una trayectoria que lo lleve a formar un ángulo con la trayectoria del toro; calcula el momento del encuentro cuando pone los pies juntos, de manera que el toro tenga entonces agachada la cabeza, coloca sus palitroques, gira y deja atrás el cuerno. Eso es lo que se llama poner las banderillas de poder a poder. Pero el hombre puede elegir su punto de partida de manera que describa el arco de un círculo cuando corta la trayectoria del toro, colocándolas entonces al cuarteo, que es la manera más común de colocarlas, o bien puede mantenerse inmóvil y esperar la embestida del toro, y esta es la forma más elegante, y en el momento en que va a alcanzarlo, bajando la cabeza y embistiendo, el banderillero levanta el pie derecho y se retira hacia la izquierda, de manera que el toro sigue el engaño de su cuerpo; se echa luego hacia atrás, vuelve a pisar con el pie derecho y clava los rehiletes. Esto es lo que llama poner las banderillas al cambio, y se puede hacer, desde luego, hacia la derecha o hacia la izquierda. De la manera que yo he descrito, el toro pasaría por la izquierda.

Hay una variante de esta forma, llamada al quiebro, en la que el banderillero no debe levantar ni un pie ni el otro, engañando al toro y haciéndole tomar una falsa dirección con un movimiento de su cuerpo, manteniendo los pies quietos. Pero yo no lo he visto hacer nunca. He visto colocar pares de banderillas que los críticos llamaban al quiebro, pero no las he visto poner una sola vez sin que el banderillero levantase uno u otro pie.

En todas estas formas de poner las banderillas hay dos hombres con capote en distintos lugares del anillo; en general, un matador en el centro y otro matador o banderillero detrás del toro, de manera que cuando el banderillero ha puesto las banderillas y esquivado las astas del toro del modo que haya elegido, el toro ve un capote ante él aun antes de poder doblarse, y sale en persecución de su nuevo adversario. Hay en la plaza un lugar determinado que cada uno de los dos o tres toreros provistos de capa ocupa para cada una de las diversas maneras de colocar las banderillas. Las maneras que yo he descrito, el cuarteo o arco de círculo, el poder a poder y sus variantes, que se ejecutan una y otra con el toro y el torero corriendo al mismo tiempo, y el cambio, con sus variantes, en que el banderillero queda inmóvil y aguarda la embestida del toro, son las formas más corrientes de poner las banderillas, cuando el torero trata de hacerlo con brillantez. Son, de ordinario, las que elige el matador cuando pone banderillas, y su efecto depende de la gracia, la limpieza, la decisión y el dominio que el torero pone en todo ello y de la posición correcta de las banderillas. Estas deben ponerse en lo alto del lomo, bien atrás del morrillo del toro; tienen que colocarse juntas, no separadas, y no han de hincarse en un sitio donde puedan dificultar la estocada. Las banderillas no deben colocarse nunca en las heridas abiertas por los picadores. Una banderilla correctamente situada solo atraviesa la piel, y el peso del palitroque hace que penda sobre el flanco del toro. Si la banderilla se hunde demasiado, se mantiene derecha y hace imposible cualquier trabajo brillante con la muleta, y, en lugar de un pinchazo ligero, sin efecto duradero, causa una herida dolorosa que trastorna al toro y lo hace inseguro y difícil. En el curso de la lidia ninguna maniobra tiene por efecto infligir dolor al toro. El dolor que se le hace es un accidente, no un fin. El objeto de todas las maniobras consiste en fatigar al toro y prepararlo para la entrada a matar, además de proporcionar un espectáculo brillante. Creo que la parte de la lidia que inflige al toro más dolor y sufrimiento, a veces inútil, es la colocación de las banderillas. Y, sin embargo, es la parte de la lidia que inspira menos repugnancia a los espectadores norteamericanos y británicos. Creo que ello se debe a que esta parte es la más fácil de seguir y de comprender. Si toda la lidia fuera tan fácil de seguir, de saborear y de entender, y si el peligro fuera siempre tan visible como en la colocación de las banderillas, la actitud del mundo no español respecto de las corridas podría ser muy distinta. En mi época he visto yo la actitud de los periódicos y los diarios norteamericanos cambiar considerablemente en relación con los toros en cuanto se presentaron tal como son, o se intentó presentarlos honestamente en cierta obra de ficción; y todo ello antes que el hijo de un agente de la policía de Brooklyn se convirtiese en matador hábil y popular.

Además de las tres maneras de poner banderillas que he descrito, hay por lo menos otras diez, algunas caídas en desuso, como la que consiste en desafiar al toro con una silla en la mano, sentarse cuando el toro embiste y levantarse enseguida, desviarlo hacia un lado con un engaño, ponerle las banderillas y volver a sentarse sobre la silla. No se ve hoy casi nunca hacerlo, ni tampoco otras distintas maneras de poner banderillas inventadas por ciertos toreros y que, al ser rara vez bien ejecutadas por otros que no eran sus inventores, cayeron en desuso.

Cuando los toros toman una querencia contra la barrera no se les pueden poner las banderillas por el método que consiste en correr cortando su línea de embestida, describiendo un cuarto de círculo o un semicírculo, y colocar los palitroques en el momento en que el trayecto del banderillero se encuentra con el camino del toro; porque el torero, después de haber esquivado el cuerno, se encontraría atrapado entre el toro y la barrera. Y tales toros deben ser banderilleados al sesgo. En esta maniobra, como el toro está contra la barrera, un hombre ubicado en el callejón atrae su atención con un capote hasta que el que tiene que poner las banderillas, saliendo de un punto de la barrera un poco más alejado, coloca las banderillas al pasar sin detenerse ante la cabeza del toro, de la manera que pueda. A menudo, este hombre debe saltar por encima de la barrera si el toro corre tras él. Otro hombre está un poco más lejos, en la plaza, para tratar de recoger al toro cuando doble; pero como los toros que necesitan de esta maniobra son, en general, inclinados a perseguir al hombre antes que el engaño, el torero que está con el capote resulta con frecuencia inútil.

Con los toros que no quieren embestir o que embisten cargando oblicuamente contra el hombre, o que son cortos de vista, se emplea la forma llamada de media vuelta. En esta forma de poner banderillas, el torero va por detrás, cerca del toro, llama su atención y, en el momento en que este se vuelve hacia el banderillero, bajando la cabeza para embestir, el torero que está ya en movimiento le pone las banderillas.

Este método no se usa sino en casos de extrema necesidad, ya que viola el principio de la lidia según el cual el torero debe, al ejecutar cualquier maniobra con el toro, acercarse a él de cara.

Otra manera de colocar las banderillas que se ve algunas veces es la que se llama al relance, y se hace cuando el toro está todavía corriendo y sacudiendo la cabeza después de la colocación de un par de banderillas; el torero toma ventaja de que el toro está aún corriendo, en lugar de tener que provocar deliberadamente su acometida, para acortar su camino en un cuarto de círculo o en un semicírculo y colocarle otro par.

El matador pone él mismo las banderillas ordinariamente cuando cree que el toro es propicio para lucirse. En los tiempos antiguos, el matador no ponía banderillas más que cuando el público se lo pedía. Ahora, la colocación de las banderillas forma parte del repertorio regular de todos los matadores que cuentan con el físico apropiado y han tenido tiempo de aprender bien a banderillear. El matador que prepara solo su toro puede conducirlo corriendo hacia atrás en zigzag, con cambios bruscos de dirección que representan la única defensa de un hombre a pie contra un animal; parece jugar con él, hacerlo ir a donde le place, lo cita luego con arrogancia, va hacia él con paso firme y lento y, cuando se produce la embestida, lo espera o bien corre a su encuentro, y en esas maniobras tiene ocasión de imprimir la huella de su personalidad y de su estilo en todo lo que hace en este tercio de la lidia. Un banderillero, en cambio, aunque sea más hábil que su espada, tiene que seguir sus instrucciones, que consisten en que coloque las banderillas en los lugares indicados y lo más rápida y correctamente posible, de manera que el toro esté otra vez disponible enseguida y en las mejores condiciones en manos de su amo, el matador, para el acto último y final. La mayor parte de los banderilleros, aunque sean buenos, solo sirven para poner los palitroques de un lado o de otro, y es muy raro que un hombre sea capaz de banderillear correctamente por los dos lados. Por esta razón, el matador suele llevar con él un banderillero que sea mejor por la derecha y otro que sea mejor por la izquierda.

El mejor banderillero que he visto ha sido Manuel García Maera. Él, Joselito y Rodolfo Gaona, el mexicano, fueron los tres grandes de los tiempos modernos. Es un hecho curioso la superioridad de todos los toreros mexicanos para colocar banderillas. En los últimos años, cada temporada venían a España de tres a seis aprendices mexicanos de toreros, y todos igualaban o superaban a los mejores artistas de las banderillas españolas. Su estilo, al preparar y al ejecutar, y la capacidad de emoción que emana de los riesgos increíbles que corren, son, aparte de la frialdad de su sangre india en el resto de su trabajo, la marca y las características de los toreros mexicanos.

Rodolfo Gaona fue uno de los más grandes toreros que ha habido. Se preparó bajo el régimen de Porfirio Díaz y toreó en España únicamente en los años en que las corridas fueron suspendidas en México durante la revolución. Modificó su estilo primitivo, imitando a Joselito y a Belmonte, y compitió con ellos, casi en términos de igualdad, durante la temporada de 1915, y de igual a igual en la temporada de 1916. Pero después, una cornada y un matrimonio desgraciado arruinaron su carrera en España. Su calidad descendía regularmente, año tras año, mientras que Joselito y Belmonte se perfeccionaban. El ritmo impreso a la lidia —y él ya no era tan joven como ellos—, el nuevo estilo y la pérdida de la moral, originada por sus dificultades domésticas, fueron demasiado para él. Volvió a México, donde dominó a todos los toreros y sirvió de modelo a todos los mexicanos elegantes de la actual cosecha. Muchos de los jóvenes toreros españoles no han visto nunca a Joselito ni a Belmonte, sino solamente a sus imitadores; pero todos los toreros mexicanos han visto a Gaona. En México fue también el maestro de Sidney Franklin, cuyo manejo de la capa, que desconcertó y asombró de tal forma a los españoles cuando apareció por vez primera, fue formado e inspirado por Gaona. México produce hoy, en un momento sin guerras civiles, muchos toreros que pueden ser grandes si los toros dejan algo de ellos. Las artes no son nunca muy florecientes en tiempos de guerra; pero, con la paz, el arte de la lidia en México es más floreciente hoy que en España. La dificultad estriba en la diferencia de talla, temperamento y nervio de los toros españoles. Cuando los jóvenes mexicanos llegan a España no están avezados a semejantes toros, y sucede con frecuencia que, después de hazañas brillantes, se dejan coger y cornear, no por defectos de técnica, sino porque trabajan con animales más nerviosos, poderosos y difíciles de conocer que los de su país. Todo gran torero resulta corneado antes o después; pero si lo es demasiado pronto, con demasiada frecuencia o demasiado joven, no será nunca el torero que podría haber sido de haberlo respetado los toros.

Cuando se juzga la colocación de un par de banderillas, lo que hay que advertir es a qué altura ha elevado el torero sus brazos al hincar los palitroques, ya que, cuanto más altos los levante, más cerca de su cuerpo deja llegar al toro. Hay que observar también en qué medida usa los arcos de círculo o cuarteos para cortar la acometida del toro; pues, cuanto más se sirve de los cuarteos, menos peligro corre. Cuando un par está realmente bien colocado, el banderillero junta los pies y levanta las manos, y, en los cambios y los pretendidos quiebros, es menester observar si sabe aguardar bien y hasta qué punto deja acercarse al toro antes de mover los pies. El mérito de las banderillas colocadas junto a la barrera depende enteramente del uso que se hace o no para trucar la maniobra de las capas agitadas detrás de la barrera y así atraer la atención del toro. Cuando el torero trabaja en el centro del anillo y el toro se dirige hacia él, dos hombres están colocados a alguna distancia con sus capas, uno a cada lado; pero están allí para distraer al toro si persigue al hombre después de ponerle los palitroques. Cuando se ponen las banderillas saliendo de la barrera puede ser que, una vez que se han colocado, haga falta que flote una capa para proteger al torero, si se encuentra en una situación difícil; pero un capote que se agita en el momento de poner las banderillas significa que solamente se trata de un truco.

Entre los toreros actuales, los mejores con las banderillas son Manolo Mejías (Bienvenida), Jesús Solórzano, José González (Carnicerito de México), Fermín Espinosa (Armillita II) y Heriberto García. Antonio Márquez, Félix Rodríguez y Marcial Lalanda son muy interesantes en la colocación de las banderillas. Lalanda pone a veces pares excelentes, pero describe por lo general un arco de círculo demasiado grande para esquivar la cabeza del toro. Márquez tiene dificultad dominando y colocando al toro, y, cuando pone las banderillas cerca de la barrera, casi siempre engaña al toro para que golpee con sus cuernos contra las tablas y se vuelva circunspecto ante la barrera, y en el momento en que pone el par hay un peón que agita el capote por encima de la barrera para distraer al toro, mientras Márquez lo evita. Félix Rodríguez es un espléndido banderillero, pero ha estado enfermo y le falta la energía física necesaria para banderillear bien. En sus mejores momentos es perfecto.

Fausto Barajas, Julián Sainz (Saleri II) y Juan Espinosa (Armillita) eran banderilleros excelentes, pero están en declive. Saleri se habrá retirado probablemente cuando este libro se publique. Ignacio Sánchez Mejías era un gran banderillero que se retiró también como matador, aunque su estilo era pesado y sin gracia.

Hay una media docena de jóvenes mexicanos tan buenos como cualquiera de estos matadores que acabo de nombrar, que en el momento en que se publiquen estas páginas habrán muerto, estarán acabados o serán famosos.

Entre los banderilleros que trabajan como peones a las órdenes de los matadores, los más diestros que yo conozco con las banderillas son: Luis Suárez (Magritas), Joaquín Manzanares (Mella), Antonio Duarte, Rafael Valera (Rafaelillo), Mariano Carrato, Antonio García (Bombita IV) y, con la capa, Manuel Aguilar (Rerre) y Bonifacio Perea (Boni), peón de confianza de Bienvenida. El mejor peón con la capa que yo he visto entre los peones era Enrique Berenguer (Blanquet). Los mejores banderilleros son a menudo hombres que habrían querido ser matadores y que, habiendo fracasado con el estoque, se resignan con la posición de toreros a sueldo en una cuadrilla. A veces saben más de toros que el matador para quien trabajan, y hasta tienen más personalidad y estilo; pero ocupan una posición subalterna y han de tener cuidado para no desviar de ninguna forma la atención de que debe gozar su jefe. El único hombre en las corridas que gana realmente dinero es el matador. Esto es justo en la medida en que asume la responsabilidad y corre el mayor peligro; pero los buenos picadores, que cobran solamente doscientas cincuenta pesetas, y los banderilleros, que cobran de doscientas cincuenta a trescientas, tienen un sueldo ridículamente bajo, sabiendo que el matador cobra diez mil pesetas y aún más. Si no hacen bien su oficio, son un compromiso fijo para el matador y, les pague como les pague, resultan onerosos; pero en la realidad, aunque lleguen a descollar en su profesión, no pueden ser más que obreros, en comparación con los matadores. Los mejores banderilleros y picadores están muy solicitados, y una docena de entre ellos pueden hacer hasta ochenta corridas en una temporada, pero hay muchos, buenos y capaces, que apenas ganan para vivir. Están organizados en sindicatos, y los matadores tienen que pagarles un salario mínimo, variable según la clasificación del espada. Están divididos en tres categorías, según la cantidad que perciben por la lidia, pero hay más banderilleros que ocasiones de torear, y un matador puede conseguirlos al precio que se le antoje, si es lo suficientemente miserable, haciéndoles firmar un recibo por una cantidad igual a una parte de lo que tienen que cobrar, de manera que pueda retenerles esa suma en el momento de pagarles. Por mal pagada que esté la profesión, estos hombres, que viven siempre en lucha con el hambre, logran mantener la ilusión de que podrían ganarse la vida y el orgullo de ser toreros.

Los banderilleros son a veces flacos, morenos, jóvenes, bravos, diestros y confiados; más hombres que su matador, al que acaso engañen con su querida, viven lo que les parece una buena vida y gozan de ella. Otras veces son respetables padres de familia, llenos de prudencia en lo que hace a los toros, gordos pero aún ligeros de pies, y pequeños hombres de negocios, que en este caso son los toros. Otras veces son rudos, poco inteligentes, pero valientes y enterados, y duran, como los jugadores de fútbol, el tiempo que los soportan sus piernas. A veces pueden ser valerosos pero torpes, con lo que se ganan la vida difícilmente, o bien pueden ser viejos e inteligentes y haber perdido la fuerza de sus piernas, pero todavía se ven llamados por los jóvenes matadores por su habilidad en la plaza y su capacidad para colocar los toros en su sitio.

Blanquet era un hombre pequeñito, muy serio, respetable, con nariz de emperador romano y un rostro casi gris, con el conocimiento de la lidia más completo que yo he visto y una capa que parecía poseer una virtud mágica para corregir los defectos del toro. Fue el peón de confianza de Joselito, Granero y Litri, los tres muertos por los toros, y para cada uno de ellos su capa, siempre providencial cuando era necesaria, resultó enteramente inútil el día que perecieron. Blanquet murió de una crisis cardíaca en la habitación de un hotel al volver de la plaza, antes siquiera de poder quitarse el traje de luces para bañarse.

Entre los banderilleros actualmente en ejercicio, el que tiene más estilo al poner las banderillas es, probablemente, Magritas. Con la capa no hay uno solo con el estilo que tenía Blanquet. La manejaba con una mano con la misma delicadeza de Rafael el Gallo, pero con esa difuminación de sí mismo y esa modestia, dentro de su habilidad, característica en un peón. Observando el interés y la actividad de Blanquet en momentos en que parecía no suceder nada de particular en la plaza, aprendí cuanto hay de profundidad en el detalle inadvertido de la lidia frente a cualquier toro.

¿Quieren ustedes un poco de diálogo? ¿Sobre qué? ¿Sobre algo de pintura? ¿Alguna cosa para complacer al señor Huxley?

¿Algo para que el libro valga el dinero que ha costado? Muy bien; es el final de un capítulo. Podemos permitírnoslo. Pues bien, cuando Julius Meier-Graefe, crítico alemán, vino a España, quiso ver los Goya y los Velázquez para conseguir éxtasis publicables; pero resultó que le gustaban más los Greco. No estaba contento de que le gustara más el Greco; quería que le gustase solo a él, y escribió un libro para explicar qué pobres diablos eran Goya y Velázquez, a fin de exaltar al Greco; el punto de partida que eligió para juzgar a esos pintores fue la Crucifixión de Nuestro Señor, tal y como la pintaron estos tres maestros.

Es difícil comportarse más estúpidamente que el pobre Meier-Graefe, ya que el único de los tres que creía en Nuestro Señor, o que tenía algún interés en su crucifixión, era el Greco. Solo se puede juzgar a un pintor por la manera que tiene de pintar las cosas en que cree, las que le importan y las que odia. Velázquez creía en la indumentaria y en la importancia de la pintura como pintura. Y no es inteligente juzgarlo por el retrato de un hombre casi desnudo sobre una cruz, que había sido ya pintado —y Velázquez lo sabía— de una manera muy satisfactoria en la misma postura y por el que Velázquez no sentía ningún interés.

Goya era como Stendhal; la vista de un cura podía estimular en él, como en cualquiera de los buenos anticlericales, una rabia creadora. La Crucifixión de Goya es una oleografía sobre madera de un romanticismo cínico, que podría servir de cartel para anunciar crucifixiones a la manera de los carteles que se fijan para las corridas: a las cinco de la tarde tendrá lugar en el Monumental Gólgota de Madrid la crucifixión de seis Cristos cuidadosamente elegidos, una vez obtenido el permiso gubernamental. Oficiarán los siguientes crucificadores, todos ellos notables y eximios, acompañados por su cuadrilla de clavadores, martilladores, elevadores de cruces, espadas, etc.

El Greco gustaba de pintar asuntos religiosos porque era

evidentemente un hombre religioso y porque su arte incomparable no se limitaba a la reproducción minuciosa de los rasgos de los caballeros cuyo retrato hacía, y podía ir tan lejos como quisiera en aquel otro mundo. Y, consciente o inconscientemente, pintaba santos, apóstoles, Cristos y Vírgenes con los rasgos y las formas andróginas que poblaban su imaginación.

Un día, en París, hablando con una muchacha que escribía una biografía novelada del Greco, le dije:

—¿Lo presenta usted como un maricón?

—No —dijo ella—. ¿Por qué iba a hacerlo así?

—¿Ha visto usted alguna vez sus cuadros?

—Sí, claro que los he visto.

—¿Ha visto en alguna parte ejemplos más clásicos que los que él ha pintado? ¿Cree usted que es por accidente, o piensa que todos aquellos ciudadanos eran homosexuales? El único santo, que yo sepa, que ha sido universalmente pintado de esa forma es san Sebastián. El Greco los ha pintado a todos de la misma manera. Pero fíjese en sus cuadros. No se fíe de mi palabra.

—No había pensado en ello —replicó.

—Pues piénselo —le dije—, si va a escribir usted su vida.

—Es demasiado tarde —dijo ella—. El libro está ya acabado.

Velázquez creía en la pintura, en la indumentaria, en los perros, en los enanos y, una vez más, en la pintura. Goya no creía en la indumentaria, pero creía en los negros y en los grises, en el polvo y en la luz, en los lugares elevados dominando las llanuras, en la campiña que rodea a Madrid, en el movimiento, en sus propios cojones, en la pintura y en el grabado. Creía en lo que había visto, sentido, tocado, manoseado, olido, saboreado, bebido, montado, sufrido, vomitado, dormido, sospechado, observado, amado, deseado, temido, detestado, admirado, odiado y destruido. Naturalmente, ningún pintor ha sido capaz de pintar todo esto; pero Goya intentó hacerlo. El

Greco creía en la ciudad de Toledo, en su situación y en su construcción, en algunas de las gentes que vivían allí. Creía en los azules, en los grises, en los verdes y en los amarillos, en los rojos, en el Espíritu Santo, en la comunión de los santos, en la pintura, en la vida después de la muerte, en la muerte después de la vida y en los homosexuales. Y, si es verdad que él fue uno de ellos, le corresponde redimir para su tribu el molesto exhibicionismo y la arrogancia moral de solterona marchita de un Gide, el libertinaje ocioso y afectado de Wilde, que traicionó a toda una generación, el asqueroso manoseo sentimental de un Whitman y de toda la remilgada alta burguesía. ¡Viva el Greco, el rey de los maricones!

Capítulo 18

La destreza de un torero para servirse de la muleta es lo que, en fin de cuentas, determina su rango en la profesión ya que, en efecto, de todas las fases de la corrida de toros moderna, es la más difícil de dominar y en la que el talento del torero encuentra su medio más propio de expresión. Es con la muleta con la que se hace o no una reputación, y es por su maestría para hacer con la muleta un juego completo, imaginativo, artístico y emocionante, siempre que el toro sea bueno, por lo que se paga poco o mucho a un matador. Tener la suerte de dar con un toro bravo en Madrid, recibirlo en perfectas condiciones para el tercio final, y no ser capaz de sacar partido de su bravura y de su nobleza por no contar más que con un repertorio reducido para hacer una faena brillante es algo que le cierra a un torero para siempre las puertas de una bonita carrera. Efectivamente, por extraño que parezca hoy en día se paga y clasifica a los toreros no por lo que hacen realmente, ya que el toro puede dificultar su faena, pueden encontrarse ellos enfermos, pueden no haberse recuperado enteramente de una cornada o pueden, simplemente, tener una mala tarde, sino por lo que son capaces de hacer en las condiciones más favorables. Si los espectadores saben que el diestro es capaz de ejecutar una serie entera de pases de muleta en que pueden encontrar arte, valor e inteligencia y, por encima de todo, belleza y emoción en alguna ocasión determinada, pasan por alto cualquier trabajo mediocre, sin valor o desastroso de ese mismo torero, porque abrigan la esperanza de ver, pronto o tarde, la faena completa, esa faena que hace salir al espada de sí mismo, que lo hace sentirse inmortal mientras la está ejecutando. Esa faena que lo hace caer en un éxtasis, aunque momentáneo, tan profundo como un éxtasis religioso, un éxtasis que arrastra al mismo tiempo al gentío que hay en la plaza y va creciendo en emoción, y se lleva consigo al torero, y es como si el diestro, por medio del toro, pudiera obrar sobre la masa y recibir a la vez la réplica que le envía. Es un éxtasis creciente de desdén ritual y apasionado hacia la muerte, un éxtasis que, al terminar con la muerte del toro, que lo ha hecho posible, deja al espectador tan vacío, cambiado y triste como cualquiera otra grande emoción.

El torero que es capaz de hacer una gran faena está en la cima de su profesión durante todo el tiempo que se lo juzgue capaz de ejecutarla todavía, si las condiciones le son favorables. Pero un torero que no ha mostrado su capacidad para hacer una gran faena cuando las condiciones son buenas, que carece de talento artístico y genio con la muleta, por muy valeroso, hábil y conocedor de su oficio que sea, será siempre un jornalero de la plaza y se le pagará en consecuencia.

Es difícil de creer qué poder de emoción, qué intensidad y qué belleza clásica y pura pueden producir un hombre, un animal y un trozo de franela encarnada, enrollado sobre un palo. Si os negáis a creerlo y os empeñáis en ver en todo ello una locura, podéis convenceros a vosotros mismos de que tenéis razón yendo a una corrida de toros en que no ocurra nada mágico; y hay muchas corridas de ese género, las suficientes siempre para permitiros comprobar que teníais razón, las suficientes para satisfacer vuestro orgullo personal. Pero si lográis ver alguna vez la verdadera faena, la reconoceréis. Es una experiencia que se tiene o no se tiene en la vida. Y no hay modo de estar seguro de que se va a ver una gran faena más que yendo a numerosas corridas de toros. Si algún día llegáis a ver una, terminada con una bella estocada, os convenceréis de que se pueden olvidar muchas cosas antes de que olvidéis lo que habéis visto aquella tarde.

Técnicamente, la muleta se emplea para defender al espada contra la embestida del toro, regularizar el porte de cabeza del animal, corregir la tendencia que puede tener a derrotar, fatigarlo y colocarlo en posición adecuada para entrar a matar, proporcionarle un objeto para que embista, en vez del cuerpo del hombre, mientras el matador se arroja por encima de sus cuernos para hundirle el acero.

La muleta se tiene al principio con la mano izquierda, y la espada con la derecha; los pases dados con la muleta en la mano izquierda tienen más mérito que los dados con la derecha, porque cuando se tiene la muleta con la mano derecha, o con las dos manos, está ampliamente desplegada con la ayuda del estoque, y el toro, teniendo ante sí un engaño más aparatoso para embestir, pasará más lejos del cuerpo del torero; además, este engaño, ampliamente balanceado, puede arrastrarlo a una distancia más grande antes de que embista de nuevo, cosa que proporciona más tiempo al torero para dar el pase siguiente.

El pase más grande de muleta, el más peligroso, el más difícil de ejecutar y el más hermoso de ver es el natural. En este pase el torero se enfrenta con el toro llevando la muleta en la mano izquierda, la espada en la derecha; el brazo izquierdo pende de manera natural y la tela encarnada queda en un solo pliegue a lo largo del palo que la sostiene. El torero va hacia el toro y lo provoca con la muleta y, cuando el animal embiste, el hombre se inclina simplemente para seguir la embestida, haciendo girar el brazo izquierdo ante las astas del toro y siguiendo con el cuerpo la curva de la embestida, mientras los cuernos del toro están frente a su cuerpo. Con los pies inmóviles, el diestro balancea lentamente el brazo que sostiene la franela delante del toro y gira un cuarto de círculo, obligando al toro a girar también. Si el bicho se detiene, el espada puede incitarlo de nuevo y describir con él otro cuarto de círculo, y volver a empezar una vez más, y otra vez y otra vez más. Lo he visto hacer hasta seis veces seguidas y parecía que el diestro tuviese al toro sujeto a la muleta como por arte de magia. Si el toro, en lugar de detenerse, y lo que lo detiene es un pequeño movimiento impreso por el torero en la extremidad inferior de la franela al final de cada pase, y la torsión impuesta a su columna vertebral por la curva que el torero lo ha forzado a describir al girar inclinado hacia él; si el toro, en lugar de detenerse, se revuelve y vuelve a embestir, el matador puede esquivarlo con un pase de pecho. Este pase es lo contrario del natural. En lugar de que el toro venga de frente y el torero mueva lentamente la muleta delante de su cara, en el pase de pecho el toro está vuelto y acude por detrás o de lado; el torero balancea la muleta hacia delante, deja al toro que rebase la línea de su pecho y lo aleja, pasándole por encima los pliegues de la tela encarnada. El pase de pecho es el más impresionante cuando completa una serie de naturales o cuando se hace necesario por una vuelta y una embestida inesperada del toro, y cuando es ejecutado por el matador como un recurso para ponerse a salvo antes que como una maniobra combinada de antemano. La habilidad para ejecutar una serie de naturales, y para terminarlos con el pase de pecho, delata a un verdadero torero.

En principio, hace falta valor para provocar al toro para un verdadero pase natural, cuando hay otros pases en que el espada se expone menos. Hace falta serenidad para esperar la embestida del toro con la muleta baja y no desplegada, en la mano izquierda, sabiendo que, si el animal no embiste sobre el minúsculo engaño que se le ofrece, embestirá sobre el torero; y hace falta una gran habilidad para agitar la muleta delante de su línea de embestida y mantener al toro bien centrado en ella, manteniendo el brazo recto mientras se balancea la muleta hacia delante, y para seguir la curva con el cuerpo sin mover los pies del sitio. Es un pase difícil de repetir correctamente cuatro veces seguidas ante un espejo o en un sillón, sin ningún toro a la vista, y, si llegáis a hacerlo siete veces, os dará vueltas la cabeza. Muchos toreros no han conseguido aprender nunca a ejecutarlo de una manera siquiera presentable. Para hacerlo bien, sin contorsiones, conservando la figura y con el cuerno del toro tan cerca del torso del espada que le bastaría moverse una pulgada o dos para engancharlo, dominando la embestida del toro con el movimiento del brazo y la muñeca y manteniéndolo centrado en la tela, deteniéndolo luego con una pequeña sacudida de la muñeca en el momento conveniente y repitiéndolo tres, cuatro o cinco veces más, para todo ello, hace falta ser un torero y un artista.

Se puede trucar el natural, ejecutándolo con la mano derecha; la muleta, entonces, se despliega ampliamente con la ayuda de la espada y el torero gira sobre sí mismo, de manera que el toro siga la media vuelta del torero y de la muleta, en lugar de guiarlo con un movimiento lento del brazo y de la muñeca. Hay muchos pases con la mano derecha que tienen mérito real, pero, en casi todos, la espada se sostiene con la misma mano que el palo, atravesando la tela con la punta, de forma que la muleta queda más desplegada y el matador puede hacer pasar al toro más lejos de su cuerpo, si lo desea. Puede hacerlo pasar también muy cerca; pero hay una posibilidad de alejarlo en caso de necesidad, cosa que el torero que trabaja con la muleta en la mano izquierda no puede hacer.

Además del natural y el de pecho, los principales pases de muleta son los ayudados, que se ejecutan con la espada clavada en la muleta y sosteniéndola con las dos manos. Estos pases se llaman por alto o por bajo, según que la muleta pase por encima de los cuernos del toro o debajo de su hocico.

Tanto los pases hechos con la muleta como los medios pases, es decir, aquellos en que el toro no rebasa enteramente al matador, tienen un objeto definido. No hay castigo semejante para un toro vigoroso que quiere embestir como una serie de naturales; al mismo tiempo que lo fuerzan a hacer contorsiones fatigosas, lo obligan a seguir el engaño con el cuerno izquierdo y a tomar la dirección que el torero quiere que tome cuando llegue el momento de matar. Un toro cuyos músculos del cuello no han sido suficientemente fatigados y que lleva la cabeza alta, tras una serie de ayudados por alto —pases dados con la muleta y la espada sostenidas con las dos manos y la muleta mantenida en alto para que el toro embista sobre ella cuando llegue cerca del torero— fatigará sus músculos de tal modo que su cabeza quedará más baja. Si el toro está fatigado y la cabeza queda demasiado baja, el matador puede levantársela momentáneamente con el mismo pase si lo modifica de suerte que no tenga que aguardar a que la cabeza se haya bajado al entrar a matar. Los pases por bajo son hechos con un balanceo de la muleta, seguido de una torsión brusca, o a veces dejando arrastrar lentamente la extremidad de la tela, que se recoge enseguida con un golpe seco, y los golpes secos con la muleta, dados hacia atrás y hacia delante, son adecuados para los toros que están aún demasiado sólidos sobre sus pies o que son difíciles de fijar en un sitio. Se ejecutan de frente con los toros que no quieren pasar, y el mérito del torero consiste en no perder la posición de sus pies ante el animal y en no recular más de lo que tiene necesidad, así como en dominar al animal con los movimientos de su muleta, haciéndolo doblarse sobre sí mismo, agotándolo rápidamente y fijándolo en el lugar apetecido. Si un toro se niega a pasar, esto es, a embestir a cierta distancia con fuerza suficiente, de manera que si el torero queda inmóvil y mueve convenientemente la muleta el toro lo rebasará completamente, es que el toro es un toro cobarde, o un toro de tal forma fatigado en la brega que ha perdido todos los resortes y no quiere atacar. Un torero hábil, con algunos pases muy ligados y hechos a la vez con suavidad, sin hacer que el toro se doble demasiado sobre sí mismo, y sin retorcerle las patas, puede persuadir al toro perezoso de que la muleta no es un castigo, de que no será herido si embiste, y entonces el animal perezoso se convierte en una especie de toro bravo al darle confianza. De la misma manera, con un trabajo delicado e inteligente, el torero puede reanimar el ardor del toro que ha perdido su capacidad de embestir, sacarlo de su posición defensiva y hacer que vuelva a tomar la ofensiva. Para conseguirlo, el torero tiene que correr grandes riesgos, porque la única manera de dar confianza a un toro, de obligarlo a embestir cuando se ha puesto a la defensiva y de dominarlo, consiste en trabajarlo lo más cerca posible, dejándole solamente el mínimo de su propio terreno para que pueda mantenerse en él, como ha demostrado Belmonte, y citándolo desde una distancia tan pequeña que el torero no tiene manera de evitar la cogida si ha calculado mal, ni tiempo de preparar sus pases. Sus reflejos tienen que ser perfectos y ha de conocer muy bien a los toros y si, en ese momento, el torero es gracioso, podéis estar seguros de que esa gracia es una calidad personal y no una pose. Porque se puede hacer teatro cuando los cuernos del toro están a cierta distancia, pero no se tiene tiempo de representar cuando se está entre los cuernos o cuando uno tiene que desplazarse atrás y adelante, en el pequeño espacio de seguridad que existe cerca de su cuello, cuando hay que ofrecerle la muleta a un lado, luego retirarla, luego pincharlo con la punta de la espada o del palo para hacer que se doble, ya para agotarlo o para excitarlo cuando no quiere cargar.

Hay toda una escuela de toreros en que la gracia se ha desarrollado hasta convertirse en algo esencial —mientras que el paso del cuerno por delante del vientre del torero se ha eliminado todo lo posible— iniciada y desarrollada por Rafael el Gallo. El Gallo era demasiado gran artista y demasiado sensible para ser un torero completo; de manera que, poco a poco, fue evitando en lo posible todo lo que en la lidia representara la muerte o pudiera conducir a ella, la muerte del hombre o la del toro, pero particularmente la del hombre, y desarrolló así una manera de bregar con el toro en la que la gracia, lo pintoresco y la belleza de movimientos reemplazaban y evitaban el peligroso clasicismo de la corrida, tal y como él la había encontrado. Juan Belmonte tomó todo lo que quiso de las invenciones del Gallo, las combinó con el estilo clásico y desarrolló las dos maneras según su propio estilo, revolucionario y grande. El Gallo tenía tanto de inventor como Belmonte; tenía más gracia que él y, si hubiese tenido la pasión fría y el valor de lobo de Belmonte, no habría habido nunca un torero más grande. El que se acercó más a esta combinación fue Joselito, su hermano, cuyo único defecto consistía en que le era todo tan fácil que resultaba difícil que provocase la emoción que provocaba siempre Belmonte con su palmaria inferioridad física, no solo ante el animal que afrontaba, sino entre los que trabajaban con él y entre los más de los que lo contemplaban. Ver a Joselito era como leer de niño las aventuras de D'Artagnan. Uno no se preocupa por él, porque, a fin de cuentas, es capaz de salir indemne de todo. Joselito era demasiado hábil y demasiado talentoso. Tenía que matarlo un toro antes que nadie se diera realmente cuenta de que corría peligro. Ahora bien, la esencia, la seducción emotiva de la corrida estriba en el sentimiento de inmortalidad que el torero experimenta en medio de una gran faena y que comunica a los espectadores. El torero lleva a cabo frente a nuestros ojos una obra de arte, juega con la muerte, se acerca cada vez más a ella, más cerca, más cerca todavía, a una muerte cuya presencia se sabe que está en los cuernos, porque se han visto los cuerpos de los caballos cubiertos de mantas en la arena para probarlo. El torero os comunica su sentimiento de inmortalidad y, cuando lo miráis, ese sentimiento tiene que ser vuestro; y cuando ese sentimiento es algo común a todos, lo corrobora con su espada.

Viendo un torero para el que la lidia es tan fácil como lo era para Joselito, no se tiene la sensación de peligro que se tiene con Belmonte. Aun viéndolo morir delante de los ojos no es uno el que muere con él; es un poco como la muerte de los dioses. El Gallo, en cambio, era completamente distinto. Era espectáculo puro, sin asomos de tragedia, un espectáculo que ninguna tragedia habría podido reemplazar. Pero era un espectáculo bueno solamente cuando lo hacía él. Sus imitadores no servían más que para mostrar hasta qué punto todo aquello no era serio, en realidad.

Una de las invenciones del Gallo fue el pase de la muerte. Lo empleaba para dar comienzo a sus faenas y fue adoptado por la mayoría de los toreros como el primer pase de todas las faenas. Es el único pase en el curso de la lidia que cualquier persona puede llegar a ejecutar si es capaz de contener los nervios suficientemente para ver acercarse el toro; y, sin embargo, es un pase de un efecto extraordinario. El diestro se dirige al toro y lo provoca, manteniéndose de perfil con la muleta desplegada con ayuda del estoque, sostenida con las dos manos a la altura del pecho, como el jugador de béisbol mantiene su bate cuando está frente al que lanza la pelota. Si el toro no embiste, el espada se adelanta dos o tres pasos y vuelve a tomar su postura inmóvil, con los pies juntos y la muleta ampliamente desplegada. Cuando el toro embiste, el torero permanecerá inmóvil, como si estuviera muerto, hasta que el toro llega a la muleta. Entonces la levanta muy despacio y el toro pasa cerca de él, por lo común levantándose en el aire para cogerla, de manera que puede verse al torero, erguido y tranquilo, y al toro saltando en el aire, mientras su ímpetu lo aleja. Es un pase fácil y sin peligro, porque se da ordinariamente en la dirección de la querencia del toro, de manera que este pasa cerca del matador como si corriese a apagar un fuego. Y también porque, en lugar del pequeño trozo de tela colorada sobre el que debe concentrar el torero la atención del toro, como sucede en el pase natural, es un largo pedazo de franela, desplegado como una vela, lo que se ofrece al bicho y lo que el toro ve en lugar del hombre. El toro no está dominado y controlado, sino que el matador saca ventaja sencillamente de su embestida.

El Gallo era un maestro en los pases graciosos delante de los cuernos del toro, los pases dados con las dos manos, cambiando la muleta de una mano a otra, a veces, por detrás de su espalda; los pases comenzados como naturales, en los que el torero se ponía a dar vueltas a la muleta, enrollándosela al cuerpo, mientras el toro seguía el giro guiado por la extremidad libre; pases girando sobre sí mismo, cerca del cuello del toro y arrastrándolo en su rotación; pases de rodillas, sosteniendo la muleta con las dos manos para obligar al toro a describir una curva; pases todos que requerían un gran conocimiento de la mentalidad del toro y una gran confianza en sí mismo para ser dados sin accidentes. Pero con este conocimiento y esta confianza eran hermosos de ver, y el Gallo encontraba satisfacción haciéndolos, aunque fueran siempre la negación de la verdadera lidia.

Chicuelo es un torero que posee en estos momentos una gran parte del repertorio del Gallo trabajando frente al toro. Vicente Barrera da también todos esos pases, pero su juego de pies nervioso y su rapidez eléctrica en la ejecución no dan ninguna idea de la gracia pura del Gallo ni de la habilidad de Chicuelo, aunque Barrera sigue haciendo grandes progresos de estilo y de ejecución.

Todo este trabajo florido es para los toros que no quieren embestir o para la segunda parte de la faena, al objeto de permitir al torero mostrar su autoridad sobre el toro y su gracia inventiva. Trabajar únicamente ante la cabeza de un toro que embiste, aunque se haga con mucha eficacia, gracia e invención, es privar a los espectadores de la parte más real de la lidia, cuando el espada hace pasar deliberadamente los cuernos del toro lo más lentamente y lo más cerca de su cuerpo que le es posible, y es sustituir con una serie de golpes de efecto graciosos y hábiles, válidos solamente como adorno de una faena, el verdadero peligro de la auténtica faena.

El torero que hoy domina los toros más completamente con la muleta, que los domina con más rapidez, ya sean bravos o cobardes, y que ejecuta entonces todos los pases clásicos y peligrosos, el natural con la mano izquierda y el pase de pecho, que son los que forman la base de la verdadera lidia, y que, al mismo tiempo, es excelente también en el trabajo pintoresco y gracioso delante de los cuernos del toro es Marcial Lalanda. En los comienzos de su carrera, su estilo era defectuoso, hacía contorsiones y tirabuzones con la capa; sus naturales no eran naturales del todo, sino forzados, muy ayudados y afectados. Pero Lalanda ha hecho progresos constantes de estilo y ahora es excelente con la muleta, su salud se ha robustecido y, con su gran conocimiento de los toros y su gran inteligencia, puede proporcionar un espectáculo apropiado y siempre interesante con cualquier clase de toro que salga del toril. Lalanda ha perdido enteramente la apatía que era su característica primitiva; ha sufrido tres graves cornadas y todo ello le ha dado más valor del que tenía antes. Sus temporadas de los años 1929, 1930 y 1931 fueron temporadas de un gran torero.

Manuel Jiménez Chicuelo y Antonio Márquez son, uno y otro, capaces de dar con la muleta una faena completa, pura y clásica, cuando el toro no es difícil y el torero puede llegar a dominar sus nervios. Félix Rodríguez y Manolo Bienvenida son, los dos, grandes maestros de la muleta, capaces de reducir a un toro difícil; pero Rodríguez no ha estado bien de salud y Bienvenida, como he dicho ya en otro capítulo, no debe ser definitivamente juzgado antes que haya sido probada su aptitud para dominar sus nervios y sus reflejos después de la primera cornada grave. Vicente Barrera es un buen dominador de los toros; su estilo es artificioso en todos los pases en que el toro tiene que pasar enteramente al lado del torero; pero progresa firmemente en su manera de trabajar y puede, si continúa, llegar a ser un matador satisfactorio. Hay en él capacidad para ser un gran torero. Tiene talento, un sentido natural de la lidia y la facultad de ver en conjunto la brega, reflejos extraordinarios y un buen físico. Pero, durante mucho tiempo, ha tenido una vanidad tan abrumadora que le era más fácil subvencionar a los periódicos para que hicieran el elogio de sus defectos que afrontar sus defectos para corregirlos. Barrera da lo mejor de sí mismo en su trabajo pintoresco delante de la cara del toro, y especialmente en un ayudado por bajo muy particular, imitado de Joselito: la espada y la muleta se mantienen juntas, dirigidas hacia abajo, el lidiador hace que se vuelva el toro con un movimiento ligeramente ridículo, pero delicado, algo así como si con las manos extendidas removiese una gran caldera de sopa con un paraguas cerrado.

Joaquín Rodríguez, llamado Cagancho, es un gitano que puede considerarse heredero del Gallo en lo que se refiere a gracia, pintoresquismo y pánico; pero no ha heredado del Gallo su gran conocimiento de los toros y de los principios de la lidia; Cagancho tiene una gracia escultural, una lentitud y una suavidad majestuosa de movimientos; pero, ante un toro que no le permite mantenerse con los pies juntos ni preparar sus pases, se encuentra sin recursos, y, si el toro se distancia un tanto de la perfección mecánica, el gitano es presa del pánico, y no querrá acercarse al animal más que con el extremo de su muleta mantenida a la mayor distancia posible de su cuerpo. Es un torero que, teniendo la suerte de verlo con un toro que le inspire confianza, puede dar una tarde inolvidable; pero podéis verlo siete veces seguidas actuando de una manera que os dejen de gustar para siempre las corridas de toros.

Francisco Vega de los Reyes, llamado Gitanillo de Triana, es un primo de Cagancho que puede ser muy bueno con la capa; con la muleta, sin tener la gracia de Cagancho, es más hábil y valeroso que él, aunque su trabajo esté fundamentalmente falto de base. Cuando hace una faena parece incapaz de esquivar completamente al toro y de enviarlo lo suficientemente lejos en cada pase; de la misma manera, cuando gira sobre sus pies no sabe ponerse en posición con la necesaria rapidez y tiene siempre al toro encima, cuando menos lo desea. Su propia torpeza le ha valido numerosas cornadas. Como Chicuelo y Márquez, no tiene buena salud ni es vigoroso.

El público, a decir verdad, no tiene ninguna razón para excusar a un torero bien pagado con pretextos de mala salud; porque ninguna ley obliga a un torero a lidiar toros si no se encuentra en buena disposición para hacerlo. Sin embargo, la condición física de un torero es uno de los elementos que han de tenerse en cuenta cuando se juzga su trabajo de una manera crítica, aunque no se tenga ningún derecho a invocarlo como excusa ante el espectador que paga. Gitanillo de Triana tiene en el ruedo un valor alegre y un sentido natural del honor; pero su técnica, confiada y poco sólida, da la impresión de que va a recibir una cornada de un momento a otro mientras se lo está contemplando.

Después de haber escrito esto sobre Gitanillo de Triana lo he visto caer herido mortalmente en una tarde de domingo, en Madrid, el 31 de mayo de 1931. Hacía un año que no lo había visto lidiar y en el taxi que me llevaba a la plaza iba preguntándome si habría cambiado mucho y hasta dónde tendría yo que revisar lo que había escrito sobre él. Apareció en el paseíllo balanceándose alegremente sobre sus largas piernas, el rostro bronceado y con mejor aspecto que otras veces y, sonriendo a todos los que le reconocían, se acercó a la barrera para cambiar el capote. Parecía estar en forma; tenía un tinte de tez tabaco claro; los cabellos, que había visto el año anterior descoloridos por el agua oxigenada empleada para lavarle la sangre cuajada en la sien a causa de un accidente de automóvil en que resultó gravemente herido, habían vuelto a tomar su color reluciente de ébano. Llevaba un traje de plata que subrayaba todo lo negro y lo moreno de su persona, y parecía muy contento.

Con la capa se mostró lleno de confianza con un juego magnífico y lento: el estilo de Belmonte resucitado por un gitano de largas piernas y caderas estrechas. Su primer toro era el tercero de la tarde; después de un excelente trabajo de capa estuvo viendo poner las banderillas; luego, antes de adelantarse con la espada y la muleta, hizo un gesto a los banderilleros para que le llevasen el toro más cerca de la barrera.

—Ten cuidado con él; derrota un poco hacia la izquierda —le dijo su mozo de estoques, tendiéndole la espada y la muleta.

—Que derrote lo que quiera. Ya me haré con él.

Gitanillo sacó la espada de la vaina de cuero, que quedó fláccida cuando el rígido acero salió de ella, y se encaminó hacia el toro a largas zancadas. Lo dejó llegar hasta él y pasar de largo con un pase de la muerte; el animal se dobló rápidamente y Gitanillo giró con la muleta para hacer que le pasara por la izquierda, levantó la muleta y, en ese momento, se elevó él mismo en el aire, con las piernas separadas, las manos sosteniendo todavía la muleta, la cabeza hacia abajo y el cuerno izquierdo del toro hundido en el muslo. El toro lo hizo girar sobre su cuerno como un molinillo y lo arrojó contra la barrera. El cuerno del toro volvió a encontrarlo, lo enganchó por segunda vez y lo arrojó contra las tablas. Luego, como se había quedado boca abajo, el toro le hincó el cuerno por la espalda. Todo ocurrió en menos de tres segundos y, en el mismo momento en que el toro lo levantaba, Marcial Lalanda corrió hacia él con la capa. Los otros toreros habían desplegado sus enormes capas y las agitaban hacia el toro. Marcial se fue al toro, le metió la rodilla en la boca y le golpeó el hocico para hacer que abandonase al hombre caído y llamar su atención en otra dirección. Marcial corrió hacia atrás, hacia el centro de la plaza, y el toro siguió su capote. Gitanillo trató de ponerse en pie, pero no pudo; los peones lo recogieron y se lo llevaron corriendo, con la cabeza colgando, hacia la enfermería. Un banderillero que había sido herido por el primer toro estaba aún sobre la mesa de operaciones cuando llevaron a Gitanillo. El médico vio que Gitanillo no tenía una hemorragia grave; la arteria femoral no había sido cortada. Lo dejó para más tarde y acabó con el banderillero. Gitanillo tenía una cornada en cada muslo y cada una de ellas había deshecho enteramente los músculos cuadríceps y abductores. Pero, en la herida por la espalda, el cuerno se había hundido de tal forma a través de la pelvis que había deshecho el nervio ciático y lo había extraído hasta la raíz, como un petirrojo habría podido extraer un gusano de la tierra húmeda.

Cuando su padre fue a verlo, Gitanillo le dijo:

—No llores, papaíto. ¿No te acuerdas cómo estuve de malo cuando lo del coche y todos decían que no iba a salir? Ahora pasará lo mismo.

Más tarde dijo:

—Ya sé que no puedo beber, pero decidles que me mojen los labios; que me mojen solamente un poco los labios.

Las personas que dicen que pagarían por ir a una corrida siempre que pudieran ver al torero corneado y no siempre a los toros muertos por los toreros, deberían haber estado aquel día en la plaza, en la enfermería, y más tarde en el hospital. Gitanillo vivió lo suficiente para aguantar los calores de junio y julio y las dos primeras semanas de agosto, y al fin murió de meningitis causada por la herida en la base de la espina dorsal. Pesaba cincuenta y ocho kilos cuando fue herido, y treinta cuando murió. Durante el verano sufrió tres rupturas diferentes de la arteria femoral, debilitada por las úlceras que originaron los drenajes de las heridas en los muslos y porque se le rompía al toser. Mientras estaba en el hospital, Félix Rodríguez y Valencia II entraron en él con heridas casi idénticas en los muslos; pero los dos salieron aptos para la lidia, a pesar de sus heridas todavía abiertas, antes de que muriera Gitanillo. La desgracia de Gitanillo fue que el toro lo arrojó contra el borde de la valla de madera, de modo que su cuerpo estaba apoyado contra una cosa sólida cuando el toro le abrió aquella brecha por la espalda. Si hubiese estado tendido sobre la arena, en medio del ruedo, la misma cornada que lo hirió mortalmente lo habría lanzado al aire, en lugar de hundirse en la pelvis. Las personas que dicen que pagarían con gusto por ver un torero muerto se habrían sentido recompensadas cuando Gitanillo entró en delirio, en el calor tórrido del verano, a causa del dolor de sus nervios. Se lo podía oír desde la calle. Parecía criminal dejarlo vivir, y habría sido mejor para él morirse después de la corrida, cuando aún tenía el dominio de sí mismo y conservaba todo su valor, en lugar de tener que pasar por todos los grados del horror y de la humillación física y moral, a fuerza de soportar un dolor insoportable. Ver y oír a un ser humano en tales momentos lo hace a uno más considerado, creo yo, en relación con los caballos, toros y otros animales. Pero hay una manera de estirar bruscamente las orejas de un caballo hacia delante para dejar tensa la piel por encima de las vértebras de la base del cráneo, y un golpe muy sencillo de puntilla entre las vértebras que resuelve todos los problemas del caballo y lo hace desplomarse muerto sin una sacudida. El toro encuentra la muerte en quince minutos, a partir del momento en que el torero comienza a bregar con él; todas las heridas las recibe en caliente, y no le duelen más que las heridas que el torero recibe en caliente, ni pueden hacerlo padecer demasiado. Pero mientras el hombre tenga un alma inmortal y los médicos le conserven la vida durante todo el tiempo que puedan, en momentos en que la muerte es el mejor regalo que un hombre puede hacer a otro, los toros y los caballos parecerán bien tratados en el ruedo y el torero seguirá corriendo el mayor riesgo.

Heriberto García y Fermín Espinosa, Armillita Chico, son dos mexicanos, artistas consumados y muy capaces con la muleta. Heriberto García puede codearse con los mejores, y su trabajo no tiene esa frialdad india que desluce la mayor parte de la labor de los mexicanos y le quita emoción. Armillita es frío; es un pequeño indio moreno, sin barbilla, con una colección de dientes desemparejados, magníficamente conformado para la lidia, con más piernas que torso, y uno de los grandes artistas con la muleta.

Nicanor Villalta, cuando encuentra un toro que embiste lo suficiente por derecho para que el torero pueda mantener los pies juntos, trabaja muy cerca, se exalta y se curva sobre sí mismo, lanzando la línea de su torso sobre los cuernos y, moviendo la muleta con su muñeca maravillosa, hace dar vueltas al toro alrededor una y otra vez y lo obliga a pasar tan junto a su pecho que los lomos del toro lo achuchan a veces, y los cuernos pasan tan cerca de su vientre que se pueden ver luego en el hotel las rayas que le han hecho en el abdomen. No exagero: las he visto. Tal vez provenían de las puntas de las banderillas, que le habían rozado en el momento en que hacía pasar todo el bulto del toro tan cerca de él que su camisa se manchó de sangre; pero creo que podían también provenir de la porción plana de los cuernos, que pasaban tan próximos a él que yo mismo no tuve valor para mirarlo con los ojos abiertos. Cuando hace una gran faena, Villalta es todo valentía; y por esa valentía y esa muñeca mágica se le perdonan las mayores torpezas que pueda cometer con los toros que no le toleren mantener los pies unidos. Puede ocurrir que veáis una de esas grandes faenas de Villalta en Madrid, donde se ha encontrado con toros buenos con más frecuencia que ningún otro torero muerto o vivo. Pero sin duda lo veréis también tan torpe de figura como una mantis religiosa cada vez que tropieza con un toro difícil. No hay que olvidar que esa torpeza está originada por su contextura física, y no por falta de valor; por la manera como está constituido, Villalta no puede ser elegante más que si junta los pies, y, mientras que la torpeza en un torero gracioso es señal de pánico, en Villalta significa solamente que ha dado con un toro con el que tiene que separar las piernas para torear. Pero si habéis llegado a verlo alguna vez cuando puede unir los pies, si lo habéis visto inclinarse como un árbol en una tempestad delante del toro que embiste, si habéis visto dar al toro vueltas y más vueltas en torno, si al torero lo habéis visto exaltarse, arrodillarse ante el bicho después de haberlo dominado y morderle el cuerno, olvidaréis entonces el cuello que Dios le ha dado, la muleta, enorme como una sábana, que emplea y sus piernas de poste telegráfico; porque su extraño cuerpo contiene el suficiente valor y el suficiente pundonor para hacer de él una docena de toreros.

Cayetano Ordóñez, el Niño de la Palma, sabía manejar perfectamente la muleta con las dos manos; era un buen artista, dotado de un gran sentido dramático de la faena; pero no volvió a ser jamás el de antes cuando descubrió que los toros aportaban en los cuernos semanas inevitables de hospital y quizá la muerte, así como miles de pesetas sobre los lomos. Ordóñez quería los billetes, pero no quería acercarse a los cuernos por el tanto alzado que podía encontrarse en ellos. El valor recorre una distancia muy corta: va del corazón a la cabeza; lo malo es que cuando se larga nadie sabe adónde se va; ha podido largarse a causa de una hemorragia o de una mujer, y es mal asunto tener que encontrarse en la plaza cuando se ha largado, cualquiera que sea la causa. A veces, una herida lo devuelve; la primera puede aportar el miedo a la muerte y la segunda puede quitarlo; y a veces una mujer quita el valor y otra lo devuelve. Cuando han perdido el valor, los toreros siguen en el oficio contando con sus conocimientos y con su capacidad para reducir el peligro; esperan que el valor les vuelva. Y a veces vuelve; pero lo más frecuente es que no vuelva ya.

Ni Enrique Torres ni Victoriano Roger, Valencia II, tienen verdadera habilidad con la muleta, y es esto lo que los limita en su profesión, porque uno y otro son en sus mejores momentos buenos artistas con la capa. Luis Fuentes Bejarano y Diego Mazquiarán, Fortuna, son dos toreros muy valientes que tienen un buen conocimiento de su oficio, capaces de reducir a los toros difíciles y dar una buena tarde con cualquier clase de toros; pero su estilo es pesado y sin elegancia. El de Fortuna se parece más al viejo estilo que el de Bejarano, que está hecho únicamente de trucos modernos; pero los dos toreros son semejantes por la valentía, el conocimiento, la buena suerte y la falta de genio. Son dos matadores a los que hay que ver con toros difíciles, que son los más corrientes. Donde los estilistas no lograrían sacar nada, ellos proporcionan una buena tarde, con todo un repertorio de efectos fáciles y teatrales, mezclados con uno o dos momentos de verdadera emoción. Entre los tres mejores espadas, es decir, entre los tres que mejor matan y con que cuenta hoy el ruedo —Antonio de la Haba (Zurito), Martín Agüero y Manolo Martínez— solo Martínez puede hacer con la muleta un simulacro de faena, y su éxito, cuando lo alcanza, se debe más bien a su valor y a los riesgos que afronta que a una verdadera habilidad para manejar la franela.

De los otros treinta y cuatro toreros que se hallan en servicio activo, hay algunos que merecen ser citados. Uno de ellos, Andrés Mérida, que es de Málaga, es un gitano alto y flaco, un genio con la capa y con la muleta. Es de todos los toreros que he visto el único que tiene en la plaza un aire enteramente ausente, como si estuviera pensando en otra cosa muy lejana y muy distinta. Con frecuencia es presa de ataques de miedo tan violentos que no hay palabras para describirlos; pero, si tiene confianza con el toro, es capaz de hacer maravillas. De los tres verdaderos gitanos, Cagancho, Gitanillo de Triana y Andrés Mérida, Mérida es el que más me gusta. Tiene la gracia de los otros y, además, un sentido de lo grotesco que, con su aire ausente, hace de él, a mis ojos, el más seductor de todos los gitanos después del Gallo. Cagancho es de todos ellos el que tiene más talento; Gitanillo de Triana, el más valiente y el más honesto. En el verano último he oído decir a algunas personas de Málaga que Mérida no era verdadero gitano. Si ello es así, resulta todavía mejor como imitación que como gitano auténtico.

Saturio Torón es un excelente banderillero, muy valiente, que tiene la peor manera de lidiar, la más ignorante y la más peligrosa que jamás háyase visto en un torero. Después de haber sido banderillero tomó el estoque como aprendiz de matador, en 1929; hizo una excelente temporada, forzando el éxito con su valentía y su buena suerte. Fue matador titular en 1930, dándole la alternativa Marcial Lalanda en Pamplona, y resultó herido en sus tres primeras corridas. Si su gusto mejora, es posible que se desembarace de algunas de sus vulgaridades de estilo, que huelen a aldea, y aprenda a lidiar; pero, por lo ya visto de él en 1931, su caso parecía sin esperanza y lo único que puede pedirse es que los toros no acaben con él.

En la lista de los que empezaron como tenían que ser y acabaron en las últimas gradas del fracaso y de la tragedia, las dos grandes causas del fracaso, sin hablar de la mala suerte, son la falta de aptitudes artísticas (que, bien entendido, no puede ser superada por el valor) y el miedo. Dos toreros realmente valerosos que, sin embargo, no han llegado a ocupar un puesto cualquiera por causa de la cortedad de su repertorio son Bernardo Muñoz, Carnicerito, y Antonio de la Haba, Zurito. Otro torero que es verdaderamente valeroso, tiene más repertorio que Carnicerito y Zurito y puede llegar a algo, aunque se vea dificultado por su falta de estatura, es Julio García, Palmeño.

Además de Domingo Ortega, de quien he hablado ya en otro lugar de este libro, entre los nuevos toreros de alguna reputación se encuentran José Amorós que tiene un estilo «elástico» especial, con una manera de alejarse bruscamente del toro como si estuviera hecho de goma, y que es absolutamente de segundo orden, salvo, desde luego, en sus condiciones elásticas únicas; José González, llamado Carnicerito de México, indio mexicano de la escuela de la emoción, fuerte y con aire de querer comerse a los toros crudos, que, aun siendo muy valeroso, buen banderillero, matador capaz y emocionante, no permanecerá mucho tiempo entre nosotros si se arriesga tanto con los verdaderos toros como lo ha hecho con los jóvenes; y, como ha acostumbrado a su público a sensaciones fuertes, dejará casi con seguridad de interesar en cuanto deje de correr esos riesgos. En fin, uno de los más prometedores entre todos los recién llegados es Jesús Solórzano. Jesús, llamado Chucho, por si no conocéis el diminutivo de ese nombre cristiano, es un mexicano no indio, torero completo, valiente, artista, inteligente, que domina todas las ramas de la lidia, excepto la rama verdaderamente menor de administrar el descabello o golpe de gracia, y que, sin embargo, está enteramente desprovisto de personalidad. Esa falta de personalidad de Solórzano es difícil de analizar; yo diría que se trata de un modo de presentarse con la espalda curvada y un aire de pedir perdón, de una figura que carece de gracia cuando no tiene que enfrentarse con el toro. Los toreros dicen que el miedo al bicho hace perder el tipo a un torero; es decir, que si es arrogante o autoritario, o suelto y gracioso, el miedo le quita ese carácter; pero Solórzano parece que no tiene nada que perder. Y, no obstante, cuando brega con un toro que le infunde confianza, lo hace todo a la perfección. Durante la temporada de 1931, de todos los que he visto, fue él quien colocó el más bonito par de banderillas, adelantándose lentamente, un pie tras otro, hacia el toro, a estilo de Gaona; fue también él quien hizo con la capa el mejor trabajo y el más lento y quien ejecutó con la muleta la faena más cargada de emoción. La contrapartida está en que, después de haber hecho un magnífico trabajo con el toro, desde el momento en que se aleja del animal, cae en una apatía de hombros caídos y rostro rígido; pero, tenga o no personalidad, es un torero maravilloso, dotado de saber, de gran arte y de valentía.

Otros dos nuevos toreros son José Mejías, llamado Pepe Bienvenida, hermano menor de Manolo, más nervioso y más valiente que su hermano mayor, con un repertorio pintoresco y variado y una personalidad muy atractiva, aunque carente de las aptitudes artísticas de Manolo y de su saber para dominar a los toros sin percances, lo que, por lo demás, puede conseguir con el tiempo; y David Liceaga, un joven torero mexicano que es de una habilidad extraordinaria con la muleta, sin estilo ni conocimiento con la capa y que, cosa bastante extraña para un torero mexicano, es mediocre con las banderillas. Escribo esto sobre Liceaga sin haberlo visto, según los informes de personas, en quienes tengo fe, que lo han visto torear. Liceaga no ha toreado más que dos veces en Madrid, en 1931; una vez como novillero, la tarde en que yo fui a Aranjuez para ver a Ortega, y otra en octubre del mismo año, cuando fue elevado a matador de toros, después de mi salida de España. Pero es muy popular en México, y el que quiera hacerse una opinión sobre él podrá, sin duda, verlo en México durante el invierno.

Omito en esta lista a todos los fenómenos y no he tenido en cuenta a los que no han probado su derecho a ser juzgados. Hay siempre nuevos fenómenos en la lidia y los habrá cuando este libro salga a la calle. Bien «regados» por la publicidad, aparecen cada temporada al sol de una tarde favorable en Madrid con un toro que ha sido amable con ellos; pero la gloria de una mañana florida es un monumento duradero si lo comparamos con esos triunfos evanescentes. Dentro de cinco años, aunque no coman más que de cuando en cuando, conservando limpio su único traje para lucirse en el café, les oiréis contar cómo la tarde de su presentación en Madrid estuvieron mejor que Belmonte. Y puede que sea verdad. «¿Y cómo estuvo usted la última tarde?», preguntarán ustedes. «Tuve un poco de mala suerte al entrar a matar. Simplemente un poco de mala suerte», dirá el ex fenómeno. Y ustedes dicen: «¡Qué pena que un torero no pueda tener suerte en todas sus entradas a matar!». Y en vuestra imaginación veis al fenómeno sudando, pálido, enfermo de miedo, incapaz de mirar al toro de frente ni de acercarse a él, con dos espadas por tierra y dos capas en torno, precipitándose oblicuamente sobre el toro, esperando que el estoque alcance como sea un sitio vital, las almohadillas volando por el ruedo y los cabestros dispuestos a entrar en la plaza. Solo un poco de mala suerte. Hace de esto dos años y no ha toreado desde entonces, excepto en su cama, por la noche, cuando se despierta empapado de sudor y de miedo, y no combatirá más, a menos que lo fuerce el hambre. Y entonces, puesto que todo el mundo sabe que es un cobarde y que no tiene valor, puede suceder que se encuentre con toros que no quiera nadie, y, si tiene suficiente fuerza para hacer alguna cosa, como carece de entrenamiento los toros podrán matarlo. O bien quizá tenga una vez más un poco de mala suerte. «Solo un poco de mala suerte a la hora de entrar a matar...»

Hay setecientos sesenta y tantos toreros sin éxito que intentan todavía ejercitar su arte en España; los que son hábiles fracasan por miedo; los que son valientes, por falta de talento. Se ve a veces a los valerosos morir si tienen mala suerte. En el verano de 1931 vi una corrida con toros muy grandes, rápidos, de cinco años, y tres aprendices de matadores. El más viejo en el oficio era Alfonso Gómez, llamado Finito de Valladolid, que pasaba ya de los treinta y cinco; habría sido guapo en otro tiempo, y en su profesión era un completo fracasado, muy digno, sin embargo, inteligente y bravo. Había toreado en Madrid, durante diez años, sin interesar al público de manera suficiente para justificar su ascenso de novillero al rango de matador. El más viejo en la profesión, después de él, era Isidoro Todo, llamado Alcalareño II, de treinta y siete años, y poco más de metro y medio de altura; era un hombrecillo pequeño y alegre que, con el poco dinero que le proporcionaban los toros, daba de comer a cuatro niños, a una hermana viuda y a la mujer que vivía con él. Todo lo que tenía como torero era un gran valor y su pequeña estatura, tan corta que semejante defecto lo incapacitaba para tener éxito como matador y hacía de él una atracción y una curiosidad en la plaza. El tercero era Miguel Casielles, un verdadero cobarde.

Pero esta es una historia triste y fea, y lo único que merece recordarse es la manera como Alcalareño II feneció, y fue demasiado feo, lo comprendo ahora, para que pueda describirlo sin necesidad. No obstante, cometí la equivocación de hablarle de ello a mi hijo. Cuando volví a mi casa de la plaza aquella tarde, el niño quiso saberlo todo sobre la corrida y lo que había pasado exactamente. Y yo, como un tonto, le referí lo que había visto. El niño no dijo nada. Solamente preguntó si aquel torero no habría muerto porque era tan pequeño. Él también era pequeño. Le contesté que sí, que era pequeño, pero que, además, no sabía cruzar la muleta. Yo no le dije que hubiera muerto; le dije solamente que había sido herido. Tuve esa prudencia, pero no fue suficiente. Alguien entró en la habitación poco después, creo que Sidney Franklin, y dijo en español: «Ha muerto».

—No me habías dicho que había muerto —dijo el niño.

—No estaba seguro.

—Me da mucha pena que haya muerto —dijo el niño.

Al día siguiente me dijo:

—No puedo dejar de pensar en ese hombre que ha muerto porque era demasiado pequeño.

—No pienses más en ello —le dije, y habría querido, por milésima vez en mi vida, poder pasar la esponja por las palabras que había pronunciado la víspera—. Es una tontería pensar en eso.

—Hago lo posible por no pensar, pero habría preferido que no me lo hubieses contado; porque cada vez que abro los ojos lo veo.

—Piensa en Pinky —le dije. (Pinky es un caballo de Wyoming.)

Tuvimos mucho cuidado de no hablar de la muerte durante algún tiempo. Como mis ojos estaban muy débiles para leer, mi mujer me leía en voz alta el libro más sangriento del día, un libro de Dashiell Hammett: *The Dain Curse*. Cada vez que el autor mataba a un personaje o a una serie de personajes, mi mujer sustituía con la palabra *huuum* palabras como «asesinado», «degollado», «le hizo saltar los sesos», «salpicó de sangre toda la habitación» y cosas por el estilo. Y, pronto, lo cómico del *huuum* le hizo al niño tanta gracia que dijo:

—¿Sabes?, ¿ese que fue *huuum* porque era demasiado pequeño? Ahora ya no pienso más en él.

Y comprendí que todo iba bien.

Hubo cuatro nuevos toreros ascendidos a matadores en 1932, dos de los cuales merecen ser citados como posibilidades, uno como curiosidad y otro que probablemente podría ser silenciado como fenómeno. Las dos posibilidades son Juanito Martín Caro, llamado Chiquito de la Audiencia, y Luis Gómez, llamado el Estudiante. Chiquito cuenta veinte años y ha lidiado ya toros jóvenes, como niño prodigio, desde los doce años. De estilo elegante, muy gracioso, sólido, inteligente y hábil, tiene un aire lindo de jovencita, pero en la plaza es dominador y serio; no hay en él nada afeminado, si no es su rostro de muchachita, y no tiene, ciertamente, la apariencia débil y fatigada de Chicuelo. Su contrapartida es que su trabajo, inteligente y hermoso, es frío y sin pasión; está lidiando desde hace tanto tiempo que parece que tiene la prudencia y el arte de protegerse típicos del matador al fin de su carrera, más que la gracia de un muchacho que debe arriesgarlo todo para llegar. Pero cuenta con un gran talento artístico e inteligencia, y su carrera puede ser muy interesante de observar.

Luis Gómez, el Estudiante, es un joven estudiante de medicina, con rostro inteligente, moreno y agradable y un cuerpo que podría servir de modelo de torero joven, que posee, con la capa y con la muleta, un buen estilo moderno, y mata deprisa y bien. Después de tres temporadas en provincias durante el verano, estudiando medicina en Madrid durante el invierno, hizo su presentación el pasado otoño en Madrid como novillero, y tuvo un gran éxito. Fue ascendido a matador en Valencia, en las corridas de San José, en marzo de 1932, y, según algunos aficionados a los que doy crédito, estuvo excelente e hizo concebir grandes esperanzas, aunque de cuando en cuando, con la muleta, su valor y su deseo de hacer una faena lucida lo hayan puesto en situaciones críticas de las que no tenía conciencia y de las que solo se salvó a fuerza de suerte y buenos reflejos. En apariencia parece que domina a los toros, pero en realidad la suerte lo ha salvado más de una vez. No obstante, con su inteligencia, su valentía y su buen estilo es una legítima esperanza como matador si la suerte sigue acompañándolo durante su primera campaña completa.

Alfredo Corrochano, hijo de Gregorio Corrochano, el influyente crítico taurino del diario monárquico de Madrid *ABC*, es un torero hecho a la medida por su padre, bajo la dirección de Ignacio Sánchez Mejías, cuñado de Joselito, al que Corrochano atacó con tanta aspereza y violencia la temporada en que murió. Alfredo es un muchacho moreno, flaco, arrogante y despectivo, de rostro un poco borbónico, que recuerda al de Alfonso XIII niño. Fue educado en Suiza e hizo su aprendizaje de matador en las tientas de vacas y castas de cría en las fincas de los alrededores de Madrid y de Salamanca, bajo la dirección de Ignacio Sánchez Mejías, de su padre y de todos los que daban coba a su padre. Durante unos tres años toreó como profesional, primero con los jóvenes Bienvenida, como torero niño, y luego como novillero. Por la posición de su padre, su presentación en Madrid suscitó numerosas reacciones; tuvo que aguantar las frases amargas de todos los enemigos que su padre se había creado con sus sarcasmos, a veces excelentes y muy bien escritos; tuvo que afrontar también los ataques de los que lo odiaban como hijo de la clase media monárquica, pensando que privaba a los jóvenes que tenían necesidad de ganarse el pan para vivir de la oportunidad de ganárselo en la plaza; al mismo tiempo se beneficiaba de la publicidad y la curiosidad que todos estos sentimientos despertaban, y las tres veces que apareció como novillero en Madrid se mostró insolente, arrogante y muy hombre. Se reveló como buen banderillero, excelente dominador con la muleta, con mucha inteligencia y vista para maniobrar con el toro; pero con un estilo lamentable con la capa y una incapacidad extremada para matar correctamente e incluso decentemente. En 1932 tomó la alternativa en Castellón de la Plana, en la primera corrida de la temporada, y, según mis informadores, no había cambiado desde que yo lo vi, excepto que intentaba remediar su estilo y su manera vulgar de ejecutar la verónica, que es la prueba irremplazable de la serenidad y del talento artístico de un torero, sustituyéndola con diversos trucos pintorescos. Como curiosidad, su carrera será extremadamente interesante, pero creo que, a menos que adquiera la serenidad que le falta, dejará muy pronto de interesar al público desde el momento en que la originalidad de ser hijo de su padre haya sido explotada a fondo.

Victoriano de la Serna era un joven novillero que reunía todas las condiciones requeridas para producir un fenómeno una gran tarde en septiembre de 1931, en Madrid. Fue montado, explotado, exhibido con toritos cuidadosamente seleccionados cerca de Madrid, donde se podía reducir al mínimo la importancia de un desastre o confeccionar un triunfo, hecho, sobre todo, por los críticos de Madrid, pagados para asistir a la corrida. Al final de la temporada, se presentó por segunda vez en Madrid, para ser ascendido ya a matador. Mostró que su exaltación había sido prematura, que estaba todavía verde, que le faltaban bases sólidas en su oficio y que tenía necesidad de madurar mucho y de mucha experiencia antes de estar en condiciones de manejar a los toros con seguridad. Para esta temporada cuenta con cierto número de contratos firmados el año último, antes de su fracaso en Madrid; pero, a pesar de su talento natural, sin duda alguna fenomenal, su elevación precoz a la categoría de matador parece haberlo puesto en la pendiente rápida del olvido, bien encerada ya por todos los otros fenómenos que la recorrieron antes que él. Como siempre, y pensando en el torero, que es menos culpable que sus explotadores, yo deseo engañarme y confío en que pueda milagrosamente aprender su oficio practicándolo a título de maestro. Pero ese género de lanzamiento es un fraude tan grande para el público que, incluso cuando un matador en esas condiciones aprende su oficio, el público lo perdona rara vez, y, cuando el torero está bastante seguro de sí mismo para dejarlo satisfecho, el público ya no tiene deseos de verlo.

Capítulo 19

No hay más que dos maneras correctas de matar a los toros con espada y muleta, y, como las dos dan origen a un instante en que la cornada es inevitable para el matador si el bicho no sigue convenientemente a la franela, los toreros han ido alterando a conciencia esta suerte, que es la más bella de la lidia, hasta el punto que, de cada cien toros que veáis matar, noventa recibirán la estocada de un modo que no es más que una parodia de la verdadera suerte de matar. Una de las razones que hay para ello es que rara vez un gran artista de la capa y de la muleta es a la vez un gran matador. A un gran matador tiene que gustarle matar; si no cree que matar es la cosa mejor que puede hacerse, si no es consciente de la dignidad de este acto y no encuentra en él su propia recompensa, será incapaz de la abnegación necesaria para la verdadera suerte de matar. El verdadero gran matador tiene que tener un sentido del honor y un deseo de gloria que sobrepase con mucho el del torero ordinario. En otras palabras: tiene que ser un hombre sencillo. Debe también sentir placer matando; no simplemente la satisfacción de haber puesto en juego su habilidad con la muñeca, su ojo clínico, o su destreza para manejar la mano izquierda mejor que los otros, ya que esa es la forma más sencilla de ese orgullo, y ese orgullo lo sentirá por el simple hecho de ser hombre; sino que debe saborear una satisfacción espiritual en el momento de matar. Matar con limpieza y de manera que proporcione placer estético y orgullo ha sido siempre una de las grandes satisfacciones de toda una porción de la raza humana. Pero a causa de que la otra parte, la que no gusta de matar, ha sido siempre la que mejor se ha expresado y ha dado la mayoría de los buenos escritores que han existido, tenemos muy pocos testimonios escritos de la verdadera alegría de matar. Uno de los mayores placeres que existen, aparte de los placeres puramente estéticos, como la caza de las aves, y los que originan orgullo, como la caza al acecho de piezas difíciles, donde es la importancia desproporcionadamente acrecentada de la fracción de segundo en que sale el tiro por el cañón de la escopeta lo que produce la emoción, es el sentido de rebelión contra la muerte que experimenta el que la administra. Una vez que se ha aceptado la regla de la muerte, «no matarás» es un mandamiento fácil de respetar; pero cuando un hombre se siente en rebelión contra la muerte, experimenta un placer asumiendo él mismo uno de los atributos divinos, el de darla, y este es uno de los sentimientos más profundos que puede experimentar todo hombre que goza matando. Son cosas, desde luego, hechas con orgullo, y el orgullo es un pecado cristiano y una virtud pagana. Pero es el orgullo el que hace la corrida de toros y es la verdadera alegría de matar la que hace al gran matador.

Desde luego, todas estas cualidades espirituales que acabo de enumerar no pueden hacer de un hombre un gran matador si no dispone de todas las aptitudes físicas que requiere el acto: buena vista, muñeca sólida, valor y una mano izquierda hábil para manejar la muleta. El matador ha de tener todas esas cualidades en un grado superlativo, ya que, de otra forma, su sinceridad y su orgullo lo llevarían al hospital. No hay en España ahora un solo matador realmente grande. Hay toreros de cartel que pueden matar perfectamente, aunque sin gran estilo, cuando quieren y si tienen suerte, pero que no intentan hacerlo porque no tienen necesidad de ello para tener contento al público; hay otros toreros que habrían podido ser grandes matadores en los tiempos antiguos, que comenzaron su carrera matando a los toros todo lo bien que pueda pedirse; pero que, por falta de talento con la capa y con la muleta, dejaron de interesar enseguida al público, no tuvieron suficientes contratos y les faltó así la ocasión de desarrollar el arte de entrar a matar e incluso de ir conservando la práctica. Y hay toreros que empiezan ahora y que saben incluso matar, pero que todavía no han sido suficientemente probados por el tiempo. No se encuentra un matador de primera línea hoy por hoy que mate perfectamente, día tras día, con facilidad y con orgullo. Los toreros en boga han elaborado una manera fácil y falsificada de matar que ha desposeído de toda emoción, salvo la del desencanto, a lo que debería ser el punto culminante y emotivo de la lidia. La emoción viene ahora proporcionada por la capa, a veces por las banderillas y, sobre todo, por la muleta; y lo mejor que se puede esperar con el estoque es un trabajo rápido que no estropee el efecto de lo que lo ha precedido. Creo que he visto más de cincuenta toros muertos con distintos grados de facilidad antes de ver conscientemente uno solo bien matado. Hasta ese momento yo no tenía ningún motivo para quejarme de las corridas de toros tales como las había visto; porque me parecían, a pesar de todo, lo bastante interesantes y era el mejor espectáculo que había visto en mi vida. Pero creía que la suerte de matar era un instante sin interés particular y pensaba que quizá era el momento de menos importancia de toda la lidia y que las gentes que hablaban de ello o escribían con entusiasmo de la suerte de matar eran sencillamente fantásticas. Mi punto de vista era bien sencillo: me daba cuenta de que hacía falta que el toro muriese para que la lidia quedase completa y me sentía contento de que se acabase con él por medio de una espada, ya que es bastante raro ver matar a nadie con una espada; pero el modo como lo habían hecho se me antojaba algo así como un juego de manos y no me inspiraba ninguna emoción. «Esto es la corrida —pensaba yo—; el final no es muy bueno, pero sin duda tiene que ser así. Y es que yo no comprendo bien todavía. En cualquier caso, es lo mejor que he logrado ver jamás por dos dólares.» Y, sin embargo, me acordaba de vez en cuando de que en la primera corrida de toros que había visto, antes de que pudiese entender claramente lo que ocurría entre toda aquella novedad, la muchedumbre, la confusión, los vendedores de cerveza con chaquetillas blancas que pasaban por delante de mí, los dos cables de acero que había entre mis ojos y el ruedo, el lomo del toro reluciente de sangre, las banderillas que entrechocaban cuando el toro se movía, el espinazo del toro cubierto de polvo, los cuernos que semejaban astas enhiestas y que eran más gordos que mi propio brazo por el punto en que empezaban a curvarse; en medio de aquella excitación y barullo hubo un instante de emoción cuando el matador hundió su espada en el toro. Pero no podía retrotraer exactamente a mi espíritu lo que había pasado. En el toro siguiente observé con interés; ¿qué pasaría? ¡No pasó nada! La emoción había desaparecido y lo único que vi fue algo así como un pequeño truco. Después, vi cincuenta toros más antes de volver a encontrarme con aquella emoción. Pero entonces pude ver cómo y por qué había visto la verdadera suerte de matar.

Cuando veáis matar un toro por primera vez, si es a la manera usual, he aquí, poco más o menos, lo que vais a ver. Veréis que el toro se quedará cuadrado sobre sus cuatro patas delante del diestro, el cual estará como a unos cinco metros de distancia, con los pies juntos, la muleta en la mano izquierda y la espada en la derecha. El torero levantará la franela con la mano izquierda para ver si el toro la sigue con la mirada; luego bajará la tela roja, la sostendrá juntamente con la espada, dará media vuelta, de manera que se quede de costado frente al toro, hará un movimiento con la mano izquierda para enrollar la muleta sobre el palo, sacará la espada de la muleta tal como la tiene agachada y apuntará hacia el toro, mirando por el filo del estoque, y mantendrá la cabeza, la espada y su hombro izquierdo dirigidos en línea recta hacia el animal, con la muleta sostenida siempre por bajo con la mano izquierda. Lo veréis entonces ponerse rígido y dirigirse hacia el toro, y todo lo que veréis después es que el matador ha llegado al toro y, o bien el estoque ha saltado al aire, doblándose antes como si hubiera encontrado un obstáculo, o bien veréis el puño de la espada, forrado de tela roja, que sobresale de la nuca del toro, o veréis el puño y un pedazo de espada, y oiréis a la multitud aprobando o desaprobando, según cómo el hombre haya entrado a matar y según el lugar en que haya colocado la espada.

Eso es todo lo que veréis de la muerte, pero he aquí su mecanismo. No se puede matar adecuadamente al toro de una estocada en el corazón. El estoque no es lo bastante largo para llegar al corazón, si se clava donde hay que clavarlo, entre los omóplatos. La hoja del acero pasa por encima de las vértebras, entre los bordes de las costillas, y si logra matar instantáneamente es que ha cortado la aorta. Tal es el fin de una estocada perfecta, y para conseguirla el torero ha de tener la suerte de que la punta de la espada no choque con la columna vertebral ni con las costillas cuando la hunde. Otra cosa más: ningún hombre puede dirigirse hacia el toro y pasar el brazo por encima de su cabeza, si el toro la lleva alta, para meterle el estoque entre los omóplatos. En el momento en que el toro tiene la cabeza levantada, el estoque no tiene la longitud suficiente para alcanzar la espalda por encima de la cabeza. Para que sea posible que el torero coloque el estoque en el lugar prescrito, es menester que haga bajar al toro la cabeza, de manera que el lugar donde tiene que hundir la espada resulte accesible, e incluso entonces el matador debe inclinarse hacia delante, por encima de la cabeza agachada del toro, para poder hundirle el estoque. Y si en ese momento, cuando el toro levanta la cabeza, al hundirle el estoque, el torero no es lanzado al aire, puede haber sucedido una de estas dos cosas: o que el toro se mueva y rebase al hombre, guiado por la muleta que el torero sostiene con la mano izquierda al mismo tiempo que hunde el estoque con la derecha, o que sea el torero el que se mueva y rebase al toro, que embestirá siguiendo la muleta que el torero sigue manteniendo delante de él con la mano izquierda, en el momento en que el torero se inclina por encima del toro, para retirarse enseguida a lo largo de los flancos del animal. Todo ello puede ser falsificado haciendo que el matador y el toro se hallen al mismo tiempo en movimiento.

Tales son los principios mecánicos de las dos maneras de matar a los toros correctamente; o bien el toro, provocado, conducido y controlado por el movimiento de la muleta, va hacia el espada y lo rebasa, mientras este le hunde el estoque entre los omóplatos; o bien el matador inmoviliza al toro en su sitio, con las patas delanteras en el mismo plano y las traseras formando cuadro con ellas, la cabeza ni demasiado alta ni demasiado baja, levanta y baja la muleta para comprobar si el toro la sigue con los ojos y, por último, cruzando la muleta ante él con la mano izquierda, de manera que si el toro la sigue pasará por su derecha, avanza sobre el toro y, en el momento en que este adelanta la cabeza para seguir la franela, que debe alejarlo del torero, este hunde la espada y se retira a lo largo de los flancos del animal. Cuando el torero espera la embestida del toro, se dice que mata recibiendo. Cuando el matador va hacia el toro se dice que es un volapié. Cuando el espada se prepara para matar, con el hombro izquierdo hacia el toro, la espada enfilada y la muleta enrollada en la mano izquierda, se dice que se perfila. Cuanto más cerca está del animal, menos posibilidades tiene de desviarse y de escapar del toro si este no sigue la tela en el momento en que el espada ataca. El movimiento balanceado del brazo izquierdo que mantiene la muleta en cruz con el cuerpo, de modo que pueda hacer pasar al toro por la derecha, para esquivarlo, se llama cruzar. Mientras el matador no cruza, tendrá al toro encima de él. Si no lo envía lo suficientemente lejos, el cuerno lo alcanzará con seguridad. Para hacer con éxito este movimiento cruzado es preciso realizar un movimiento con la muñeca que despliegue la muleta, al mismo tiempo que un simple movimiento del brazo por delante del cuerpo y hacia el exterior. Los toreros dicen que al toro se lo mata más bien con la mano izquierda, que conduce la muleta y guía al animal, que con la derecha, que clava la espada. Por lo demás, no hace falta mucha fuerza para hundir el estoque si la punta no da en hueso. Bien guiado por la muleta, si el torero se inclina sobre la espada parecerá a veces que el toro se la quita de la mano; otras veces, si pincha en hueso, parecerá como si hubiera tropezado con un muro de caucho o de cemento.

En los tiempos antiguos se mataba a los toros recibiendo el matador, incitando y aguardando la embestida final, y cuando los toros eran demasiado pesados sobre sus patas para embestir, les cortaban el jarrete con una hoja en forma de media luna inserta en un largo palo y luego los mataban con una puñalada en las vértebras del cuello, una vez que el toro se quedaba sin defensas. Este trabajo repugnante se hizo inútil con la invención del volapié por Joaquín Rodríguez, llamado Costillares, hacia finales del siglo XVIII.

El torero que mata recibiendo permanece inmóvil con los pies un poco separados, después de provocar la embestida doblando una rodilla hacia delante y agitando la muleta hacia el toro, y lo deja acercarse, hasta que hombre y toro no forman más que una sola figura en el momento en que le hinca la espada. Luego, aunque la figura se rompe por la conmoción del encuentro, quedan unidos por el estoque, que parece hundirse centímetro a centímetro. Es el modo más arrogante de matar y una de las cosas más hermosas que pueden verse en la plaza. Pero tal vez no la veáis jamás, ya que el volapié, que es lo suficientemente peligroso cuando está bien ejecutado, es hasta tal punto menos peligroso que la suerte de recibir que si en nuestros tiempos el torero recibe a un toro es cosa rarísima. Yo no he visto ejecutarlo correctamente más que tres veces en más de mil quinientos toros que he visto matar. Veréis tentativas para ejecutar la suerte, pero si el torero no aguarda realmente la embestida, si en lugar de separarse con un movimiento del brazo y de la muñeca, da un paso de lado al final, ya no es recibiendo. Maera lo hacía; el Niño de la Palma lo hizo una vez en Madrid y lo simuló varias veces, y Luis Freg lo hacía. Pocos son los toros que en estos tiempos llegan hasta el fin de la lidia en buenas condiciones para ser recibidos; pero hay todavía menos toreros para recibirlos. Una de las razones que explican que esta forma de entrar a matar esté en decadencia estriba en que, si el toro abandona la tela para alcanzar al matador, la cornada será en el pecho. En la lidia con el capote, la primera cornada será de ordinario en la pierna o en el muslo; dónde será la segunda, si el toro hace pasar al hombre de un cuerno a otro, es cuestión de suerte. Con la muleta o en la suerte de matar a volapié, la cornada es casi siempre en el muslo derecho, ya que es por este nivel por donde pasa el cuerpo del toro cuando tiene la cabeza baja; pero el torero puede ser también enganchado en el cuello o en el sobaco, si el toro levanta la cabeza antes de haberlo rebasado. Sin embargo, en la entrada a matar recibiendo, si algo no marcha bien, el cuerno alcanza el pecho; así es que no veréis esta suerte intentada casi nunca, si no es por un matador que ha encontrado un toro tan bueno y hace una faena tan espléndida que, para concluir, quiere dar el colmo de la suprema emoción, y ensaya entonces matar recibiendo y, de ordinario, ya sea que esté agotado el toro con la muleta, ya sea que le falte la experiencia necesaria para recibirlo como es preciso, la faena no se colma con limpieza o acaba con una cornada.

El volapié, si es ejecutado lentamente, es decir, muy despacio, desde muy cerca y en el tiempo exacto, es una manera bastante bonita de matar. He visto toreros con el pecho traspasado, he oído crujir las costillas literalmente con el choque, he visto a un hombre dar vueltas ensartado sobre un cuerno, el cual desaparecía totalmente dentro de su cuerpo, la muleta y la espada disparadas al aire; lo he visto caer de nuevo a tierra, embestirlo nuevamente el toro y alzar la cabeza con el hombre aún enganchado en el cuerno, desprenderse el hombre en la embestida siguiente para ser atrapado por el otro cuerno, caer después, intentar levantarse, ponerse las manos en el agujero por donde el aire salía de su pecho y ser conducido, con los dientes rotos, para morir una hora después, todavía con su traje de luces, ya que la herida era demasiado grande para que se pudiese siquiera intentar nada. He visto la cara de ese hombre, Isidoro Todo, mientras estaba en el aire. Siguió plenamente consciente todo el tiempo, mientras estaba ensartado en el cuerno, y después, y pudo hablar en la enfermería, antes de morir, aunque la sangre que tenía en la boca hacía sus palabras ininteligibles, y comprendo el parecer de los toreros respecto de la suerte de matar recibiendo, porque saben que la cornada es en el pecho.

De acuerdo con los historiadores, Pedro Romero, que fue torero en España por la época de la revolución norteamericana, mató cinco mil seiscientos toros recibiendo, entre los años 1771 y 1779, y murió en su cama a la edad de noventa y cinco años. Si eso es verdad, vivimos en una época muy decadente en que es un acontecimiento ver a un torero intentar solamente recibir a un toro. Pero no sabemos los toros que Pedro Romero habría logrado recibir de intentar pasárselos tan cerca como Juan Belmonte con la capa y la muleta. No sabemos tampoco, de esos cinco mil toros, cuántos recibió correctamente, esperándolos con tranquilidad para hundirles el estoque entre los omóplatos, ni cuántos recibió mal, echándose a un lado y dejando que el estoque se hundiera en el cuello. Los historiadores hablan muy bien de todos los toreros muertos. Si se lee una historia de los grandes toreros del pasado, parece imposible que tuvieran una mala tarde o que decepcionaran jamás al público. Es posible que no lo decepcionaran nunca antes de 1873, porque yo no he tenido tiempo de leer las reseñas contemporáneas de las corridas de antes de esa época. Pero, a partir de ese año, la corrida de toros ha sido siempre vista por los cronistas contemporáneos como entrando en un período de decadencia. Durante la época a la que hoy se denomina la edad de oro de todas las épocas de oro, la de Lagartijo y Frascuelo, que fue realmente una edad de oro, la opinión más común era que las cosas estaban tomando mal cariz, que los toros eran cada vez más pequeños y más jóvenes y que, si eran grandes, resultaban cobardes. Lagartijo, se decía, no es un gran matador; Frascuelo sí; pero es de una avaricia sórdida para su cuadrilla y es intratable. Lagartijo fue expulsado de la plaza por la multitud en su última aparición en Madrid. Cuando llegamos en las crónicas a Guerrita, otro héroe de la edad de oro que corresponde al período inmediatamente anterior, simultáneo y posterior a la guerra hispanoamericana, se lee todavía que los toros son pequeños y jóvenes; los bichos gigantes, de bravura fenomenal, de los días de Lagartijo y de Frascuelo han desaparecido. Guerrita no es Lagartijo, leemos; es un sacrilegio compararlos, y todas esas monerías floridas hacen estremecerse en sus tumbas a los que se acuerdan de la seriedad y de la honestidad de Frascuelo (ya no se trata de avaricia). El Espartero no vale nada y lo prueba dejándose matar; finalmente, Guerrita se retira y todo el mundo se siente aliviado. Ya están hartos de él, aunque, una vez que Guerrita ha desaparecido, la lidia se encuentra en una crisis profunda. Los toros, ¡qué cosa más extraña!, se van haciendo cada vez más pequeños y más jóvenes, o, si son grandes, resultan cobardes. Mazzantini no vale nada; mata tranquilamente, sí, pero no recibiendo, y no es capaz de salir de su manera de hacer con la capa, y con la muleta es una inutilidad. Afortunadamente, Mazzantini se retira, y cuando don Luis Mazzantini se ha retirado, he aquí que los toros se presentan cada vez más pequeños y más jóvenes, salvo algunos que son enormes y cobardes, y más bien hechos para arrastrar carretas que para el ruedo. Desaparecido aquel coloso del estoque que se llamó Mazzantini, desaparecido Guerrita, maestro de maestros, los recién llegados, como Ricardo Torres Bombita, Machaquito y Rafael el Gallo, no son más que impostores que dominan la plaza. Bombita domina los toros con la muleta y tiene una sonrisa agradable; pero no es capaz de matar como mataba Mazzantini; el Gallo es ridículo y un gitano chalado; Machaquito es bravo, pero ignorante, y solo lo salva la suerte y el hecho de que los toros sean cada vez más jóvenes y más pequeños que aquellos bichos gigantes, siempre bravos, del tiempo de Lagartijo y de Salvador Sánchez, Frascuelo, al que ahora llaman siempre el Negro, apodo de amistad y no de insulto, y al que se recuerda por la buena voluntad que mostraba para con todos. Vicente Pastor es honesto y valeroso en la plaza, pero da un saltito cuando mata y se pone enfermo de miedo antes de entrar a matar. Antonio Fuentes es elegante, magnífico cuando pone banderillas; tiene un bonito estilo de matar, pero eso no quiere decir nada, porque ¿quién no haría un trabajo elegante con los toros de nuestros días, que son mucho más jóvenes y pequeños que en los tiempos de aquellos colosos sin defecto, Lagartijo, Frascuelo, el heroico Espartero, el maestro de maestros Guerrita y el súmmum del estoque, don Luis Mazzantini? En esa época, dicho sea de paso, en que don Indalecio Mosquera fundó la plaza de Madrid, sin importarle nada las corridas y sí la talla de los toros, las estadísticas muestran que los toros eran por lo común los más grandes que se habían lidiado en Madrid.

Por entonces, Antonio Montes se dejó matar en México, y enseguida se dieron cuenta de que había sido el verdadero diestro de la época. Serio, magistral, Montes era capaz siempre de dejar contento al público por el dinero que había pagado. Montes fue corneado por un pequeño toro mexicano de flancos flacos y cuello largo, que levantó la cabeza en lugar de seguir la muleta cuando le hundió la espada, y al volverse

Montes, intentando escapar de los cuernos, el cuerno derecho del toro lo alcanzó entre las nalgas, lo alzó y lo llevó, como si hubiera estado sentado en un taburete —el cuerno desaparecía enteramente dentro de su cuerpo—, unos cuatro metros más lejos, hasta que el toro cayó muerto de la estocada. Montes vivió cuatro días más después de la cogida.

Vino entonces Joselito, que fue apodado Pasos Largos cuando apareció y atacado por todos los admiradores de Bombita, Machaquito, Fuentes y Vicente Pastor. Afortunadamente retirados, todos estos se habían hecho por consiguiente incomparables. Guerrita decía: «Si queréis ver a Belmonte, corred a verlo, porque no durará; ningún hombre puede torear tan cerca de los toros». Pero al ver que seguía toreando cada vez más cerca, se descubrió que los toros eran, por supuesto, parodia de los bichos gigantes que él, Guerrita, había matado. Se reconoció en la prensa que Joselito valía algo, pero se hizo notar que no sabía poner banderillas más que de un lado, el derecho —los toros, por supuesto, eran mucho más pequeños—, y que persistía en ese defecto; que mataba teniendo el estoque tan alto que algunos decían que se lo sacaba del sombrero y otros que se valía sencillamente de él como de una prolongación de su nariz, y que, y eso era una verdad como un templo, fue abucheado, silbado y bombardeado con almohadillas el último día que toreó en Madrid, el 15 de mayo de 1920, cuando lidiaba a su segundo toro, después de haber cortado la oreja del primero, y fue alcanzado en la cara por una almohadilla mientras la multitud gritaba: «¡Que se vaya, que se vaya!». Al día siguiente, el 16 de mayo, Joselito murió en Talavera de la Reina con el vientre abierto de una cornada, tan abierto que se le salían los intestinos. No era capaz de retenerlos con las dos manos; pero murió del traumatismo originado por la cornada, mientras los médicos trabajaban en la herida. Su rostro quedó tranquilo sobre la mesa de operaciones, cuando murió; su cuñado se hizo retratar llevándose el pañuelo a los ojos; una turba de gitanos se lamentaban a la puerta y otros iban y venían. El Gallo, fuera, daba vueltas sin atreverse a entrar a ver a su hermano muerto, y Almendro, el banderillero, decía:

—Si han podido matar a este hombre, os lo juro, ninguno de nosotros escapará. Ninguno de nosotros.

Y, en la prensa, Joselito se convirtió inmediatamente en el más grande torero de todos los tiempos, y sigue siéndolo todavía, más grande que Guerrita, que Frascuelo, que Lagartijo, en opinión de los mismos hombres que cuando estaba vivo lo atacaban. Belmonte se retiró y se hizo más grande que el mismo Joselito al retirarse; volvió después de la muerte de Maera y se descubrió que era un hombre ávido de dinero que quería explotar un nombre ya famoso —es verdad que aquel año había hecho elegir sus toros—; lidió un año más todavía, y juro que fue el mejor que tuvo; lidió toda clase de toros, sin distinción de talla, triunfó en toda la línea, incluida la suerte de matar, en la que hasta entonces no había adquirido un dominio perfecto, y fue atacado por la prensa durante toda la temporada. Se retiró de nuevo, después de una cornada casi mortal, y todos los testigos contemporáneos están de acuerdo en reconocer que es el mayor torero viviente. Así se hace la historia, de manera que no sabría decir lo que valía Pedro Romero en tanto que no lea los testimonios contemporáneos de antes, durante y después de su carrera, y dudo de que pudieran encontrarse tales testimonios, aunque fuera en simples cartas particulares, para poder hacerse un juicio válido.

Según las distintas fuentes que he consultado y según los testimonios coetáneos, la época de los toros más grandes y de la verdadera edad de oro en Madrid fue la de Lagartijo y Frascuelo, los toreros más importantes de los últimos sesenta años, hasta la aparición de Joselito y Belmonte. La época de Guerrita no fue la edad de oro; Guerrita fue responsable de la introducción en la lidia de toros más jóvenes y pequeños —he comprobado su peso y consultado las fotografías— y durante los doce años que duró su carrera tuvo solamente un buen año como torero: el de 1894. Los toros grandes volvieron a la plaza en la época de Machaquito, Bombita, Vicente Pastor y el Gallo y la talla de los toros decreció sensiblemente en la época de Joselito y Belmonte, aunque algunas veces lidiaron los dos la clase de toros más grandes que se criaban. Ahora, los toros son grandes y viejos para los matadores sin influencia y pequeños y jóvenes siempre que el torero sea lo suficientemente poderoso para meter mano o imponer sus preferencias en la elección. Los toros son todo lo grandes que pueda producirlos la cría en Bilbao, a despecho de los matadores, y, en general, los ganaderos andaluces envían los toros más grandes y más hermosos a Valencia para la feria de julio. He visto a Belmonte y a Marcial Lalanda triunfar en Valencia con toros que podrían figurar entre los más grandes que se hayan lidiado nunca en la historia de la fiesta brava.

Este resumen histórico ha comenzado con lamentaciones sobre la desaparición de la suerte de matar recibiendo, que desaparece porque no se enseña ni se practica y, como el público no la reclama y es un arte difícil que tiene que ser practicado, comprendido y dominado porque es demasiado peligroso para ser improvisado, los toreros la evitan. Si se practicara podría ser hecha con bastante frecuencia, siempre que se dejase a los toros llegar al final de la lidia en un estado conveniente; pero toda suerte que puede ser reemplazada aproximadamente por otra tan atractiva como esa para el público y con un riesgo menor de muerte si su ejecución falla está condenada a desaparecer del ruedo, a menos que el público la reclame a los toreros.

El volapié, para ser ejecutado correctamente, exige que el toro esté bien aplomado sobre sus patas y que se halle colocado con las dos de delante en una misma línea. Si tiene una pata delante de la otra, la cúspide de uno de sus omóplatos se encuentra también a una altura desigual en relación con la del otro, y el intersticio por donde puede penetrar el estoque —que tiene un poco la forma del espacio comprendido entre las dos manos si se juntan las puntas de los dedos, con las muñecas ligeramente separadas— quedará cerrado de la misma manera que la abertura de las manos si se mueve un poco una de las muñecas hacia delante. Si las patas del toro están muy separadas, ese intersticio se estrecha bastante, porque los omóplatos están en posición forzada el uno contra el otro, y si los pies no están en la misma línea, este intersticio queda completamente cerrado. Es en este intersticio donde la punta del estoque tiene que entrar para hundirse en la cavidad del cuerpo, y la hoja del acero seguirá su camino si no encuentra una costilla o la columna vertebral a su paso. Para aumentar la posibilidad de penetrar y seguir una dirección descendente hacia la aorta, la punta del estoque está curvada, de modo que se hunda bien hacia abajo. Si el torero se adelanta para matar al toro de frente, con el hombro izquierdo hacia delante, y coloca el estoque entre los omóplatos, se queda inmediatamente al alcance de los cuernos del toro; de hecho, tiene que pasar el cuerpo por encima del cuerno en el momento de hundir el estoque. Si no mantiene la cabeza del toro agachada con la mano izquierda cruzada ante él y sosteniendo la muleta casi en el suelo hasta que ha pasado por encima del cuerno y no se ha liberado dejando que el flanco del animal pase junto a él, el asta lo enganchará. Para evitar este momento de gran peligro al que se expone el espada siempre que mata a un toro según las reglas, los toreros que quieren matar sin exponerse se perfilan a distancia considerable del toro. Así, el animal ve al hombre llegar, se pone en movimiento, el torero corre hacia él únicamente para acortar la línea de la embestida, con el brazo derecho extendido, en vez de presentar el hombro izquierdo, y trata de hundir el estoque, sin dejar nunca que su cuerpo quede al alcance de los cuernos. La manera que acabo de describir es la forma más indecorosa y desvergonzada de entrar a matar. Cuanto más se hunde el estoque cerca de la parte anterior del cuello y más baja hacia el blanco, menos se expone el torero, y más seguro está de matar al bicho, ya que la espada penetrará en la caja torácica, en los pulmones, o bien cortará la yugular u otras venas, o la carótida u otras arterias del cuello, que pueden ser todas alcanzadas con la punta del estoque sin que el torero se exponga lo más mínimo.

Esta es la razón de que la suerte de matar se juzgue según el lugar en que se haya hundido el estoque y según la manera como el torero se haya acercado para matar, más que por los resultados inmediatos. Matar al toro de una sola estocada no tiene ningún mérito, si la espada no está bien colocada entre los omóplatos y si el hombre no ha pasado por encima de la cabeza del toro, poniendo su cuerpo al alcance de los cuernos en el momento en que entra a matar.

Con frecuencia, en el Mediodía de Francia y de cuando en cuando en las provincias de España en que hay pocas corridas, he visto a un torero aplaudido con entusiasmo por haber matado al toro de una sola estocada, cuando su manera de matarlo no había sido más que un asesinato sin ningún riesgo; el torero no se había expuesto lo más mínimo, y lo único que había hecho había sido hundir la espada en un sitio no protegido y vulnerable. La razón por la que se obliga al torero a matar al toro entre los omóplatos es porque el toro es capaz de defender ese punto y no se descubrirá ni se hará vulnerable más que cuando el torero ponga el cuerpo al alcance de sus cuernos, siempre que lo haga según los cánones. Matar al toro de una estocada en el cuello o en el flanco, que son partes que no puede defender, es un asesinato; matarlo metiéndole el estoque en el punto determinado entre los omóplatos exige un riesgo por parte del torero y una habilidad consumada si quiere evitar un gran peligro. Si el diestro emplea esta habilidad en la ejecución de la estocada, exponiendo el cuerpo pero protegiéndolo con el juego hábil de la mano izquierda, es un buen matador. Si no emplea su talento más que para falsificar la suerte de matar, de manera que hunde el estoque en el punto preciso sin exponer su cuerpo, puede decirse que está dispuesto a acabar con el toro, pero, al margen de la prisa o la lentitud con que lo mate, no es un matador.

El verdadero gran matador no es simplemente el torero lo suficientemente valeroso para irse derecho al toro hasta una pequeña distancia y meterle la espada de uno u otro modo entre los omóplatos, sino el que es capaz de llegar desde una pequeña distancia, lentamente, saliendo con el pie izquierdo, como debe hacerse y con tal habilidad en el manejo de la mano izquierda que al adelantarse, con el hombro izquierdo por delante, fuerza al toro a agachar la cabeza y se la mantiene baja mientras pasa por encima de sus cuernos, mete la espada y, una vez que ha entrado, se pone a salvo por el flanco del toro. El gran matador tiene que hacer esto con seguridad y con estilo, y si en el momento en que entra a matar, con el hombro izquierdo levantado, el estoque pincha en hueso o se niega a entrar, o si da con las costillas o con el saliente de una vértebra y se ve desviado de manera que no puede hundirse más que una tercera parte de la hoja, el mérito de la tentativa es tan grande como si el estoque hubiese penetrado enteramente y hubiera matado al toro, ya que el espada ha corrido el riesgo que debía correr y el resultado no ha sido deslucido más que por el azar.

Para matar a un toro basta con poco más de un tercio de la longitud de la hoja, convenientemente colocada, si el animal no es demasiado grande. La mitad de la hoja llegará a la aorta de cualquier toro, si el estoque está bien dirigido y bien clavado desde arriba. Muchos toreros no siguen toda la longitud de la espada con su cuerpo, sino que tratan de introducir solamente la mitad de la hoja, sabiendo que la estocada será bastante para el toro si está colocada en buen sitio, y se dan cuenta de que están más seguros si no tienen que adelantar ese último paso y medio. Esta práctica hábil de las medias estocadas, inaugurada por Lagartijo, es la que ha despojado a la suerte de matar de su capacidad de emoción, ya que la belleza del momento de la entrada a matar, ese relámpago en que el hombre y el toro no forman más que un cuerpo mientras el estoque se hunde en toda su longitud, el hombre inclinado sobre el estoque, la muerte uniendo a los dos cuerpos en un súmmum de emoción, es el punto culminante, estético y artístico de la lidia. Y ese relámpago no aparece nunca en la suerte ejecutada de manera prudente con la media estocada.

Marcial Lalanda es el más hábil de los toreros de hoy con el estoque. Lo levanta al nivel de sus ojos, cuando va a perfilarse, y adelanta o retrocede un paso antes de entrar, y con la punta de la espada dirigida hacia arriba avanza, evita hábilmente los cuernos y deja casi siempre el estoque perfectamente colocado, sin dar, en cambio, la menor impresión de riesgo ni la menor emoción, tampoco, en la suerte. Puede matar muy bien cuando quiere; lo he visto ejecutar el volapié a la perfección, pero compensa más al público de su dinero en las otras partes de la lidia. Lalanda cuenta con su habilidad para desembarazarse del toro rápidamente, de modo que el recuerdo de sus proezas con la capa, las banderillas y la muleta no se vea empañado. Su manera corriente de matar, tal y como ya he escrito, es una triste parodia de lo que puede ser la suerte de matar. Por haber leído muchas reseñas de época, creo que el caso de Marcial Lalanda —no en sus primeros ensayos, sino en su maestría presente, por su filosofía de los toros y por su manera de matarlos— es muy comparable a la época media del gran Lagartijo, aunque Lalanda no pueda, naturalmente, rivalizar en gracia, estilo y natural con el cordobés; pero nadie puede hoy superarlo en maestría. Creo que dentro de diez años se hablará de los años 1929, 1930 y 1931 como la época de oro de Marcial Lalanda. Hoy tiene tantos enemigos como puede hacerse un torero; pero es, indiscutiblemente, el maestro de todos los toreros de hoy.

Vicente Barrera mata con peor estilo que Lalanda, pero con sistema diferente. En lugar de utilizar de una manera hábil la media estocada, en el lugar correcto, recurre a una primera estocada en cualquier sitio, por encima del cuello, cumpliendo así el canon que exige al menos una estocada del matador. Enseguida el torero tiene el derecho de matar al toro con un descabello, y Barrera es el virtuoso actual del descabello, un golpe dado con la punta de la espada entre las vértebras cervicales para cortar la médula espinal; es el golpe de gracia destinado a acabar con un toro moribundo que no puede seguir la muleta con los ojos, evitando así al matador volver a ejecutar la suerte de matar. Barrera emplea su primera estocada, exigida por los cánones de todo matador, según los reglamentos de las corridas, simplemente para tener la posibilidad de hundir el estoque sin exponerse de ninguna manera, porque cualquiera que sea el efecto de esa estocada, Barrera decide de antemano matar al toro con un descabello. Para ello pone en juego la agilidad de sus pies, engaña al toro con la muleta, le hace agachar el hocico y descubrir el intersticio entre las vértebras, en la base del cráneo, saca despacio la espada que lleva tras él, la levanta por encima de su cabeza y, manteniéndola cuidadosamente fuera de la vista del toro, balanceando la punta hacia abajo, con gran dominio de muñeca y la precisión de un acróbata, la planta verticalmente y corta la médula espinal, y el toro cae muerto en redondo, con la misma rapidez que se extingue la luz de una lámpara eléctrica al apretar el botón. El método de matar de Barrera, aun acomodándose a los reglamentos, es la negación de todo el espíritu y la tradición de la lidia. El descabello que, dado por sorpresa, tiene que ser un golpe de gracia destinado a evitar sufrimientos a un animal que no puede ya defenderse es utilizado por Barrera para asesinar a los toros vivos, cuando debería exponer su cuerpo matándolos con el estoque. Y Barrera ha adquirido tal habilidad mortal en esta práctica que el público, que sabe por experiencia que nada podría persuadir a Barrera a arriesgar un solo cabello en la suerte de matar, ha acabado por tolerar este abuso del descabello y a veces, incluso, llega a aplaudirlo. Aplaudirlo por esta engañifa en la suerte de matar, porque ha llevado a cabo un fraude con habilidad, seguridad y la ligereza que le confiere su destreza de pies ante el toro y su habilidad para hacerle agachar la cabeza como si estuviera moribundo, delata el grado más bajo de mentalidad en el público que va a la plaza.

Manolo Bienvenida es, en la suerte de matar, el peor de todos los toreros de cartel, si exceptuamos a Cagancho. Ni el uno ni el otro tienen la preocupación de observar las reglas de la suerte; en general, corren oblicuamente al encuentro del toro para abatirlo de una estocada, exponiéndose menos que un peón al poner un par de banderillas. No he visto jamás a Bienvenida matar bien a un toro; dos veces solamente de cada veinticuatro, en 1931, lo he visto matar a un toro decentemente. Su cobardía en el momento de matar es repugnante. No es el sudor del pánico ni los labios secos de miedo de un muchacho de diecinueve años que no sabe matar convenientemente, que está demasiado asustado, temiendo enfrentarse con toros grandes, y que no se atreve a correr los riesgos necesarios para intentar la suerte o para aprender a ejecutarla correctamente, y que, en consecuencia, está enfermo de miedo delante del cuerno; es una manera fría, gitana, de engañar al público; es la manera más desvergonzada y más irritante de ganarse el dinero que he visto jamás en la plaza. Cagancho puede matar bien; tiene una estatura que le hace la entrada a matar mucho más fácil que a otros, y siempre que quiere puede matar bien y con buen estilo. Pero Cagancho no corre jamás el riesgo de hacer ninguna cosa que pueda costarle una cornada. Todo el mundo reconoce que matar es peligroso, hasta para un buen matador, de manera que Cagancho, espada en mano, no expondrá nunca su cuerpo al alcance de los cuernos si no está persuadido de que el toro es cándido e inofensivo y que seguirá la tela como si su hocico estuviese pegado a ella. Si Cagancho ha llegado a convencerse, para satisfacción propia, de que el toro no ofrece riesgos, lo matará con estilo, gracia y con una seguridad absoluta. Si cree que corre el más mínimo riesgo, no dejará que el cuerno se acerque a su cuerpo. Su cobardía cínica es la negación más repugnante de la lidia que pueda verse; peor, incluso, que los pánicos del Niño de la Palma, porque el Niño de la Palma, cuando tiene miedo, no puede dar sus pases correctamente y está anonadado por el miedo, mientras que todo lo que hace Cagancho, cuando tiene confianza, podría servir de modelo y de ilustración de la perfección del toreo artístico. Pero no hace nada sin estar seguro de que no hay peligro en bregar con el toro. Ni siquiera cuando sabe que el azar está de parte del torero; eso no es bastante para él. Él no corre riesgos. Tiene que estar seguro de que el riesgo no existe, o bien hará flotar una capa a dos metros del toro, o agitará un pico de la muleta y asesinará al toro abatiéndolo de una estocada ladeada. Lo mismo hará con los toros que no son criminales ni aun particularmente peligrosos para un torero de mediano talento y de valor suficiente. Cagancho no tiene el valor de un piojo, porque su maravilloso equipo físico, su saber, su conocimiento y su técnica le permiten tener más seguridad en la plaza que cualquiera en una calle en pleno tráfico, siempre que no haga nada demasiado cerca del toro. Un piojo corre riesgos en las costuras de vuestra ropa; puede suceder que estéis en guerra y que os despiojen, o que os pongáis a cazarlo con la uña del pulgar. Pero no se puede despiojar a Cagancho. Si existiese una comisión torera de inspección que suspendiera a los matadores, como se retira a veces el permiso a los boxeadores cuando hacen trampas, siempre que no tengan protecciones políticas suficientes, Cagancho podría muy bien ser eliminado de la plaza, aunque podría ocurrir muy bien que por temor a la comisión llegara a ser un gran torero.

La única faena realmente grande que hizo Manolo Bienvenida en todo el año de 1931 fue la del último día de la feria de Pamplona, porque tuvo aún más miedo del público y de la irritación causada por los espectáculos de cobardía que había dado precedentemente, que de los mismos toros. Bienvenida pidió al gobernador que le enviara fuerzas que lo protegieran antes de la corrida, y el gobernador le dijo que si iba a la plaza y cumplía con su deber no tendría necesidad de ninguna protección. En Pamplona, Manolo se pegaba al teléfono para saber cuántos árboles habían sido arrancados en el cortijo de su padre a causa de la revuelta de los campesinos andaluces. Los bosquecillos de árboles eran talados sin piedad y se hacían hogueras de carbón de encina, se mataban cerdos y gallinas y se robaba el ganado; y el cortijo, que no había sido aún pagado y que quería acabar de pagar Manolo toreando, había sido entregado al pillaje, según el vasto plan de sabotaje de la revolución andaluza. Como contaba solo diecinueve años y todas las noches se enteraba por teléfono de la manera como estaban destruyendo su mundo, Bienvenida se sentía muy disgustado. Pero los muchachos de Pamplona y los campesinos de los alrededores, que habían gastado todos sus ahorros para ver corridas y no lograban verlas por la cobardía de los toreros, no eran capaces de entender las causas económicas ni la falta de interés de Bienvenida en sus actuaciones, y se manifestaron contra él tan violentamente y lo asustaron de tal forma que al final, temiendo que lo lincharan, dio una tarde espléndida el último día de la feria.

Si por una sanción o por un decreto se pudiera suspender en su fructuosa actividad comercial a Cagancho, el gitano daría con más frecuencia una buena tarde. Su excusa es que el que corre peligro es él, y el espectador no, pero el uno está pagado proporcionalmente y el otro paga, y cuando los espectadores protestan es cuando Cagancho se niega a correr peligro. Es verdad que ha sido cogido, pero cada vez por un accidente tal como un súbito golpe de viento que lo dejó al descubierto cuando trabajaba muy cerca de un toro que creía seguro. Ese es el único riesgo que no puede eliminar, y cuando vuelve del hospital a la plaza no quiere acercarse ni a un toro que tenga por inofensivo, ya que nada le garantiza que el viento no soplará mientras torea, que el capote no se le enredará entre las piernas, que él no se enredará con el capote o que el toro no se quedará cegado por el capote. Es el único torero a quien he visto coger con alegría; pero la cornada no es para él un remedio, porque se comporta todavía peor cuando sale del hospital que antes de entrar en él. Sin embargo, sigue teniendo contratos y engañando al público, porque sabe que cuando le da la gana puede hacer una faena completa y espléndida todavía, un modelo de ejecución perfecta, y terminarla con una bellísima estocada.

El mejor espada de hoy en día es Nicanor Villalta. Villalta comenzó falseando la suerte de matar y utilizando su elevada estatura para inclinarse sobre el toro, cegándolo con su inmensa muleta; pero ahora ha purificado, dominado y perfeccionado su arte, de tal manera que, en Madrid al menos, mata de cerca los toros que le tocan, con confianza, de una manera correcta, segura y emocionante, habiendo aprendido la manera de emplear su mágica muñeca izquierda para matar realmente al toro en lugar de engañar sencillamente al público. Villalta es un ejemplo del hombre simple de que hablaba al comienzo de este capítulo. En inteligencia y en conversación no es más listo que vuestra hermanita de doce años, si esa hermanita es una niña algo retrasada y tiene un sentido de la gloria y una fe en su grandeza tan altas que podríais colgar de ella vuestro sombrero. Añadid a esto una bravura semihistérica, con la que ningún valor frío podría rivalizar en intensidad. Personalmente lo encuentro insoportable, aunque es bastante divertido si no se tiene ninguna prevención contra la histeria vanidosa; pero con la espada y la muleta es hoy en Madrid el más bravo, el más seguro, el más tenaz y el más emocionante matador de la España contemporánea.

Los mejores espadas de mi tiempo eran Manuel Varé, Varelito, probablemente el mejor matador de mi generación; Antonio de la Haba, llamado Zurito; Martín Agüero; Manolo Martínez, y Luis Freg. Varelito era de mediana estatura, simple, sincero y gran matador. Como todos los matadores de mediana estatura, recibía rudos castigos de los toros. No repuesto aún de las consecuencias de una herida recibida el año anterior, fue incapaz de matar con su viejo estilo en la feria de Sevilla, en abril de 1922, y como su trabajo no fue satisfactorio, la multitud lo abucheó y lo insultó durante toda la feria. En un momento en que volvió la espalda a un toro, después de haberle hundido el estoque, el toro lo alcanzó, haciéndole una terrible herida cerca del recto, que le perforó los intestinos. Era casi la misma herida que recibió Sidney Franklin, y de la que se repuso en los comienzos de 1930, y la misma clase de herida que mató a Antonio Montes. Varelito, cogido hacia finales de abril, vivió hasta el 13 de mayo. Mientras se lo llevaban por el callejón hacia la enfermería, la multitud, que lo había abucheado momentos antes, dejaba escapar esos bisbiseos que siguen a todas las cogidas serias, y Varelito, mirando al público, no hacía más que repetir: «Ahora ya lo habéis conseguido. Ahora ya me cogió. Ahora ya lo habéis conseguido. Ahora ya me cogió». Lo había cogido, pero fueron precisas casi cuatro semanas para que aquella herida lo matase.

Zurito era hijo del último y uno de los más grandes picadores de la vieja época. Era de Córdoba, moreno y más bien menudo, el rostro triste, sosegado, serio y tenía un profundo sentido del honor. Mataba al modo clásico, despacio y magníficamente, con un sentido del honor que le impedía emplear ninguna ventaja, ninguna estratagema ni desviarse de la línea recta cuando se adelantaba para matar. Era uno de los cuatro novilleros que, en su clase, hicieron sensación en 1923 y 1924, y cuando se hicieron matadores los otros tres, que estaban más maduros que él aunque ninguno lo estaba demasiado, Zurito se hizo matador también, por más que su aprendizaje, si es cierto que el aprendizaje tiene que seguir hasta el dominio completo del oficio, no había terminado.

Ninguno de los cuatro hizo un aprendizaje apropiado.

Manuel Báez, llamado Litri, el más sensacional de los cuatro, era un prodigio por su valentía y sus maravillosos reflejos, pero un insensato por su bravura y muy ignorante en su técnica. Era un muchacho pequeño, moreno de rostro, con las piernas arqueadas y los cabellos negros; tenía un rostro de conejo, con un tic nervioso que lo hacía parpadear cuando veía llegar al toro; pero durante un año sustituyó con bravura, suerte y reflejos el conocimiento que le faltaba, aunque recibiendo, literalmente, centenares de golpes que lo enviaban por los aires, pero se ponía por lo común tan cerca del cuerno que el toro no podía siquiera cornearlo, y su suerte le preservó de toda herida seria, excepto en una ocasión. Nosotros nos referíamos a él como a *carne de toro*, y no se comportó de manera distinta cuando tomó la alternativa. Lidiaba con un valor nervioso que no podía durar, y, como su técnica era deficiente, era seguro que se dejaría matar, de manera que cuanto más dinero reuniese antes de que aquello llegara, sería mejor. Litri fue herido mortalmente en la primera corrida del año, en Málaga, a principios de febrero de 1926, después de haber sido matador toda una temporada. No debería haber muerto de aquella herida, de no habérsele infectado con una gangrena gaseosa y de no habérsele amputado la pierna demasiado tarde para salvar su vida. Los toreros dicen: «Si he de ser herido, que sea en Madrid». O, si son de Valencia, reemplazan a Madrid por Valencia, porque, en efecto, es en estas dos ciudades donde hay más corridas serias y, por consiguiente, más cornadas, y también es en estas dos ciudades donde están dos de los mejores especialistas de esta clase de cirugía. Un especialista no tendría tiempo para ir de una ciudad a otra y ejecutar la parte principal del tratamiento de una herida de esta clase, que consiste en la apertura y la limpieza de los varios trayectos de una herida, con el fin inmediato de atajar la infección. He visto una herida de asta en el muslo con una abertura no mayor que un dólar de plata, pero en el sondeo, una vez abierta por dentro, se reveló que tenía no menos de cinco trayectorias diferentes, originadas por la rotación del cuerpo del hombre sobre el cuerno, y a veces por las esquirlas de la punta del asta. Todas estas heridas internas tienen que ser abiertas y limpiadas; al mismo tiempo es preciso hacer todas las incisiones necesarias en el músculo, de modo que la herida se cicatrice en el más corto plazo y con el menor riesgo de una pérdida de movilidad. La cirugía de la plaza de toros tiene dos objetivos: salvar al torero, que es lo que se propone la cirugía ordinaria, y devolverlo al ruedo lo más pronto posible para que pueda cumplir sus contratos. Esta habilidad para poner pronto al torero en condiciones de trabajar es lo que permite a un especialista en cornadas pedir honorarios muy altos. Es una forma muy especial de la cirugía, pero en su forma más sencilla consiste en curar la herida ordinaria, que por lo general está situada entre la rodilla y la ingle, ya que es el sitio que pueden alcanzar mejor los cuernos agachados del toro cuando embiste. El cometido del cirujano consiste entonces en ligar lo más rápidamente posible la arteria femoral, si ha sido abierta, y en encontrar enseguida, con el dedo generalmente o con una sonda, los distintos trayectos que el cuerno haya podido seguir, abrirlos y limpiarlos, sosteniendo el corazón del herido con inyecciones de aceite alcanforado y reemplazando la sangre perdida con inyecciones de suero fisiológico y cosas por el estilo. Fuera como fuera, en Málaga la pierna del Litri se infectó y hubo que cortarla. En el momento de anestesiarlo se le había prometido que se trataba solo de limpiarle la herida; pero al recobrar el conocimiento y encontrarse con que le faltaba la pierna, no quería vivir y se sumió en una gran desesperación. Yo lo quería mucho y habría preferido que el Litri hubiese podido morir sin necesidad de amputarle la pierna, porque de todas maneras estaba condenado a morir desde el día en que tomó la alternativa, seguro como estaba de que un toro acabaría con él desde el momento en que su suerte le volviese la espalda.

Zurito no tuvo nunca suerte. Después de un aprendizaje incompleto se encontró con que tenía un repertorio de lo más corto con la capa y con la muleta. Con la muleta, su repertorio consistía en pases por alto y el truco, fácil de aprender, del molinete; su extraordinario talento con el estoque y la pureza de su estilo en la suerte de matar quedaron oscurecidos por la impresionante campaña del Litri y la gran temporada del Niño de la Palma. Zurito hizo dos buenas temporadas después de la muerte del Litri; pero, aun antes de haber tenido ocasión de convertirse en figura de primer plano, su trabajo se quedó anticuado porque no hacía ningún progreso con la capa ni con la muleta; y como con la espada intentaba siempre hundirla en el intersticio de los omóplatos, y entraba a matar con el hombro izquierdo adelantado desde tan alto que le era difícil mantener la muleta lo suficientemente baja para esquivar completamente los cuernos, recibió castigos muy duros de los toros, sobre todo esos terribles golpes planos del cuerno en el pecho, con los que los toros lo levantaban del suelo casi siempre que mataba. Perdió casi una temporada como consecuencia de las conmociones internas y de un tumor del labio, de resultas también de un golpe recibido. Y en 1927 lidió en tan malas condiciones físicas que era trágico verlo. Zurito sabía que perder una sola temporada puede llevar al torero a un descrédito tal que no tendrá luego más que dos o tres corridas por año y no podrá ganarse la vida. Durante toda la temporada Zurito siguió toreando; su rostro, que había sido moreno y lleno de salud, era gris ahora, como un lienzo deteriorado por la intemperie, y le faltaba el resuello de tal manera que daba pena verlo. Sin embargo, seguía toreando con el mismo estilo clásico, directamente, muy cerca y con la misma mala suerte. Cuando el toro lo levantaba en vilo y le daba uno de aquellos varetazos o golpes planos con el cuerno, que los toreros dicen que son tan malos como las cornadas porque causan hemorragias internas, le ocurría a veces que se desmayaba. Se lo llevaban a la enfermería, lo hacían volver en sí y regresaba a la plaza, débil como un convaleciente, para matar a su segundo toro. Pero, por su manera de entrar a matar, el toro lo arrojaba a lo alto casi todas las veces que mataba. Actuó en veintiuna corridas, se desvaneció en doce de ellas y mató a sus cuarenta y dos toros como es debido. Todo ello no era, sin embargo, suficiente, porque su trabajo con la capa y con la muleta, siempre sin estilo, en la situación en que se encontraba ni siquiera era satisfactorio, y al público no le gustaba verlo desvanecerse. En el *Diario de San Sebastián* apareció un artículo de fondo contra él. Había sido en esta ciudad donde había logrado más triunfos y ahora se le negaba todo contrato porque sus desvanecimientos repugnaban a los extranjeros y al público distinguido. Así, aquella temporada, en que dio el despliegue más desgarrador de valentía que he visto en mi vida, no le aportó nada. Se casó al final de la temporada. Ella quería casarse, se decía, antes que Zurito muriera. Pero, en lugar de morirse, Zurito se puso mucho mejor; se puso casi gordo y, como adoraba a su mujer, ya no iba tan derecho hacia los toros y toreó solamente catorce corridas. Al año siguiente no toreó más que siete veces en España y en América del Sur. Al otro año iba hacia el toro tan derecho como nunca, pero no tuvo más que dos contratos en España, cosa que no era lo suficiente para que viviera su familia. Desde luego, los desvanecimientos de aquel año no eran agradables de ver; pero Zurito no conocía más que una manera de matar, que era matar perfectamente, y cuando intentaba hacerlo, el cuerno o el hocico lo golpeaban y perdía la conciencia de este mundo, para mala suerte suya, aunque volvía siempre a la lidia desde el momento en que la recobraba. Naturalmente, al público no le complacía semejante cosa. Todo ello se hizo además rápidamente una historia vieja. A mí tampoco me gustaba; pero ¡Dios mío, cómo lo admiraba! El excesivo honor destruye a un hombre mucho antes que el exceso de cualquier otra virtud, y fue aquello, con una racha de mala suerte, lo que arruinó a Zurito para siempre en una temporada.

El viejo Zurito, el padre, había educado a uno de sus hijos para ser matador y le había enseñado el honor, la técnica y el estilo clásico, y el muchacho era un fracaso completo, a pesar de su gran destreza y de su integridad. El padre enseñó entonces al otro hijo el oficio de picador; aquel muchacho tenía un estilo perfecto, un gran valor, era un espléndido jinete y sería sin duda alguna el mejor picador de España. Pero resultó que era demasiado ligero para castigar a los toros. Por mucho que apretase la pica, apenas si podía sacarle sangre. De tal forma que aquel muchacho, que tenía más talento y más estilo que ningún picador, siguió picando en las novilladas por cincuenta o cien pesetas en cada corrida, cuando con veinte kilos más de peso habría podido seguir la gran tradición de su padre. Hay todavía otro hijo, que es también picador y al que no he visto; pero me dicen que también es demasiado ligero. No tiene suerte esa familia.

Martín Agüero, el tercero de los matadores, era un muchacho de Bilbao que no tenía visos de torero, sino, más bien, el aspecto rudo y fortachón de un profesional de béisbol. Tenía un rostro hocicudo de estilo sajón, parecido al de Nick Altrock; no era artista con la capa ni con la muleta, aunque manejaba la capa bastante bien, y a veces, excelentemente; no era ignorante y lo que hacía con la muleta lo hacía bien, aunque le faltaba imaginación artística; en suma, era capaz de un trabajo de muy de cerca con la capa y de un juego competente, pero aburrido, con la muleta. Con la espada era un matador rápido y seguro. Sus estocadas parecían siempre maravillosas en las fotografías, porque la fotografía no da ningún sentido del tiempo; pero cuando se lo veía matar iba con tal rapidez de relámpago que, pese a una seguridad más grande que la de Zurito y a una manera magnífica de cruzar la muleta, y pese a que, nueve veces de cada diez, hundía la espada hasta el puño, una sola estocada de Zurito era más hermosa de ver que veinte estocadas de Agüero, porque Zurito iba lenta y directamente al toro y marcaba con tal perfección el momento en que iba a matar que no podía haber rastro de sorpresa por parte del toro. Agüero mataba como un carnicero; Zurito, como un sacerdote dando la bendición.

Agüero era muy valeroso, y eficaz su técnica. Fue uno de los toreros de cartel de 1925, 1926 y 1927; en estos dos últimos años toreó cincuenta y dos corridas y apenas recibió un golpe. En 1928 fue gravemente herido dos veces, la segunda por no estar aún bien repuesto de la primera. Las dos heridas echaron abajo su hermosa salud y estropearon su físico. El nervio de una de sus piernas quedó dañado tan gravemente que se atrofió, lo que trajo como consecuencia la gangrena de los dedos del pie derecho y se hizo necesaria la amputación en 1931. Las últimas noticias que he tenido de él son que su pie quedó mutilado de tal forma que se creía imposible que volviese nunca a la plaza. Deja dos hermanos más jóvenes, novilleros, que tienen el mismo físico atlético y los comienzos de la misma habilidad con el estoque.

Diego Mazquiarán, Fortuna, de Bilbao, es otro gran matador de tipo carnicero. Fortuna tiene cabellos rizados, gruesas muñecas, es rudo y fanfarrón, se casó con una mujer rica y torea lo suficiente para tener dinero en el bolsillo. Es bravo como el toro y solo un poco menos inteligente. Es el hombre de más suerte que he visto. No conoce más que una forma de lidiar los toros; los trata como si todos fueran difíciles; los atrapa, los hace doblarse y los pone en posición con la muleta, cualquiera que sea la clase de faena que les convenga. Si resulta que el toro es difícil, este método es enteramente satisfactorio, pero no si exige una gran faena. Una vez que les ha hecho colocar juntas las patas delanteras, Fortuna enrolla la muleta, se perfila con la espada, mira a sus amigos por encima del hombro como diciendo «Vamos a ver qué hacemos con este», y va derecho hasta el fondo y muy bien. Tiene tanta suerte que la espada puede incluso cortar la médula espinal y abatir al toro como fulminado por un rayo. Si no tiene suerte, suda y su cabellera se riza más y más, y explica con gestos a los espectadores las dificultades del animal; los toma a todos como testigos de que no es culpa de él, de Fortuna. Pero a la tarde siguiente, sentado en un asiento reservado del tendido número 2 —es uno de los raros toreros que asisten regularmente a las corridas—, cuando sale un toro realmente difícil que ha de lidiarlo otro torero, dice: «No es un toro difícil; es un toro bueno. Tendría que hacer algo ese tipo con ese toro». Sin embargo, Fortuna es realmente bravo; bravo y estúpido. No tiene ningún nerviosismo durante la lidia. Le he oído decir a un picador: «Vamos, deprisa, que me aburro. Este asunto me aburre. Vamos, date prisa». Entre nuestros frágiles artistas, Fortuna se erige como una supervivencia de otros tiempos. Pero os aburrirá a morir más de lo que él se aburre en el ruedo si acertáis a sentaros junto a él durante una temporada.

Manolo Martínez, del barrio de Ruzafa, de Valencia, tiene los ojos redondos, la cara torcida, la sonrisa tímida y el aire de uno de esos de los que frecuentan las carreras o de uno de esos tipos duros que conocíais como asiduos a las salas de billar cuando erais niños. Muchos críticos niegan que sea un gran matador, porque no ha tenido nunca suerte en Madrid, y los redactores del periódico taurino francés *Le Toril*, un periódico muy bueno, le niegan todo mérito porque tiene el suficiente buen sentido para no arriesgar su vida cuando torea en el Mediodía de Francia, donde todo estoque que desaparece en el cuerpo del toro, esté colocado donde sea y cualquiera que sea el truco con que se lo coloque, resulta universalmente aplaudido. Martínez es tan valeroso como Fortuna y no se aburre nunca. Le gusta matar y no es vanidoso como Villalta. Cuando las cosas marchan bien se pone contento y, al parecer, lo está tanto por el público como por él. Ha sido castigado severamente por los toros y lo he visto recibir una terrible cornada un año en Valencia. A su trabajo de capa y de muleta le falta solidez, pero si el toro embiste rápida y francamente, Martínez torea tan cerca como le es posible a un hombre dejar paso a los toros. Aquella tarde había un toro con la tendencia a derrotar del lado derecho y parecía que Martínez no había advertido ese defecto. El toro lo golpeó en un pase de capa, y a la vez siguiente Martínez volvió a torearlo del mismo lado, sin dejarle terreno. Entonces el toro lo enganchó y lo arrojó al aire. No había sido herido; el cuerno había resbalado sobre la piel, sin entrarle, desgarrando solamente el pantalón; pero había caído de cabeza y estaba aturdido, y en el pase siguiente de capa arrastró el toro hasta el centro de la plaza, y allí, él solo, trató de hacerlo pasar desde muy cerca otra vez por el lado derecho. Por supuesto, el toro lo atrapó; su defecto se había acentuado por el hecho de haber alcanzado antes al torero; y esta vez el cuerno se hundió y Martínez fue lanzado a lo alto ensartado sobre el cuerno; el toro lo devolvió al suelo de una cabezada y luego lo embistió una y otra vez antes de que los otros toreros pudieran acudir al centro del anillo y alejar al toro. Al levantarse, Manolo vio la sangre que le salía de la ingle y que la arteria femoral estaba seccionada; se puso las dos manos para tratar de contener la hemorragia y corrió todo lo que pudo hacia la enfermería. Sabía que su vida se escapaba en aquella ola de sangre que fluía por entre sus dedos y no podía esperar siquiera a que se lo llevasen. Intentaron apoderarse de él en el camino, pero Martínez sacudió la cabeza, negándose. El doctor Serra llegó corriendo al callejón en esos momentos, y Martínez le gritó:

—Don Paco, he recibido una cornada muy grande.

Y con el doctor Serra, que apretaba la arteria con el pulgar, entró en la enfermería. El cuerno había atravesado casi completamente el muslo. La pérdida de sangre era tan espantosa y su debilidad y postración tales que nadie esperaba que viviese, y llegó un momento en que, como no se advertía su pulso, se anunció que había muerto. Los daños en el músculo eran tan importantes que nadie creía que pudiese lidiar nunca, aunque sobreviviera. Pero, herido el 31 de julio, estaba lo suficientemente recobrado para torear en México el 18 de octubre del mismo año, gracias a su constitución y a la habilidad del doctor Paco Serra. Martínez recibió rara vez cornadas terribles matando, pero las recibía, de ordinario, por culpa de su deseo de torear cerca de toros que no se lo permitían, de su insuficiencia fundamental en el manejo de la capa y de la muleta, y de su deseo de tener los pies absolutamente juntos al hacer pasar al toro. No obstante, sus cornadas parecían tener únicamente el efecto de reavivar su valentía. Es un torero regional. Yo no lo he visto realmente bien más que en Valencia. En 1927, en una serie de corridas organizadas en torno a Juan Belmonte y Marcial Lalanda y para las que Martínez ni siquiera tenía contrato, Belmonte y Marcial fueron cogidos y Martínez fue llamado como sustituto y dio tres corridas en las que estuvo soberbio; hizo todos los pases de capa y de muleta desde tan cerca, tan peligrosamente y corriendo tales riesgos, que no se podía creer que los toros no lo matasen, y cuando llegaba el momento de matar se perfilaba de cerca, arrogante, retrocediendo un poco los talones para plantarse sólidamente, la rodilla izquierda un poco plegada, dejando caer el peso sobre el otro pie; luego se adelantaba hacia el bicho y lo mataba de modo que ningún torero vivo podría superar. En 1931 fue herido gravemente en Madrid y aún no se hallaba restablecido cuando toreó en Valencia. Los críticos dicen que ahora está acabado; pero ha podido hacerse una vida desmintiéndolos desde el principio, y creo que tan pronto como sus nervios y sus músculos obedezcan de nuevo a su corazón será el que ha sido antes, hasta que un toro acabe con él. Con su falta de base técnica y su ineptitud para dominar a un toro difícil, unidas a su gran valentía, la cosa parece inevitable. Es valeroso casi con humor. Su valor es una especie de valor temerario, mientras que el de Villalta es vanidoso; el de Fortuna, estúpido, y el de Zurito, místico.

El valor de Luis Freg, porque arte no tiene más que con

el estoque, es la cosa más extraña que conozco. Freg es indestructible como el mar; pero no tiene sal, como no sea la de su propia sangre, y la sangre humana tiene un sabor dulzón y repugnante, pese a su calidad salina. Si Luis Freg hubiese muerto una de las cuatro veces que yo lo he visto dado por muerto, yo habría podido escribir más libremente sobre su persona. Es un indio mexicano, algo grueso ahora, con voz dulce, manos suaves, nariz un poco ganchuda, ojos oblicuos, boca gruesa y pelo muy negro. Es el único matador que todavía lleva la coleta plantada en la cabeza, y es matador titular en México desde el año del combate Johnson contra Jeffries, en Reno (Nevada), en 1910, y en España desde el año siguiente. En los veintiún años de su carrera de matador, los toros le han causado setenta y dos cornadas graves. Ningún torero ha recibido nunca tantos castigos de los toros como él. A Freg le han dado la extremaunción en cinco ocasiones diferentes y se creía que su muerte era segura. Sus piernas están tan deformadas y nudosas por las cicatrices como un viejo roble; su pecho y su vientre llevan señales de heridas que deberían haberlo matado. La mayoría las recibió porque es pesado de pies y por su incapacidad para dominar a los toros con la capa y con la muleta. Era, sin embargo, un gran matador, lento, seguro, entrando por derecho, y las raras cornadas —raras en proporción a las veces que lo ha cogido el toro— que recibió matando fueron debidas a su falta de agilidad con los pies para salir de entre los cuernos y para despegarse del toro por el flanco después de la estocada más que a ningún defecto de técnica. Sus terribles heridas y sus meses de permanencia en el hospital, que acabaron con todo su dinero, no influyeron para nada en su valentía. Pero era la suya una valentía extraña. Era un valor que no se inflamaba nunca; no era un valor contagioso. Se lo veía, se lo apreciaba, se sabía que el torero era valeroso; pero, no sé por qué, parecía que aquel valor fuese un jarabe y no un vino; nos dejaba en la boca un sabor a sal y a ceniza. Si las cualidades morales tuviesen olores, el valor, para mí, tendría el del cuero ahumado o el de una carretera helada en invierno, o el del mar, cuando el viento golpea la cresta de una ola. Pero el valor de Luis Freg no tenía ese olor. Era terroso, pesado, y había debajo de él algo que era desagradable y olía a lodo. Si alguna vez se muere, os hablaré de él y de su extraña historia.

La última vez que se lo dio por muerto en Barcelona, con una terrible herida abierta, llena de pus, delirante y agonizante, según se creía, dijo:

—Veo la muerte; la veo claramente. ¡Ay, ay, es una cosa horrible!

Vio la muerte claramente, pero la muerte no llegó. En la actualidad está arruinado y da una serie de corridas de despedida. Fue marcado por la muerte durante veinte años y la muerte no consiguió atraparlo jamás.

Ahí tienen ustedes los retratos de cinco matadores. Si del estudio de los buenos matadores pudiéramos sacar una conclusión general, habría que decir que un gran matador debe tener honor, valentía, buena constitución física, buen estilo, una mano izquierda excelente y mucha suerte. Le hacen falta también una buena prensa y muchos contratos. (El lugar y el efecto de las estocadas, así como las distintas maneras de matar, las he descrito en un glosario aparte.)

Si hay un rasgo común al pueblo español es el orgullo, y si hay otro rasgo es el buen sentido, y si hay un tercer rasgo es la falta de sentido práctico. Como tienen orgullo, a los españoles no les importa matar; se sienten dignos de otorgar ese don. Como tienen buen sentido, se interesan por la muerte y no dejan que se les pase la vida evitando pensar en ella, ni esperando que no exista, para descubrirla solamente en el momento de morir. Ese buen sentido que poseen es tan seco y tan árido como las llanuras y las mesetas de Castilla, y disminuye en sequedad y en aridez a medida que se aleja de Castilla. En grado máximo, ese buen sentido se combina con una falta completa de sentido práctico. En el sur, se hace pintoresco; a lo largo del litoral se hace falto de maneras y mediterráneo. Al norte, en Navarra y Aragón, hay tal tradición de valentía que se hace romántico, y a lo largo de la costa atlántica, como en todos los países bordeados por un mar frío, la vida es tan práctica que no hay lugar para el buen sentido. La muerte, para las gentes que viven en las partes frías del océano Atlántico, es cosa que puede venir en cualquier momento, que viene con frecuencia, y que hay que evitar como un riesgo profesional, de manera que no se preocupan por ella y ella no siente por ellos ninguna fascinación.

Dos condiciones son necesarias para que a un país le gusten las corridas de toros. Una de ellas es que en ese país se críen toros, y la otra es que al pueblo le interese la muerte. Los ingleses y los franceses viven para la vida. Los franceses tienen un culto respetuoso por los muertos, pero son las alegrías de los bienes materiales de cada día, la familia, la seguridad, la posición y el dinero lo que tiene más importancia para ellos. Los ingleses viven también para este mundo, y la muerte no es para ellos una cosa en que se tenga que pensar, a la que haya que considerar o buscar o por la que haya que arriesgarse, excepto en el servicio del país, o por deporte, o por una recompensa apropiada. De otro modo, es tema desagradable que hay que evitar; todo lo más un pretexto para moralizar, aunque jamás puede ser objeto de estudio. No hablemos nunca de las desgracias, dicen ellos, y se lo he oído decir muchas veces. Cuando los ingleses matan, matan por deporte; los franceses matan por la marmita; es, desde luego, una excelente marmita, la mejor marmita del mundo, y vale la pena que se mate por ella. Pero matar, cuando no es por la marmita ni por deporte, parece cruel a los ingleses y a los franceses. Claro está que, como siempre que se hacen generalizaciones, las cosas no son tan sencillas; pero trato de establecer un principio y procuro eludir las excepciones.

Hoy en día, en España, las corridas de toros han desaparecido de Galicia y de la mayor parte de Cataluña. No se crían toros bravos en estas provincias. Galicia está junto al mar y, al ser un país pobre de donde los hombres emigran o se van al mar, la muerte no es para ellos un misterio que haya que explorar y meditar, sino más bien un peligro cotidiano que hay que evitar; las gentes son allí prácticas, astutas, a menudo estúpidas y avariciosas, y su diversión favorita es cantar a coro. Cataluña es España, pero la gente no es española, y, aunque la corrida sea una fiesta floreciente en Barcelona, lo es sobre una base engañosa, ya que el público que asiste va como a un circo, por la diversión y la distracción que le procura, y es tan ignorante o casi tan ignorante como el público de Nimes, Beziers o Arlés. Los catalanes tienen un país rico, en gran parte al menos; son buenos cultivadores, buenos hombres de negocios y buenos negociantes; son los elegidos del comercio español. Cuanto más rico es el país, más simple es el campesino, y los catalanes combinan un sencillo espíritu campesino y un lenguaje pueril con un sentido comercial altamente desarrollado. Para ellos, como en Galicia, la vida es una cosa tan práctica que tienen demasiado buen sentido de la especie más árida y muy escaso sentido de la muerte.

En Castilla, el campesino no tiene nada de la simplicidad de espíritu del catalán o el gallego, aliada, como siempre, a la astucia. El castellano vive en un país de clima severo, uno de los más severos que pueden encontrarse en cualquier región agrícola, aunque es un país muy sano. Tiene comida, vino, mujer e hijos, o los ha tenido. Pero carece de comodidades, dispone de poco dinero y los bienes que posee no son fines en sí mismos. No son más que una parte de su vida, y la vida es eso que viene antes de la muerte. Alguien que llevaba sangre inglesa, ha escrito: «La vida es real; la vida es seria y su fin no es la tumba». ¿Y dónde lo enterraron a él? ¿Y qué fue de eso tan real y de eso tan serio? El pueblo de Castilla tiene un gran sentido común. No podría dar un poeta que escribiese una frase semejante. Los castellanos saben que la muerte es la inevitable realidad, la única cosa de que un hombre puede estar seguro; la única certidumbre que está más allá de todas las comodidades modernas y que, con ella, no se tiene necesidad de una bañera en cada hogar ni, si se tiene bañera, de una radio. Los castellanos piensan mucho en la muerte, y cuando tienen religión, es una religión que cree que la vida es mucho más corta que la muerte. Con este sentimiento, se interesan en la muerte de un modo inteligente y, cuando pueden ver administrarla, evitarla, rehusarla y aceptarla una tarde cualquiera por un precio determinado, pagan su dinero y van a la plaza; y continúan yendo, aunque por ciertas razones que he intentado señalar en este libro acaben decepcionados artísticamente y engañados en la emoción que buscaban.

La mayor parte de los grandes toreros proceden de Andalucía, donde se crían los mejores toros de lidia y donde, gracias al clima cálido y a la sangre moruna, los hombres tienen una gracia y una indolencia que le son extrañas a Castilla, aunque lleven, mezclada con la sangre morisca, la sangre de los hombres de la Castilla que expulsó a los moros y ocupó esta amable comarca. Entre los verdaderos grandes toreros, Cayetano Sanz y Frascuelo eran de la región de Madrid, aunque Frascuelo nació en el sur, así como Vicente Pastor, entre las glorias menores, y Marcial Lalanda, el mejor de los toreros actuales. Se dan cada vez menos corridas en Andalucía por culpa de las revueltas campesinas, y se ven salir cada vez menos matadores de primera clase. En 1931, de los diez mejores toreros, no había más que tres andaluces: Cagancho y los dos Bienvenida; Manolo Bienvenida, aunque de ascendencia andaluza, nació y fue educado en América del Sur, así como su hermano, que nació en España, fue educado fuera del país. Chicuelo y el Niño de la Palma, que representan a Sevilla y a Ronda, están ahora acabados, y Gitanillo de Triana, de Sevilla, ha muerto.

Marcial Lalanda es de los alrededores de Madrid, lo mismo que Antonio Márquez, al que se verá todavía en la plaza, y Domingo Ortega. Villalta es de Zaragoza, y Barrera, de Valencia, lo mismo que Manolo Martínez y Enrique Torres. Félix Rodríguez nació en Santander y fue educado en Valencia; Armillita Chico, Solórzano y Heriberto García son mexicanos. Casi todos los jóvenes novilleros de primer plano son de Madrid o de sus alrededores, del norte o de Valencia. Desde la muerte de Joselito y de Maera, poniendo aparte a Juan Belmonte, el reino de Andalucía ha llegado a su fin en las corridas de toros modernas. El centro de la lidia hoy en día, tanto en lo que hace a la creación de toreros como al entusiasmo por la corrida, es Madrid y sus alrededores. Valencia viene enseguida. El torero más completo, el maestro indiscutible de la lidia actual es Marcial Lalanda, y los mejores toreros jóvenes, desde el punto de vista del valor y de la técnica, han sido formados en México. Sin duda, la corrida pierde terreno en Sevilla, que en otros tiempos, con Córdoba, era el gran centro de la lidia y, sin ninguna duda, gana en Madrid, donde durante toda la primavera y el comienzo del verano de 1931, en una mala época financiera, en un tiempo de revueltas políticas y con carteles ordinarios, la plaza se llenaba dos veces y hasta tres veces por semana.

Juzgando por el entusiasmo que he visto por los toros bajo la República, la fiesta moderna continuará en España, a despecho del gran deseo de los políticos actuales, de espíritu europeo, de eliminarla, para no sentir el empacho de ser distintos de sus colegas europeos, con los que se reúnen en la Sociedad de Naciones, en las embajadas, o en las cortes extranjeras. Actualmente se lleva a cabo una gran campaña contra las corridas en ciertos periódicos subvencionados por el gobierno; pero se ganan el pan tantas gentes con las distintas actividades de la cría, el transporte, la lidia, la alimentación y la muerte de los toros de lidia que no creo que el gobierno pudiera abolir las corridas, aunque fuera lo suficientemente fuerte para hacerlo.

Se está haciendo un estudio serio del empleo actual y posible de todas las tierras utilizadas para la cría de toros de lidia. Según los reajustes agrarios que tienen que hacerse en Andalucía, algunas de las fincas más grandes acabarán seguramente parceladas. Pero España es un país de pastos, tanto como agrícola; una gran parte de las tierras de pastos son impropias para la agricultura y el ganado que en ellas se cría no se pierde, porque siempre está destinado al matadero y a la venta, ya haya muerto en el ruedo o en el matadero. Así es que seguramente se conservará la mayor parte de las tierras actualmente empleadas en el sur para la cría de toros de lidia. En un país en que, para dar trabajo a los peones agrícolas, hubo que prohibir en 1931 todas las máquinas de cosechar y de sembrar, el gobierno irá muy despacio antes de poner en cultivo grandes extensiones de tierras. No es cosa de intentar el cultivo de las tierras destinadas a la cría de los toros en los alrededores de Colmenar y de Salamanca. Preveo una reducción de la superficie de las tierras de cría de toros en Andalucía y la parcelación de cierto número de fincas, pero no creo que haya grandes cambios en esta industria bajo el gobierno actual. Muchos de sus miembros se sentirían orgullosos si pudieran abolir las corridas de toros y, sin ninguna duda, harán todo lo posible en ese sentido, y la manera más rápida de conseguirlo es comenzar por los mismos toros, ya que los toreros aparecen, sin que sea necesario estimularlos, cuando tienen talento natural, como pasa con los acróbatas, los jockeys e incluso los escritores, y ninguno de ellos es irreemplazable. Pero los toros de lidia son producto de numerosas generaciones y de selecciones cuidadosas, como los caballos de carreras, y cuando se envía una casta al matadero, esa casta se acaba.

Capítulo 20

Si yo hubiese podido conseguir que este libro fuera realmente un libro, habría procurado que lo contuviese todo; el Prado, parecido a una gran universidad norteamericana, con las mangas regando el césped a primera hora de la mañana en el rutilante verano madrileño; las colinas desnudas, blanquinosas, que miran hacia Carabanchel; los días en el tren, en agosto, con las cortinillas echadas del lado del sol y el viento que las hinche, la paja que se abate sobre las eras de tierra endurecida y que el viento obliga a entrar en el coche, el olor del grano y de los molinos de viento de piedra. Estaría también en ese libro el cambio de paisaje, cuando se deja a la espalda Alsasua y la verde campiña a su alrededor, y estaría Burgos, a lo lejos, en la llanura, y el queso que se come más tarde en la habitación; y estaría el muchacho que subió al tren con las garrafas de vino en cestos de mimbre; era el primer viaje que hacía a Madrid y las abrió con entusiasmo, y nos emborrachamos todos, incluidos los dos guardias civiles; y yo perdí los billetes y salimos del andén encuadrados por los dos guardias civiles, que nos hicieron pasar por la taquilla como si fuéramos detenidos, porque no teníamos billetes, y nos saludaron muy cortésmente después de habernos dejado en un taxi. Y estaría Hadley, con la oreja del toro envuelta en su pañuelo, una oreja tiesa y seca que había perdido casi todo el pelo. Y el hombre que cortó la oreja está ahora calvo también, con largos mechones de pelo sobre su calva, aunque entonces era una especie de figurín. Eso es, era un verdadero figurín.

Y habría sido preciso explicar cómo cambia el país cuando se ha salido de las montañas y se llega a Valencia, a la caída de la tarde, en el tren, llevando en la mano un gallo para ayudar a una mujer que se lo llevaba a su hermana, y habría sido menester que vierais la plaza de madera de Alcira, de donde sacaban los caballos muertos para depositarlos en un campo vecino y había que pasar por encima de ellos al salir. Y el ruido de las calles de Madrid después de medianoche, y la juerga que continúa en junio durante toda la noche, y la vuelta a casa, a pie, los domingos, al regresar de la plaza, o bien en coche, con Rafael. «¿Qué tal?» «Malo, hombre, malo.» Con aquella manera de levantar los hombros; o con Roberto, don Roberto, don Ernesto, siempre tan educado, tan gentil, tan buen camarada; y también la casa donde vivía Rafael, antes de que ser republicano fuese una cosa respetable, con la cabeza disecada del toro que mató Gitanillo y el gran cántaro de aceite, y los regalos, y la excelente cocina.

Y habría hecho falta el olor de la pólvora quemada, el humo, el fulgor y el ruido de la traca recorriendo el follaje verde de los árboles, y el sabor de la horchata, la horchata helada, y las calles recién regadas al sol, y los melones y las gotas de sudor frías de los jarros de cerveza, y las cigüeñas, en las casas de Barco de Ávila, y esas mismas cigüeñas girando en el cielo, y el color de arcilla roja de la plaza y, por la noche, el baile con el pífano y el tamborilero, y las luces a través de la hojarasca verde, y el retrato de Garibaldi enmarcado de hojas. Y habría hecho falta traer a colación, de haber sido completo este libro, la sonrisa forzada de Lagartijo, que alguna vez fue verdadera sonrisa, y los toreros fracasados bañándose con muchachas de baja estofa en el Manzanares, a lo largo de la carretera de El Pardo. «Los mendigos no pueden elegir», decía Luis; y los partidos de pelota sobre la yerba, cerca del río, adonde venía el lindo marqués en coche con su boxeador, y donde nosotros hacíamos la paella para volver por la noche, a pie, bordeando la carretera surcada de coches, que pasaban rápidamente, y las luces eléctricas brillando a través de las hojas, y el rocío que posaba el polvo ayudado por el frescor de la noche. Y la sidra, en la Bombilla, y la carretera de Santiago de Compostela a Pontevedra, con los virajes rápidos entre los pinos, y las moreras a lo largo del camino, y el Algabeño, el peor embaucador de todos, y Maera, en su habitación, en el hotel Quintana, cambiando de indumentaria con un cura, el año aquel en que todo el mundo bebió tanto y nadie se puso molesto. Fue aquel, realmente, un año extraordinario, pero este libro no puede tenerlo todo.

Volver a vivir todo eso; soltar los saltamontes a las truchas del Tambre; volver a ver la cara seria, atezada, de Félix Moreno en el viejo Aguilar y al valeroso y extraño Pedro Montes, con sus ojos atacados de glaucoma, que se vestía de luces fuera de su casa porque había prometido a su madre que no torearía nunca, después que su hermano Mariano murió en Tetuán; y el Litri, como un conejillo, parpadeando nerviosamente cuando el toro se le acercaba; tenía las piernas muy arqueadas y un enorme valor, y ahora que los tres han muerto, ya no se habla de ellos en la cervecería, en el lado en sombra de la calle, más allá del Palace, adonde el Litri iba a sentarse con su padre; ahora esa cervecería es una sala de exposiciones de los coches Citroën; ni se habla del día en que ellos llevaron a Pedro Carreño, muerto, por las calles, con antorchas, hasta que, por último, lo llevaron a la iglesia y lo dejaron desnudo sobre el altar.

Y no hay nada en este libro sobre Francisco Gómez, Aldeano, que trabajó en una fundición de acero en Ohio y volvió a su país para ser torero y que hoy día está más marcado y recosido que ningún otro torero, salvo Luis Freg, con un ojo tan mal remendado que le hace verter una lágrima a lo largo de la nariz; ni sobre Gavira, muerto al mismo tiempo que el toro, de la misma cornada que mató al Espartero. Y no se habla aquí tampoco de Zaragoza, de la noche sobre el puente mirando el Ebro y, al día siguiente, el salto del paracaidista, ni de los habanos de Rafael, ni del concurso de jotas en el viejo teatro de terciopelo rojo, con aquellas parejas maravillosas de muchachos y muchachas, ni del día en que mataron al Noi del Sucre en Barcelona, ni de nada semejante. Ni de Navarra, ni de la horrible ciudad que es León, ni de las horas pasadas en la cama, con un músculo retorcido, en la habitación de un hotel que daba al sol en Palencia, donde hacía un calor como no puede imaginarse nadie lo que es el calor si no se ha estado allí; ni de la carretera de Requena a Madrid, donde el polvo llega hasta el volante; ni del día en que hacía 48 grados a la sombra, en Aragón, y en el coche, sin que hubiese carbón ni ninguna avería, hervía el agua del radiador y se evaporaba en una distancia de veinticinco kilómetros por una carretera llana.

Si este libro fuera realmente un libro, se vería en él también la última noche de la feria, cuando Maera se peleó con Alfredo David, en el café Kutz, y se vería a los limpiabotas. ¡Dios mío, no se puede poner también a los limpiabotas! Ni a todas las bonitas muchachas que se ven pasar, ni a las prostitutas, ni a todos nosotros, tal como éramos entonces. Pamplona ha cambiado mucho; han construido nuevos edificios de apartamentos en toda la extensión llana que iba hasta los bordes de la meseta, de modo que ahora ya no se pueden ver las montañas. Han echado abajo el viejo Gayarre y han estropeado la plaza para abrir una calle ancha hasta la plaza de toros. Y en aquellos días estaba el tío de Chicuelo, borracho, sentado en lo alto de la escalera del comedor, viendo cómo bailaban en la plaza, y Chicuelo estaba solo, en su habitación, y la cuadrilla en el café o por los alrededores de la ciudad. Y escribí una narración sobre todo esto, titulada «Falta de pasión», pero no era buena. Sin embargo, cuando tiraron los gatos muertos a la vía y las ruedas chirriaban, y Chicuelo estaba en su coche cama, capaz él solo de hacerlo todo, fue de todas maneras muy gracioso.

Para tener a España dentro de este libro habría hecho falta traer también a cuento al muchacho alto y flaco, de dos metros y medio, que anunciaba el espectáculo del *Empastre*, antes de que llegara a cada ciudad. Y aquella noche, en la feria de ganado, las prostitutas no pudieron hacer nada con el enano, que era de estatura normal, aunque sus piernas no tenían más que quince centímetros de largo. Y decía: «Yo soy un hombre como los demás». Y la prostituta decía: «No es verdad, no es verdad, y eso es lo malo». Hay muchos enanos en España y tullidos increíbles que van a todas las ferias.

Y por la mañana, después de desayunarnos, íbamos a nadar al Irati en Aoiz, y el agua estaba tan clara como la luz, y cambiaba de temperatura según se iba más al fondo, fría, muy fría; y la sombra de los árboles en las orillas, donde el sol quemaba, y los trigos altos que balanceaba el viento al otro lado del río, trepando hasta la montaña... Y había un viejo castillo a la cabeza del valle, donde el río salía entre las rocas. Y estuvimos tumbados sobre la hierba, desnudos, al sol, y más tarde a la sombra. Y el vino en Aoiz no era bueno, y llevábamos nosotros el nuestro; y el jamón tampoco, de manera que la segunda vez que fuimos nos llevamos el desayuno del hotel Quintana. Quintana, el mejor aficionado y el más leal amigo de España, que tenía un hermoso hotel, con todas las habitaciones ocupadas. «¿Qué tal, Juanito?» «¿Qué tal, hombre, qué tal?»

¿Y por qué no poner también a la caballería, que atravesaba el río, y la sombra de las hojas en los caballos, si eso es España? Y volverlos a ver saliendo de la escuela de ametralladoras cruzando el terreno calizo, muy pequeños a esa distancia, y más lejos, desde la ventana de Quintanilla, se veían las montañas o el despertar matinal, las calles vacías de los domingos, los gritos en la lejanía y, luego, los disparos. Eso ocurre muchas veces cuando se vive lo bastante para verlo y se mueve uno de un sitio para otro.

Y si sois capaces de ir a caballo y vuestra memoria es buena, podéis volver a cabalgar por el bosque del Irati, entre los árboles, parecidos a las imágenes de un libro de hadas para niños. Los árboles han sido ahora talados y se ha hecho que desciendan los troncos por la ribera y se ha matado a los peces; en Galicia, se los ha destruido con explosivos y se los ha envenenado. Los resultados son los mismos. En fin de cuentas, no hay diferencia, lo mismo que entre nosotros, salvo la retama amarilla en las altas praderas y la lluvia fina. Las nubes llegan del mar a través de las montañas, pero cuando el viento es del sur, toda Navarra tiene el color del trigo, del trigo que no crece en los terrenos llanos, sino arriba y abajo, en las laderas de las montañas, cortadas por carreteras bordeadas de árboles y por numerosas aldeas con campanarios, con frontones, con olor a estiércol de corderos y con plazas donde aguardan los caballos.

Si pudiera volver a pintar las llamas amarillas de los cirios al sol y el fulgor del acero de las bayonetas, recién engrasadas, y los cinturones de cuero barnizado de los que custodian el Santísimo; o la caza por parejas entre los chaparros de roble, en las montañas, de los que cayeron en el garlito en Deva (tuvieron que hacer un camino largo y doloroso para venir desde La Rotonda de París, para ser agarrotados en un cuarto de reclutas, con el consuelo de la religión por orden del Estado; absueltos una vez y detenidos, hasta que el capitán general de Burgos rechazó la sentencia) y, en la misma ciudad donde Loyola recibió la herida que lo hizo meditar, el más valeroso de todos los que fueron traicionados aquel año se arrojó de cabeza por la ventana contra el empedrado del patio, porque había jurado que no se dejaría matar —su madre intentó hacer que le prometiese que no se quitaría la vida, porque estaba muy inquieta por su alma; pero él se tiró de cabeza, como es debido, con las manos atadas, mientras los otros, que iban con él, rezaban—. Si pudiera yo traerlo ante vuestros ojos, si pudiera traer ante vuestra vista a un obispo, pintar a Cándido Tiebas y a Torón; pintar las nubes que llegan rápidas, moviendo sus sombras sobre los trigos, y los pequeños caballitos que marchan cautelosos, y el olor a aceite de oliva y a cuero, y las alpargatas con suela de cáñamo, y las ristras de ajos en los jardines, y los cántaros de barro, y las alforjas que se llevan sobre las espaldas, y los odres de vino, y las horquillas hechas de ramas arrancadas de los árboles, en que los dientes son las mismas ramas, y los senderos matinales, y las noches frías en la montaña, y los días ardientes del verano, y los árboles, y la sombra de los árboles, sabríais un poco lo que es Navarra; pero tampoco está en este libro.

Y haría falta tener también a Astorga, a Lugo, a Orense, a Soria, a Tarragona y a Calatayud; los bosques de castaños en las colinas, el campo verde y los ríos, el polvo rojo, la escasa sombra cerca de los ríos secos; y las colinas blancas, de tierra cocida, y el paseo al fresco, bajo las palmeras de la vieja ciudad, sobre el roquedal que domina el mar y que la brisa refresca al atardecer. Y los mosquitos, por la noche, pero por la mañana el agua clara y la arena blanca; y cuando nos sentábamos en el lento crepúsculo, en casa de Miró, las viñas hasta perderse de vista, cortadas por las hayas y por la carretera, y el ferrocarril, y el mar, y la playa de guijarros, con los altos papiros. Había tinajas de más de tres metros de altura para los vinos de los distintos años, alineadas a uno y otro lado de un cuarto oscuro, y una torre, sobre la casa, a la que subíamos al atardecer para ver las viñas, las aldeas y las montañas, y para escuchar y para oír la calma. Y delante del establo una mujer tenía sobre su falda un pato que había degollado y al que acariciaba dulcemente, mientras que una niña sostenía una taza para recoger la sangre, con la que iban a hacer la salsa, y el pato parecía muy contento, y cuando lo depositaron en el suelo —toda la sangre había caído ya dentro de la taza— el pato se contoneó dos veces sobre sus patas, y comprendió que estaba muerto. Y nos lo comimos más tarde, relleno y asado, y otros muchos platos también, con el vino de aquel año y del anterior y el gran vino de cuatro años antes, y otros vinos de otros años, cuya memoria he perdido, mientras que los brazos de un espantamoscas artificial, movidos por un mecanismo de relojería, giraban y giraban; y hablábamos francés, aunque todos sabíamos mejor el español.

Y este es Montroig, que se pronuncia Montroch, uno de los muchos lugares de España, y he aquí las calles de Santiago bajo la lluvia, y la vista de la ciudad en el hueco de las colinas, cuando se vuelve a casa desde las tierras altas, y las carretas que ruedan, cargadas hasta los topes sobre caminos de tierra apisonada, a lo largo de la carretera que va a Grau. Haría falta que estuviese también en este libro la plaza desmontable de Noya, con su olor a maderas recientemente aserradas, y Chiquito, con su rostro de niña, un gran artista, fino, muy fino, pero frío; Valencia II, con su ojo mal cosido, de manera que se le veía el interior del párpado y le impedía ser arrogante; y también el muchacho que marró completamente al toro cuando se adelantó hacia él para matarlo, y le erró una segunda vez. Y si pudierais permanecer despiertos y asistir a todas las fiestas nocturnas, sería muy divertido.

Y, en Madrid, el torero cómico, dos veces vencido por Rodalito, golpeándolo en el vientre porque pensaba que iba a batirlo otra vez, y Agüero comiendo con toda su familia, en el comedor; parecían todos la misma persona a edades distintas. Agüero era como un defensa o un medio de béisbol, no parecía torero. Y Cagancho, comiendo en su habitación, con los dedos, porque no sabía servirse del tenedor; no pudo aprender jamás a hacerlo, de modo que cuando tuvo bastante dinero, no comía nunca en público. Y Ortega, prometido a Miss España, el más feo y la más linda; ¿y quién era el más ingenioso? Desperdicios, en *La Gaceta del Norte*, era el más ingenioso; el más ingenioso que he leído jamás.

Y en la habitación de Sidney, unos yendo a pedirle trabajo cuando él toreaba; otros pidiéndole dinero; otros, una camisa vieja; otros, un traje. Todos, toreros muy conocidos acá o allá a la hora del almuerzo; todos muy ceremoniosos, y todos muy desgraciados. Las muletas, plegadas y apiladas; las capas, plegadas y aplastadas; las espadas en sus vainas de cuero repujado, todo en el armario; los palos de las muletas en el cajón de abajo; los trajes, colocados en la maleta, cubiertos con una tela para que no se estropee el oro; mi whisky, en una jarra de barro. «Mercedes, trae los vasos.» Mercedes dice que Sidney ha tenido fiebre toda la noche y que ha salido hace solo una hora. En estos momentos llega. «¿Cómo te encuentras?» «De maravilla.» «Mercedes dice que has tenido fiebre.» «Pero me encuentro estupendamente ahora.» «¿Qué piensa usted, doctor, podríamos comer aquí? «Mercedes puede ir a buscar algo y hacer ensalada.» Mercedes, ¡oh, Mercedes!

Y luego podíais pasear por la ciudad, o ir al café, que es donde uno puede completar su educación enterándose de quién debe dinero a quién y quién ha escamoteado esto a quién, y por qué él le dijo que podía guardársela donde quisiera, y quién tuvo hijos de quién, y quién se casó con quién «antes de» y «después de», y cuánto tiempo costó llegar a esto y a lo otro, y qué fue lo que dijo el médico, y quién estaba contento porque los toros llegaban retrasados, por lo cual se desembalaron el día antes de la corrida y, naturalmente, estaban muy flojos de remos; «solo dos pasos y ¡pum!, todo acabado», decía, y ahora resulta que ha llovido, y la corrida se ha aplazado hasta la próxima semana y por eso él ha atrapado eso. Y quién quería batirse con quién y cuándo y por qué. Y, en cuanto a ella, pues sí, ella también, ¡pobre imbécil!, ¿no saben que ella también?; naturalmente; y eso es todo, y no es de otra manera; y ella se los come a todos crudos, y todas las noticias bonitas de ese estilo que se pueden aprender en los cafés. En los cafés, donde los rimeros de platillos y las bebidas son anotados con lápiz en un extremo de la mesa de mármol, entre las gambas peladas de las temporadas perdidas, y donde todo el mundo se encuentra a gusto porque no hay triunfos más seguros que los que se logran en el café y donde cada hombre puede alcanzar un éxito a las ocho de la tarde, si alguien quiere pagarle la consumición en el café.

¿Qué más podría contarles de este país que ustedes aman tanto? Rafael dice que las cosas han cambiado mucho y que ya no irá a Pamplona. *La Libertad* empieza a parecerse a *Le Temps*; ya no es el periódico donde se podía poner un anuncio en la seguridad de que el ratero que os había birlado alguna cosa lo leería, ahora que los republicanos son gentes respetables y Pamplona ha cambiado, desde luego, aunque no tanto como nosotros mismos, que cada día somos más viejos. Yo creía que beber un trago sería siempre lo mismo, pero las cosas cambian y ¡qué se le va a hacer! Todo ha cambiado para mí. Bueno, dejad que cambie. Nos habremos ido todos antes que cambie todo demasiado, y, si no sobreviene un diluvio, cuando nos hayamos largado seguirá lloviendo todavía en la catedral de Santiago, y en La Granja, donde practicamos con la capa en las largas avenidas enarenadas y flanqueadas de árboles, correrán las fuentes o no. Es igual. No volveremos jamás a Toledo por la noche, limpiándonos el polvo del gaznate con Fundador; y no volveremos a vivir más aquella semana en que sucedió cierta cosa por la noche, en el mes de julio, en Madrid. Todo eso lo hemos visto alejarse y veremos desaparecer todavía otras cosas más. Pero lo que importa es aguantar y hacer el trabajo que a cada uno le es encomendado, ver, y oír, y aprender, y comprender, y escribir cuando se ha logrado saber algo, y no antes ni demasiado tiempo después. Dejad a esos que quieren salvar al mundo y contentaos vosotros con verlo claramente y en conjunto; y, si lo veis así, cualquier detalle que logréis pintar representará el todo, siempre que lo hayáis hecho con sinceridad. Lo que hay que hacer es trabajar y aprender a expresarse. No, todo esto no es suficiente para formar un libro, pero tenía que contar algunas cosas, aunque queden todavía muchas cosas vividas por contar.

«Para viajar lejos no hay mejor nave que un libro».

Emily Dickinson

Gracias por tu lectura de este libro.

En **penguinlibros.club** encontrarás las mejores recomendaciones de lectura.

Únete a nuestra comunidad y viaja con nosotros.

penguinlibros.club